Inhalt

W0054499

Frederic Vester
Bilanz einer Ver(w)irrung

Informationen, Berichte und Argumente zum Umdenken nach Tschernobyl

Originalausgabe

Mit Beiträgen von

Thomas Maurer und Walter Renz

BUND-Strahlenkommission, Bonn

Jochen Benecke

Dieter Ulich

Wilhelm Heyne Verlag
München

HEYNE REPORT
Nr. 10/25

ISBN: 3-453-43090-5

Statt eines Vorworts

»Die Erde ist ein Organismus, in dem Pflanzen, Tiere und Menschen wie Zellen sind. Jede winzige Kleinigkeit in diesem Organismus hat seine bestimmte Aufgabe zu erfüllen, und nur wenn das stets in guter Harmonie übereinstimmt, lebt, blüht und gedeiht dieser Organismus. Der technische Zivilisationsmensch mit seiner zwanghaften Manie, Natürliches zu verdrängen, zu vermindern und zu zerstören, um es durch gigantisches Wachstum von Unnatürlichem zu ersetzen, hat eine fatale Ähnlichkeit mit Krebs! Seit Eure Geisteskrankheit wuchert und wuchert, breiten sich ihre Folgen wie Metastasen über die Erde aus. Indianer sagen das seit mehr als dreihundert Jahren. Man kann es nachlesen. Aber wie sollte man einem Tumor begreiflich machen, daß gerade das, was er für einen großartigen Erfolg hält, in Wirklichkeit Selbstmord ist!«

Bruce Elijah, Abgeordneter der Oneida-Irokesen, 1980 im Gespräch mit Heinz J. Stammel, dem Autor von Die Apotheke Manitous, *Wunderlich-Verlag. Hamburg 1986.*

I. Zur Vorgeschichte dieses Buches

Am 14. Mai erschien in der *Süddeutschen Zeitung* unter der Überschrift *Wenn der Körper selbst zur Strahlenquelle wird* ein Artikel von mir, in dem ich zu den Verwirrungen im Zusammenhang mit der aus dem Reaktorunglück von Tschernobyl zu uns gelangten Radioaktivität und den daraus zu ziehenden Konsequenzen − aber auch allgemein zu den Verirrungen unserer Energiepolitik − Stellung nahm. Die Reaktion auf den Artikel übertraf alle Erwartungen, so daß sich die Redaktion entschloß, einen Sonderdruck davon herzustellen, der dann über 30 000mal angefordert wurde. Eine ganze Anzahl von Organisationen bis hin zu Einzelpersonen erbaten die Erlaubnis, den Text abzudrucken und als Flugblatt zu verteilen. Darüber hinaus wurde er in den verschiedensten Zeitungen, Zeitschriften und Fachblättern ganz, erweitert oder in Auszügen abgedruckt[1]. Mein Institut mußte täglich mit Dutzenden von Anrufen und Briefen fertig werden, Vorträge und Podiumsdiskussionen wurden in die laufende Arbeit eingeschoben, und immer wieder kam die Bitte nach ergänzender, vertiefender Information, wie sie in einem Zeitungsartikel mit seiner zwangsweise verkürzten Darstellung nicht gegeben werden konnte.

Da das dem Artikel zugrundeliegende Manuskript ohnehin schon ungefähr doppelt so lang war und durch das Feedback aus der Öffentlichkeit zum besseren Verständnis mancher Passagen noch mehrmals von mir ergänzt wurde, entschloß ich mich, das Ganze zusammen mit mir wesentlich erscheinenden weiteren Berichten und Kommentaren − auch solchen anderer Autoren − und entsprechenden verbindenden Texten als Taschenbuch herauszugeben.

Hier ergab sich dann auch die − in der *Süddeutschen Zeitung* leider nicht mehr gebotene − Gelegenheit, auf die zum

Teil heftigen Attacken von Leuten aus dem Lager der Kernenergiebefürworter einzugehen, die ihren Ärger über meine Aussagen in einigen Leserbriefen ausdrückten. Kommentare für und gegen den Artikel erschienen über ganz Deutschland verstreut, wobei die gegnerischen Einlassungen fast stereotyp nach dem gleichen Strickmuster verfaßt waren. Das ging von Entstellungen und Verfälschungen meines Textes und dem dann darauf basierenden ›Nachweis‹ von vermeintlichen Fehlern bis zu unsachlichen Darstellungen und groben Diffamierungen.

Neben solchen nur allzu bekannten plumpen Versuchen, Kritiker der Atomenergienutzung unglaubwürdig zu machen, wird natürlich mit Vorliebe auch der scheinbare Nachweis der Unwissenschaftlichkeit geführt, in der Hoffnung, daß dies am härtesten trifft. Eine Methode gegen unliebsame Meinungen, die durch die ganze Geschichte der Wissenschaft hindurch zu verfolgen ist, also weder neu, noch auf die Atomenergie beschränkt ist. So hat z.B. fast gleichzeitig in den USA ein aus 80 SDI-Befürwortern gebildetes ›Science and Engineering Committee for a Secure World‹ praktisch die gesamte Physikerelite der Nation, nämlich 6500 Physiker, die ein SDI-Protestdokument unterschrieben haben, rundweg als unwissenschaftlich und von Sachkenntnis ungetrübt abqualifiziert.

Ich selbst habe schon einmal ähnliches erlebt, als vor sieben Jahren mein Energie-Bilderbuch *Das (faule) Ei des Kolumbus* erschienen ist, in dem ich zum einen die Atomenergie in ihren Vernetzungen mit den anderen Lebensbereichen darstellte und zum anderen die daraus folgenden wirtschaftlichen, sozialen und gesundheitlichen Implikationen in einem Zukunftsszenario aufzeigte[2]. Die Reaktionen gingen von einem wütenden Schreiben des Bayerischen Umweltministers Alfred Dick an meinen Verleger bis hin zu einer 32seitigen Broschüre der ›Gesellschaft für Reaktorsicherheit‹ unter dem Titel *Das faule Ei des Dr. Vester*[3]. Eine durchweg polemische Abhandlung, die übrigens mit ähnlichen Verdrehungen und Unterstellungen arbeitete, wie ich sie oben nannte. Wer diese

Gegenschrift heute liest, wird leicht feststellen, in welcher der beiden Darstellungen im Licht der inzwischen eingetretenen Entwicklung die realistischeren und somit auch wissenschaftlich zutreffenderen Angaben zu finden sind.

Das merkwürdige bei der jetzigen Aufregung ist jedoch, daß mein Standpunkt schon seit Jahren durch meine zahlreichen Publikationen längst bekannt ist, ich in diesem Artikel also im Grunde nur eine allgemein verständliche Darstellung der Zusammenhänge bringen wollte, wofür mir auch von vielen Menschen gedankt wurde. Die scharfen Reaktionen aus dem Lager der Atom-Ideologen zu diesem Zeitpunkt zeigen eigentlich nur, wie sehr man dort durch Tschernobyl in Panik geraten sein muß. Habe ich doch hier vor allem noch einmal Dinge zur Sprache gebracht, die im Lichte des Reaktorunfalls plötzlich alle bis dahin lancierten Beschwichtigungsformeln umzustoßen drohten.

Es ist für die Situation sicher bezeichnend, daß dieselben Experten, die sich etwa darüber aufregen, wenn ich in meinem Bemühen um Verständlichkeit gelegentlich vom wissenschaftlichen Fachjargon abweiche (worauf sie gerne ihre Attacken aufbauen), bei ganz anderen Dingen stumm blieben. Sie blieben stumm bei der unfaßbaren behördlichen Nonchalance der ersten Tage, wo wesentliche Maßnahmen zur Verringerung der Strahlenbelastung versäumt und zum Teil sogar unterbunden wurden! (Siehe hierzu den Bericht in Kapitel IV.) Sie blieben stumm gegenüber den stereotypen offiziellen Beteuerungen, es bestehe keine *akute* Gefahr, obwohl jeder aufgeklärte Bürger wußte, daß es nicht darum ging, sondern um die zu befürchtenden Langzeitschäden. Sie blieben weiterhin stumm gegenüber der ungeheuerlichen Tatsache, daß sozusagen im Handstreich unsere gesetzlich verankerte Strahlenschutzverordnung außer Kraft gesetzt wurde, um willkürlich ›wirtschaftlich vertretbare‹ Grenzwerte festsetzen zu können, und sie blieben stumm angesichts der unheiligen Allianz von Ärztekammer und Energiewirtschaft, wie sie aus einer gemeinsamen Großannonce in den Tageszeitungen vom 12. Juni spricht, und von der sich inzwischen zahlreiche Ärztegruppen in offenen Briefen und Annoncen distanziert haben, weil sie sich nicht für die Interessen der Atomclique einspannen lassen wollen. Und — last not least — sie blieben stumm gegenüber den zum Teil eigenartigen amtlichen Meßmethoden, die selbst beängstigende Meßwerte unbedeutend erscheinen ließen.

Der Zweck dieses überall zu spürenden Einverständnisses war nur allzu durchsichtig: Es mußte mit Macht verhindert werden, daß sich der ›Bazillus einer gefährlichen Anti-Atomkraft-Haltung‹ weiter verbreitet. Und so müssen diejenigen, die diese Technik für unsinnig halten und einen Ausstieg fordern, diffamiert, lächerlich gemacht, und — so z. B. Franz Joseph Strauß — als ›Schwätzer, Demagogen und Drahtzieher‹ hingestellt werden, denen nur daran gelegen ist, ›die Bundesrepublik in ein Chaos zu stürzen‹ und dem Osten in die Hände zu arbeiten.

Hier werden doch wohl die Dinge auf den Kopf gestellt. Gerade diese Technik und die mit ihr verbundene Monopolstellung der Elektrizitätswirtschaft widerspricht wie kaum etwas anderes einer dezentralen freien Marktwirtschaft. Es ist vielmehr der Osten mit seinen totalitären Staatsformen, dem nichts gelegener sein kann als eine Stromerzeugung aus Kernkraftwerken, weil eine solche Technik mit ihren zentralistisch zu verwaltenden Großeinheiten einer staatlichen Machtkontrolle nur entgegenkommt. Ein Ausstieg aus der Kernenergie unter Hinwendung zu neuen Energieversorgungsmodellen (wie er in den USA, dem Musterland des freien Unternehmertums, praktisch längst im Gange ist) kann daher im Grunde einer freiheitlichen Demokratie mit ihrer sozialen Marktwirtschaft nur förderlich sein.

Es ist jedenfalls eine Tatsache, daß immer mehr Menschen die Atomenergie als zukunftslose Technik erkennen und ihre Sorge über die erstarrte Energiepolitik und ihre Empörung über die amtlichen Faktenmanipulationen öffentlich äußern. Durch Tschernobyl ist geradezu eine allgemeine Bewegung entstanden, die ich in diesem Maße uns Deutschen nicht zugetraut hätte. Bei aller Betroffenheit und dem bitteren Gefühl

11

des Ausgeliefertseins an den über uns gekommenen radioaktiven Fallout (mit dem wir noch viele Jahrzehnte zu leben haben) hat mich doch das, was sich in der Bevölkerung seitdem getan hat, von dieser Seite her mit Optimismus erfüllt. Es war erstaunlich, wie sich einzelne und Gruppen spontan zusammenschlossen mit dem festen Willen, nicht einfach wie unsere Eltern in den dreißiger Jahren alles mit sich geschehen zu lassen, sondern aktiv in das Geschehen einzugreifen, Widerstand zu leisten gegen die Verselbständigung der Interessen einer relativ kleinen Clique auf Kosten des Gemeinwohls.

Gemeinsam sollte es doch wohl in unserm Land möglich sein, die verbliebene Phalanx der noch auf Atomkraft verbiesterten Entscheidungsträger mit demokratischen Mitteln zu zwingen, diesen fatalen Weg zu verlassen — wenn es schon nicht gelingt, sie durch Argumente davon zu überzeugen, daß ohne Atomkraft weder unsere Wirtschaft zusammenbrechen wird, noch wir dazu auf umweltbelastende Kohlekraft umsteigen müssen und daß es andererseits sehr wohl eine Fülle von Lösungsmöglichkeiten gibt, unsere Energieversorgung auch ohne jenen sechsprozentigen Beitrag der Kernenergie zu sichern (der ja nur bei der *Strom*erzeugung die immer wieder benannten 36 Prozent ausmacht).

Ebenso müßte es gemeinsam gelingen, auch diejenigen Atomgegner, die glauben, daß nur brutale Gewalt ›überzeugt‹, von diesem unseligen Tun abzubringen, ein Tun, das unserem demokratischen Gefüge, das im großen und ganzen gottlob noch intakt ist (weit mehr als etwa in Frankreich, wo eine fast hermetische Informationssperre nach Tschernobyl herrschte), großen Schaden zufügen kann. Gewalt erzeugt immer nur Gegengewalt, und eine *Revolution* zur Änderung eines unerwünschten Zustands hat eigentlich immer nur das Rad zurückgedreht, die Menschheit noch nie weitergebracht. Lernen wir auch hier von der Natur und ihren Strategien, wie ich sie in meinem Buch *Neuland des Denkens*[21] beschrieben habe. Von dem darin propagierten ökologischen Systemansatz aus war es für mich schon immer klar, daß eine echte Veränderung, eine Metamorphose, im Grunde nur durch

Evolution, also durch Umwandlung des Bestehenden und nicht durch dessen Zerstörung zustande kommen kann.

Nutzen wir das plötzlich wachgerüttelte Bewußtsein, um ein generelles Umdenken in unserer Energiepolitik zu erreichen. Ich bin davon überzeugt, daß wir den Umstieg spielend und mit großem Gewinn für unsere Lebensqualität, unser soziales Zusammenleben, unsere wirtschaftliche und technische Weiterentwicklung schaffen können. Es geht jetzt vor allem darum, den bei allen Parteien schon mehr oder weniger dazu vorhandenen politischen Willen durch gemeinsames Handeln weiter zu stärken.

Ich werde oft gefragt, was hier ein einfacher Bürger tun kann, denn die Motivation war noch nie so groß, sich wie auch immer in der wachsenden Anti-Atomkraft-Bewegung zu betätigen. Ich bin sicher, daß dieser Aktionswille nicht zuletzt als eine psychologische Reaktion auf den durch das Verhalten unserer Behörden erzeugten Streß zu verstehen ist, den abzubauen am ehesten gelingt, wenn wir aus der Untätigkeit heraustreten. Das reicht von der Abgabe der Unterschrift in den vielen kursierenden Listen wie der ›David-gegen-Goliath‹-Aktion über die rapide angewachsene ›Mütter gegen Atomkraft‹-Bewegung bis zur ›Aktion Volksentscheid‹. Allein dies gab bereits vielen Mitbürgern das Gefühl, doch nicht ganz ohnmächtig zu sein. Es reicht von Gesprächen mit Noch-nicht-Bekehrten bis hin zur Teilnahme an friedlichen Demonstrationen wie derjenigen in Passau am 5. Juli 1986, wo über 40 Verbände aller Konfessionen und politischen und ökologischen Gruppierungen ihr gemeinsames ›Ja zum Leben — Nein zur Atomkraft‹ bekannten.

Dieses Buch soll neben der Vermittlung einiger Fakten aus unabhängiger Sicht daher auch Argumentationshilfe sein und seinen Teil dazu beitragen, von der unseligen Kerntechnik wegzukommen, um dafür wirklich zukunftsträchtige Technologien durchzusetzen, die mit der Umwelt und dem Menschen vereinbar sind.

II.   Bilanz einer Ver(w)irrung

Die Verwirrung durch unzureichende, fehlerhafte, unverstandene, verschleierte oder gezielt gesteuerte Information in den ersten Tagen nach Tschernobyl machte viele Menschen betroffen. Die Seifenblase der langjährigen Beschönigungen durch die PR-Abteilungen der Kernenergie-Lobby war plötzlich geplatzt: erschreckende Hilflosigkeit der Behörden, ein Fiasko bei den Katastrophenplänen, aber auch Ratlosigkeit der Experten, Dementis, widersprüchliche Meßwerte und Bezeichnungen.

Daran trägt, abgesehen von allen Vorwürfen, die man sich gegenseitig machen könnte, nicht zuletzt auch ein Umstand bei, der in der Sache selbst liegt. So hat sich offenbar kaum einer wirklich klargemacht, daß schon die Materie selber, um die es hier geht, Besonderheiten aufweist, bei denen die gewohnten Denkschablonen versagen müssen. Denn radioaktive Vorgänge konfrontieren uns in Bezug auf Technik, Physik, Chemie und Biologie mit Phänomenen, wie wir sie aus den klassischen Naturwissenschaften und deren Anwendung auf die Realität nicht gewohnt sind. Die Kompliziertheit der Materie erschwert daher nicht nur vielen Laien den Zugang, sondern auch manchem Experten, sobald sich eine Fragestellung, die mit Radioaktivität zu tun hat, nicht mehr auf sein Spezialgebiet bezieht. Deshalb auch die vielen widersprüchlichen Meinungen und Aussagen von Fachleuten, die vielleicht im Detail recht haben, aber bezogen auf die komplexe Realität völlig daneben liegen können.

Ich habe daher immer wieder versucht, die komplexen Zusammenhänge dieses Gebietes von einem übergreifenden Systemansatz aus darzustellen. Das gilt auch für den folgenden Text, der eine Langfassung meines zu An-

14

fang erwähnten Artikels ist. Darin wurden zum Verständnis der Vorgänge um den Reaktorunfall in Tschernobyl zunächst sechs Fragen zum Wesen der Radioaktivität herausgegriffen, die immer wieder aus der Bevölkerung in den ersten Maitagen gestellt wurden. Die sich daraus ergebende siebte Frage, die natürlich vielen Menschen auf dem Herzen liegt, nämlich nach den Konsequenzen der ›unmöglichen‹ Katastrophe und nach den Auswegen aus der bisherigen Ver-irrung, versuchte ich dann mit einigen grundsätzlichen Überlegungen zu unserer Energiepolitik zu beantworten.

Wenn der Körper selbst zur Strahlenquelle wird

1. Kann man natürliche und künstliche Radioaktivität gleichsetzen?

Hier besteht eine der brisantesten Informationslücken in der Öffentlichkeit. Entgegen der immer wieder betonten Feststellung der Betreiber und der von ihnen informierten Behörden, daß es zwischen natürlicher und künstlicher Radioaktivität keine Unterschiede gäbe und daß eine Belastung z.B. durch 1 Röntgen aus natürlicher Strahlung dasselbe sei wie durch 1 Röntgen aus einem Reaktorunfall, ist der Unterschied in der Realität gewaltig und fundamental.

Die ständige und sehr schwache natürliche Radioaktivität, an die sich unser biologischer Reparaturmechanismus im Laufe der Erdgeschichte angepaßt hat, besteht nämlich bis auf wenige Ausnahmen aus ›immaterieller Strahlung‹[4], die von außen auf den Körper trifft, zum Teil schon gar nicht erst durch die Haut dringt und, wenn sie vom Körper einmal absorbiert ist, dort hinterher nicht mehr weiterstrahlt.

Die Strahlenquelle selbst befindet sich entweder gar nicht auf der Erde, sondern sitzt in der Sonne oder im Kosmos oder ist in Gesteinen in der Erde fest gebunden. Nur zu einem Teil — und dies ist auf wenige Radionuklide beschränkt (z.B. Ka-

15

lium-40, Radon-222) — ist die natürliche Radioaktivität an Materie gebunden, die in den Körper gelangen kann. Und nur diese wandert als materielle Strahlenquelle durch die Lebewelt. Der Rest ist, wie gesagt, externe kosmische oder terrestrische Strahlung, deren Quelle nie unmittelbar mit uns in Berührung kommt. Von ihr erhalten wir sozusagen nur die Geschosse, nicht aber die Geschütze. Aus Kernkraftwerken entwichene Radioaktivität, auch wenn sie nur wenig über dem natürlichen Strahlenpegel liegt, besteht dagegen *ausschließlich* aus radioaktiven Atomen, also der strahlenden Materie selber.

Für die üblichen Meßgeräte ist es nun dasselbe, ob die Strahlung von einer Quelle aus dem Kosmos bzw. tief aus der Erde kommt oder ob sich diese Quelle in Form radioaktiver Atome unmittelbar vor dem Meßfenster befindet. Für ein Lebewesen ist das anders. So kann sich die natürliche (weitgehend materielose) Strahlung, von den erwähnten Ausnahmen abgesehen, nie im Körper festsetzen, noch kann sie sich — und das gilt auch für die natürlichen radioaktiven Nuklide, soweit sie, wie z.B. beim Kalium-40, in konstanter Verdünnung mit ihrem stabilen Isotop vorliegen — in den Knochen, in Weichteilen oder in der Schilddrüse anreichern. Außerdem bestreicht die von außen kommende Strahlung unsere Körperzellen in statistischer Verteilung und ohne Bevorzugung einer Gewebeart — eine Belastung, mit der unser genetischer Reparaturmechanismus offenbar einigermaßen fertig wird, obgleich dieser möglicherweise schon durch den erhöhten Fallout-Level der Atomtests seit den 60er Jahren überfordert ist.

Noch einmal: Strahlende Materie aus einem Reaktorunfall kann ohne Ausnahme prinzipiell vom Organismus aufgenommen werden, wobei die Strahlenquelle selber im Körper sitzt und dort weiterstrahlt, auch wenn sie von außen nicht mehr meßbar ist. Die Strahlung wirkt zudem noch konzentriert auf das umliegende Gewebe, dessen Reparaturvermögen dafür nicht mehr ausreichen mag, insbesondere wenn dann in bestimmten Geweben, Zellarten oder im Innern einer Zelle unbemerkt eine lokale Anreicherung über die Nahrungskette erfolgt. Diese kann im Laufe der Zeit ein Mehrtausend- bis Millionenfaches gegenüber der Umwelt betragen (vgl. die Werte in Tabelle 1).

Tabelle 1
Anreicherungsfaktoren einiger Radionuklide aus radioaktiv belastetem Wasser in der Nähe verschiedener Kernenergieanlagen (vor Tschernobyl)

Unterhalb des Kernkraftwerks Gundremmingen, Donau (BRD)[5]

Nuklid	Plankton (Seston)	Wasserpflanzen	Fische
Eisen-59	5.000	2.000	100
Strontium-89/90	500	500	30
Ruthenium-103/106	4.000	2.000	100
Jod-129/131	3.000	100	50
Caesium-134/137	6.000	1.000	1.000

Beim Kernkraftwerk Arkansas, White Oak Lake (USA)[6]

Nuklid	Plankton	Algen	Fische
Phosphor-32	150.000	850.000	50.000
Strontium-90	75.000	500.000	25.000

Unterhalb der Atomanlage Hanford, Columbia River (USA)[6]

Nuklid	Plankton	Algen	Fische
Natrium-24	500	500	100
Eisen-59	200.000	100.000	10.000
Phosphor-32	200.000	100.000	100.000

Im Columbia River wurde außerdem die Radioaktivität in höheren Organismen gemessen. Die Anreicherungsfaktoren sind hier nicht nach einzelnen Nukliden aufgeschlüsselt.[7]

	Plankton	Enten	Jungvögel	Eigelb von Wasservögeln
Faktor	2.000	40.000	500.000	1.000.000

Die Unterschiede zwischen den deutschen und amerikanischen Werten hängen außer mit den Organismen auch mit der zeitlich unterschiedlichen Freisetzung der Nuklide (kontinuierlich bzw. diskontinuierlich) zusammen.

2. Was bedeutet das für die Beurteilung der tatsächlichen Gefährdung anhand der bloßen Meßwerte?

Offenbar hat sich, was die üblichen Berechnungen der Äquivalenzdosis (bei der Umrechnung von Becquerel in rem/Jahr) betrifft, in weiten Kreisen ein Denkfehler eingenistet. Man glaubt hier, daß im biologischen Geschehen lediglich die Gesamtenergie an ionisierender Strahlung entscheidend sei, ganz gleich, ob diese von außen kommt, also in statistischer Verteilung mal die, mal jene Zelle trifft, oder ob sie von innen, sozusagen in kugelförmiger Abstrahlung spezifisch das umliegende und eventuell bevorzugt befallene Gewebe trifft. Die Umrechnung von dort auf Ganzkörperbelastung wäre ähnlich absurd wie die Umrechnung der auf den Hinterkopf konzentrierten Energie eines Hammerschlages in eine Ganzkörperverteilung — mit der Schlußfolgerung, daß diese nur einen kaum spürbaren Druck pro Quadratzentimeter bedeutet und daher keinem Menschen etwas schaden könne.

Wenn somit die *natürliche* Strahlung um den Faktor 3 oder 4 schwankt, ist dies also beileibe nicht gleichzusetzen mit einer ebenso hohen Schwankung nach Auftauchen radioaktiver Materie. Und wenn vom Bayerischen Umweltministerium die Auskunft kommt, daß am 6. Mai der Wert der gemessenen Ganzkörperexposition innerhalb des Schwankungsbereichs der natürlichen Umgebungsstrahlung liege und gesundheitlich unbedenklich sei und daß »ein Umzug von München nach Garmisch über das Jahr hinweg die gleiche Wirkung« hätte, so ist daraus ein erhebliches Informationsdefizit zu erkennen. Denn hier ändert sich praktisch nur die externe Strahlenbelastung. Der Gehalt an inkorporierten Stoffen, z. B. von Kalium-40, ändert sich dadurch um keinen Deut. Einem Ministerium, dessen Pressesprecher solche Interpretationen herausgibt, muß man die Kompetenz zum Thema Radioaktivität leider absprechen. Oder auch das Vertrauen. Denn sich in dieser Situation ausschließlich auf die Darstellungsweisen und Versicherungen der Kernenergielobby zu verlassen, hieße ja wohl, den Bock zum Gärtner machen.

3. Was bedeuten die Halbwertszeiten und die unterschiedlichen Strahlenarten?

Obwohl es eigentlich aus dem Begriff hervorgeht, sei doch noch einmal betont, daß die *physikalische Halbwertszeit,* die durch die individuelle Zerfallskonstante eines radioaktiven Elements bestimmt wird und z. B. beim Caesium-137 dreißig Jahre, beim Jod-131 acht Tage beträgt (beim Jod-129 aber z. B. 15 Millionen Jahre — beide zerfallen zu einem stabilen Edelgas), oft mit einem *Erlöschen* der Radioaktivität verwechselt wird, obwohl diese sich lediglich halbiert hat. So sinkt sie selbst beim Jod-131 erst in 10 mal 8 Tagen, also in rund drei Monaten auf ein Tausendstel der Anfangsaktivität.

Die *biologische Halbwertszeit,* die gänzlich unabhängig von der physikalischen ist, richtet sich nach der Verweildauer im Organismus. Beim Jod liegt sie (bei Einbau in die Schilddrüse) um sechs Monate herum, beim Caesium um 100 Tage, beim Strontium um viele Jahre. Sie hängt jedoch nicht nur von der Art des Nuklids ab, sondern auch von der chemischen Form, in der es vorliegt. Außerdem ist sie keine Konstante, sondern schwankt je nach Stoffwechsel und Mineralhaushalt des betreffenden Menschen. Deshalb kann auch die biologische Halbwertszeit von Jod-131 z. B. durch Zugaben von normalem Jod verkürzt werden.

Diese Schwankungsbreite ist andererseits mit ein Grund dafür, daß es keine generell gültige Umrechnung der Gesamt-Emission (Becquerel) in die Gesamt-Immission (rem/Jahr), d. h. in die Wirkung auf den Menschen gibt. Diese ist für jede Strahlenart und jedes Isotop und jede Art der Aufnahme anders, so daß sich die Umrechnungsfaktoren gewaltig unterscheiden[8].

Darüber hinaus sind diese Umrechnungsfaktoren (Dosisfaktoren) nicht nur für jedes Nuklid unterschiedlich (aufgrund seines individuellen Energiespektrums, seiner physikalischen und biologischen Halbwertszeit), sondern auch für die Art und Weise, wie es vereinnahmt wird. Somit existieren für die Bestrahlung von außen, für Ingestion (z. B. Essen und

Trinken) und für Inhalation noch einmal völlig verschiedene Umrechnungsfaktoren für den rem-Wert, die sich z.T. um mehrere Zehnerpotenzen unterscheiden[8] (vgl. hierzu die Tabelle 2).

Tabelle 2
Strahlenbelastung in rem/Jahr durch eine inkorporierte Radioaktivität von 100 Becquerel pro cm^3 des betroffenen Gewebes bei einmaliger Verabreichung

Radionuklid	Kritisches Organ	Belastung bei Ingestion (rem/a)	Belastung bei Inhalation (rem/a)
Strontium-89	Knochen	0,424	4.244
	Lunge		10.466
	Magen/Darm	0,141	850
Strontium-90	Knochen	4,24	42.437
	Lunge		52.338
	Magen/Darm	0,424	2.122
Molybdän-99	Knochen	0,0000085	0,06
	Lunge		708
	Magen/Darm	0,042	214
Ruthenium-106	Niere	0,000085	4.244
	Lunge		60.625
	Magen/Darm	1,05	6.063
Jod-131	Schilddrüse	7,08	52.338
	Lunge		1.414
	Magen/Darm	7,08	52.338
Caesium-137	Muskeln	0,078	470
	Lunge		42.437
	Magen/Darm	0,078	470
Barium-140 + Lanthan-140	Knochen	0,051	1.414
	Lunge		10.609
	Magen/Darm	0,78	4.244
Plutonium-239	Knochen	0,085	1.570.000
	Lunge		5.234.000
	Magen/Darm	42,4	212.185

Die angegebenen Werte wurden aus den ausführlichen älteren Belastungstabellen von K. Z. MORGAN[9] auf eine Standardaktivität von 100 Becquerel zurückgerechnet. Sie zeigen die enormen Schwankungen der biologischen Belastung (rem) trotz gleicher Radioaktivität (Bq).

Schließlich hat, wie schon angedeutet, auch noch jede Strahlung, je nach der chemischen Form, in der das betreffende Nuklid vorliegt, und je nach seiner Mikroverteilung im Körper sowie je nach Alter, Geschlecht, bisheriger Strahlenbelastung und Gesundheitsverfassung der betroffenen Person noch einmal unterschiedliche biologische Wirkungen, die ebensowenig in die üblichen Berechnungen einfließen wie die Anreicherungsmöglichkeit über die Nahrungskette. In vielen Fällen wird jedoch so getan, als ob es einen allgemeinen Umrechnungsfaktor von Strahlung in Strahlenbelastung gäbe, oder es wird nur der Dosisfaktor für äußere Strahlung in Anrechnung gebracht, da dieser bei gleichen Becquerel-Werten natürlich die geringste Belastung ergibt. Die so gegenüber unabhängigen Meßergebnissen weit niedrigeren offiziellen Werte glaubt man damit rechtfertigen zu können, daß Beta-Strahlen[10] ja nicht einmal durch die Haut dringen würden, man sie also vernachlässigen könne. Logischerweise gilt dies *nur* für äußere Strahlung, aber nicht im vorliegenden Fall, wo wir die Strahlenquelle selber in den Körper aufnehmen können (siehe hierzu auch das folgende Kapitel).

Die Tatsache, daß manche Strahlenarten, wie Alpha-Strahlen[10] und schwache (d.h. energiearme) Beta-Strahlen nicht einmal durch ein Blatt Papier dringen, bedeutet weiterhin, daß sie mit den üblichen Strahlenmeßgeräten schon gar nicht erst erfaßt werden (vgl. hierzu auch Abb. 1). Wenn jedoch z.B. der aus einem Reaktor entwichene radioaktive Wasserstoff (das sogenannte Tritium mit seiner extrem schwachen Beta-Strahlung) und damit die Strahlenquelle selber in den Körper gewandert ist, sich dort in eine sich teilende Zelle einbaut, kann er trotz seiner geringen Strahlenreichweite sehr wohl eine genetische Veränderung erzeugen, und zwar schon mit Mengen, die von außen nicht meßbar sind.

Auf diese Weise können sich im Organismus radioaktive Stoffe mit schwacher Reichweite anreichern und dort jahrelang vor sich hinstrahlen, die Erbsubstanz verändern, Sterilität und krebsartiges Wachstum auslösen, ohne daß dies mit einem Meßgerät von außen je feststellbar wäre[11].

Reichweite (Durchdringungsfähigkeit) verschiedener Strahlenarten[10]

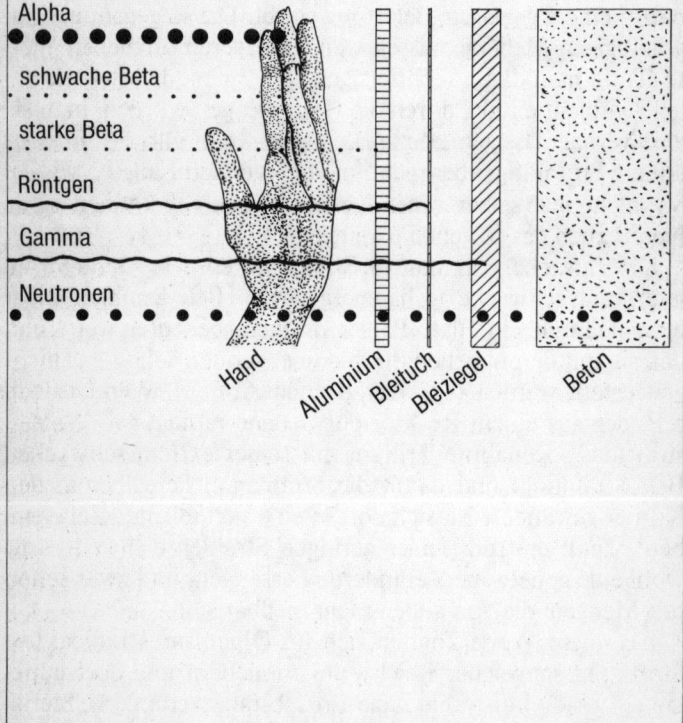

Abbildung 1

Außer dem am meisten gemessenen und inzwischen jedermann bekannten Fallout von Jod-131 und Caesium-134/137 konnten noch gut 200 weitere Stoffe aus dem russischen Reaktor zu uns gelangen, davon vielleicht 10 in Mengen von über einem Prozent. Mehrere davon, wie z. B. das sich in Knochen anreichernde Strontium-90 (ein reiner Beta-Strahler) sind jedoch mit den üblichen Meßgeräten (z. B. Geigerzähler, Gamma-Spektroskop) aus den obigen Gründen nicht ohne weiteres erfaßbar oder ihre Strahlung ist wie beim radioaktiven Kohlenstoff (C-14) und Wasserstoff (H-3) so energiearm, daß sie nicht einmal durch das Folienfenster der Meßgeräte dringt. Solange diese Stoffe nur von außen wirken, sind sie relativ harmlos, da ihre Strahlung, wie gesagt, auch nicht durch die Haut dringt. Einmal in den Körper gelangt, richten jedoch auch sie dort genauso verheerende Zellschäden an wie andere[12].

Nun taucht immer wieder die Frage auf, wieso es denn dann eine Strahlentherapie gibt, mit der ja schließlich auch geheilt wird? Natürlich werden in der Medizin, ganz abgesehen von Röntgenaufnahmen, auch therapeutische Bestrahlungen z. B. von Krebsgeschwülsten vorgenommen und gelegentlich auch radioaktive Isotope zu Diagnosezwecken in den Körper gebracht, z. B. um mit Jod-131 den hormonellen Stoffwechsel der Schilddrüse zu verfolgen. Dies alles geschieht jedoch immer nur entweder mit äußerer Bestrahlung (die mit dem Abschalten des Gerätes aufhört), bzw. bei Bestrahlung von innen mit abgekapselten Strahlenquellen, die anschließend wieder aus dem Körper entfernt werden, oder, zum Zwecke einer Diagnose, mit genau dosierten Isotopen geringer Halbwertszeit. Vor allem aber geschieht es nicht mit gesunden, sondern mit kranken Menschen — unter Abwägung des Strahlenrisikos gegenüber dem Risiko der vorliegenden Krankheit. Das schließt natürlich nicht aus, daß dieses Abwägen bei manchen Nuklearmedizinern oft sehr einseitig zugunsten der Strahlendosis ausfällt (vgl. auch Kap. IX).

4. Warum soll man einerseits Vorsichtsmaßnahmen treffen, obgleich es andererseits heißt, daß eine gesundheitliche Gefährdung bei diesen geringen Dosen nicht vorliege?

Daß man sich in der biologischen Wirkung geringer Strahlendosen und auch solcher mit geringer Reichweite keineswegs so einig ist, wie es amtlicherseits stets betont wird, zeigt die immer wieder auftauchende Frage, warum man Vorsichtsmaßnahmen treffen solle, obwohl doch betont worden sei, daß wegen der geringfügigen Belastung zu keinem Zeitpunkt eine gesundheitliche Gefährdung bei der Bevölkerung vorgelegen habe. Zunächst einmal heißt es von offizieller Seite wörtlich, daß es keine *akute* Gefährdung gebe. In der Tat wird niemand sich erbrechen, Verbrennungen erleiden oder unmittelbare Veränderungen im Blutbild aufweisen. Die mögliche *langfristige* Gefährdung, also Schädigung des Immunsystems, Krebsdisposition, Leukämieneigung, Sterilität, genetische Schäden usw., wird dabei übergangen. Doch sie ist selbst mit kleinsten Dosen gegeben.

Da diese von den gängigen rem-Umrechnungen stark abweichenden Wirkungen im niedrigen Dosisbereich in den amtlichen Verlautbarungen einfach übergangen oder sogar rundweg bestritten werden, obwohl sie durch zahlreiche Arbeiten aus der internationalen Fachliteratur eindeutig belegt sind (was natürlich die Basis der ganzen derzeitigen Beschwichtigungspolitik erschüttert), wird darüber noch gesondert in Kapitel VII berichtet. Hier soll jedoch noch auf einen weiteren Umstand hingewiesen werden, nämlich daß die amtliche Aussage selbst über die *akute* Ungefährlichkeit schwacher radioaktiver Dosen nicht generell stimmt.

Während beim Erwachsenen eine Schädigung des genetischen Materials erst nach einigen Jahren Krebs auslösen kann, kann sie bei einem Embryo möglicherweise schon unmittelbar zu einer Mißbildung, Mißgeburt oder Fehlgeburt führen — ähnlich wie beim Contergan von der akuten Ungefährlichkeit für die Mutter ja keineswegs auf eine akute Ungefährlichkeit für das Kind geschlossen werden durfte, obwohl genügend Experten dies vorher berechnet hatten. So schreibt die Schweizer Strahlenbiologin FRITZ-NIGGLI, daß »bestimmte somatische Störungen selbst durch kleine Strahlenmengen induziert werden. Zumindest für die Tumorinduktion nach Bestrahlung des Kindes in utero und in den ersten Lebensjahren scheint keine Dosis minima, d. h. keine ungefährliche Dosis zu bestehen. Schon Strahlenmengen im Bereich von 1000 Millirem erhöhten signifikant das Krebsriskio. Ebenso stellten sich nach Bestrahlung in der empfindlichen Phase der Organogenese schon mit Dosen, die unter fünf rem liegen, Anomalien ein.«[13]

Da schon die Röntgenaufnahme einer Schwangeren, bei der einige hundert Millirem auf den Uterus treffen, als ärztlicher Kunstfehler eingestuft wird, und man über die selbst mit viel kleineren Dosen vielleicht weit riskantere Wirkung inkorporierter Strahlung nicht viel weiß, ist es nicht ausgeschlossen, daß zwar die Mutter keinerlei akute Schäden davonträgt, die Mißbildungsrate jedoch ansteigt. Trotzdem muß man gerade hier vor Panikreaktionen warnen. Denn auch wenn die ohnehin schon bestehende bisherige Mißbildungsrate durch den Reaktorunfall stark erhöht würde, ist sie statistisch gesehen natürlich immer noch so klein bzw. die Chance, ein gesundes Kind zu bekommen, so groß, daß ein Abbruch der Schwangerschaft bloß aus diesem Grunde nicht gerechtfertigt ist.

Was die langfristige Gefährdung betrifft, so ist übrigens in der Bevölkerung viel zu wenig bekannt, daß sich die Wirkung aller im Laufe eines Lebens empfangenen Strahlung *addiert*. Daher ist man ja auch grundsätzlich bestrebt, jede überflüssige Strahlung, wie etwa auch unnötige Röntgenaufnahmen, zu vermeiden. Im Unterschied zur Strahlung einer Röntgenaufnahme (die eben nur solange im Körper existiert, wie die Aufnahme dauert) werden uns jedoch die langlebigen Isotope wie Caesium-137, Ruthenium-106, Strontium-90, Jod-129, Cer-144, Krypton-85 und wahrscheinlich auch die Kohlenstoff- und Wasseerstoff-Isotope C-14 und H-3, deren Anteil rein meßtechnisch schwierig zu erfassen ist (beide mögen zu-

dem schon unmittelbar nach dem Fallout in die Pflanzen gewandert sein), und einige weitere aus dem Unfall in Tschernobyl stammende Strahler ein Leben lang begleiten. Wer schon
älter ist, wird die Spätschäden nicht mehr zu spüren bekommen. Je jünger ein Mensch jetzt noch ist, um so eher wird er
zu denen zählen, die davon betroffen sind[14].

Viel mehr kann man derzeit kaum mit Sicherheit sagen.
Denn leider ist es so, daß sich weder aus den völlig anders ge-
lagerten akuten Strahlenschäden der Hiroshima- und Nagasa-
kibomben noch aus den Atomtest-Fallouts der 60er Jahre sichere Rückschlüsse auf die grundlegend unterschiedliche derzeitige Situation ziehen lassen. Wir sollten ehrlich zugeben,
daß es für die Folgewirkung eines Fallouts aus einem Reaktorunglück keine Feldversuche gibt und daß man deshalb alle
nur möglichen Vorsorge- und Vorsichtsmaßnahmen treffen
sollte — ohne nun gleich in Panik zu verfallen, denn dazu gibt
es keinen Grund —, um wenigstens einigermaßen auf der
sicheren Seite zu sein.

5. Was soll man tun, um sich gegen die durch Strahlung er-
höhte Krebs- und Leukämieanfälligkeit zu wappnen?

Duschen nach Regenfällen, nach Bodenberührung und Im-
Gras-Liegen, Verzicht auf Frischmilch und Blattgemüse, Ver-
bleiben in Innenräumen für Kleinkinder und Schwangere,
Abdecken von Sandkästen, Abspritzen von Straßen und Plät-
zen durch die Feuerwehr, Abernten verseuchter Weideflä-
chen, das Heu zu Sondermüll erklären — all dies wären wenigstens einige Hilfsmaßnahmen der ersten Tage gewesen,
wenn die Bevölkerung darüber aufgeklärt worden wäre. Dies
ist nicht erfolgt — und dadurch haben sich unsere Behörden
im Hinblick auf unsere Gesundheitsvorsorge schuldig gemacht. Einige Mitbürger haben wegen dieser Unterlassung
Klage erhoben.

Die Chance ist vertan, aber wie auch immer, wir müssen
uns damit abfinden, daß wir ab jetzt in einem erhöhten Strah-

lenfeld leben, das uns innen und außen umgibt und dem wir uns nicht entziehen können. Wenn wir dies akzeptieren und einige ›rem-Spartips‹ anwenden, wie sie inzwischen in mehreren Büchern und in einer Mappe des BUND[5] zusammengestellt sind, so ist das einzige, was wir darüber hinaus für unsere Gesunderhaltung tun können, das, was man normalerweise auch schon tun sollte: eine vernünftige Lebensweise mit frischer Luft und Bewegung, eine Ernährung mit Vollwertkost ohne belastende Giftstoffe (Merke: Wer halb so viel ißt wie bisher, lebt nicht nur gesünder, sondern bekommt auch nur halb so viel Becquerel ab), nicht oder weniger rauchen, da auch beim Rauchen radioaktive Stoffe, nicht zuletzt das natürliche Radon-222 absorbiert werden und die Lungenverweilzeit (ähnlich wie von anderen Schadstoffen bekannt) erhöht wird, weiterhin eine Stärkung der körpereigenen Abwehr durch Abhärtung, Gymnastik, Sauna, Yoga und — last not least — Vermeidung von psychischem Streß. In diesem Moment kann man, wie in Tierversuchen bewiesen, auch höhere Strahlendosen verkraften, so wie ja auch bei dem einen Menschen starkes Rauchen sehr bald, bei dem anderen nie zu Lungenkrebs führen kann. Denn das wirkliche Strahlenrisiko ist, wenn man es überhaupt kennen würde, nur statistisch gesehen eine feste Zahl. Individuell ist es so verschieden wie alles oder nichts. Es hängt vom Alter, von Verfassung und Konstitution und der bisherigen Belastung mit Schadstoffen und Strahlen ebenso ab wie vom Hormonhaushalt und der Stärke des Immunsystems.

Wie soll man jedoch die für den dafür so nötigen Streßabbau erforderliche lebensbejahende Einstellung erreichen, solange man in Unsicherheit vor weiteren radioaktiven Unfällen und Belastungen lebt? Belastungen, die z. B. eine davorliegende jahrelange vernünftige Lebensweise mit Vollwertkost, Sauna, Abhärtung, Alkohol- und Nikotinverzicht etc. mit einem einzigen Schlag zunichte machen können? Die Antwort kann nur heißen: Angstabbau durch Abbau von Unsicherheit. Solange noch irgendwo in der Welt ein Kernreaktor arbeitet, wird sich dies in Zukunft auf unsere ganze Lebensweise und unser psychosoziales Verhalten negativ auswirken. Am schlimmsten wirkte in dieser Hinsicht die nur allzu durchsichtige Beschwichtigungspolitik unserer Behörden, die der zynischen Vertuschungstaktik der sowjetischen Behörden nur graduell — dank unserer demokratischen Verfassung —, nicht aber prinzipiell nachsteht. Wir sind in der Tat mit einer Desinformation konfrontiert.

6. Was ist mit den Lebensmitteln los? Wann und wie lange sind sie überhaupt verseucht?

Hier gilt insbesondere das, was für den entscheidenden Unterschied zwischen äußerer und innerer Strahlung gesagt wurde. Ein bestrahltes Lebensmittel, das vorübergehend mit einer Strahlung, aber nicht mit einer Strahlenquelle (also den radioaktiven Teilchen selber) in Berührung kam, ist hinterher genauso ›sauber‹ wie vorher, es strahlt dann nicht etwa selber (abgesehen von der chemischen und biochemischen Denaturierung durch die zwar z.T. sterilisierende, aber die Konsistenz des Lebensmittels verändernde, weil ionisierende Bestrahlung). Anders ist es auch hier, wenn unsere Nahrungsquellen mit der Radioaktivität aus einem Kernkraftwerk in Berührung kommen, die eben immer aus radioaktiven Teilchen besteht.

Zwar wird auch die aus Luft, Staub oder Regen auf Pflanzen und Tieren abgelagerte Radioaktivität noch prinzipiell abwaschbar sein. Genauso von der menschlichen Haut und im Grunde auch von jedem abwaschbaren toten Gegenstand. Sobald jedoch der radioaktive Stoff durch die Spaltöffnungen ins Blattinnere eingedrungen oder über die Photosynthese und andere Wachstumsvorgänge in die Pflanzen eingebaut ist, oder von Kühen auf der Weide mitgefressen wird und so über die Nahrung, das Fleisch oder die Milch in unser Inneres gelangt, wird die Strahlung dort fortgesetzt, bis entweder der Stoff wieder ausgeschieden ist (hier spricht man, wie erwähnt, von der *biologischen* Halbwertszeit einer Substanz, die man z.B. beim radioaktiven Jod durch Verdünnung mit normalem

Jod — allerdings unter starker Belastung des Organismus — beschleunigen kann) oder bis eben bei kurzen physikalischen Halbwertszeiten auch die Radioaktivität abgeklungen ist.

Wenn jedoch einmal der Boden verseucht ist — und seine Radioaktivität wird im Laufe der Zeit noch weiter ansteigen (vgl. die Kurven in Abb. 2), wird alles, was darauf wächst, mehr oder weniger große Mengen radioaktiver Substanzen aufnehmen. Diejenigen mit kurzer Strahlenreichweite sind dann auch hier von außen nicht mehr meßbar (dazu müßte die Pflanze erst zerrieben, aufgelöst und mit einer Szintillationsflüssigkeit oder im Durchflußzähler gemessen werden). Sie werden dann teilweise vom tierischen und menschlichen Organismus festgehalten, teilweise mit den Fäkalien ausgeschieden, von wo sie wieder auf den Acker oder in die Klärschlämme wandern, die in der Tat inzwischen schon stark radioaktiv verseucht sind.

Vielleicht muß man auch folgenden wesentlichen Punkt noch einmal deutlich herausstellen: Tote Gegenstände haben keinen *Stoffwechsel*. Sie bauen, wenn nicht gerade eine chemische Reaktion stattfindet, auch keine radioaktiven Stoffe in ihr Inneres ein. Für sie ist daher der Unterschied zwischen materieloser Strahlung und strahlenden Materieteilchen nicht groß. Hat die Strahlung aufgehört oder ist der radioaktive Staub abgewaschen, so ist alles wieder beim alten.

Lebewesen *haben* dagegen einen Stoffwechsel. Sie können die strahlenden Teilchen in ihr Inneres einbauen und somit selber radioaktiv, also zu einer Strahlenquelle werden. Und weil nur sie einen Stoffwechsel haben, sind es leider auch ausgerechnet die Lebewesen, die auf diese Weise radioaktive Stoffe zu sehr hohen Konzentrationen anreichern können (siehe Tabelle 1). Und — weiterer ›Nachteil‹ der Lebewesen — weil ihr Stoffwechsel durch Informationsübertragung aus den Genen der Zellkerne präzise gesteuert wird, sind sie gegenüber radioaktiver Strahlung, insbesondere wenn diese in ihrem Innern lokalisiert ist und dort die genetische Information verändert, noch einmal ganz besonders empfindlich.

Denn dort trifft sie, wie schon betont, nicht etwa mal auf

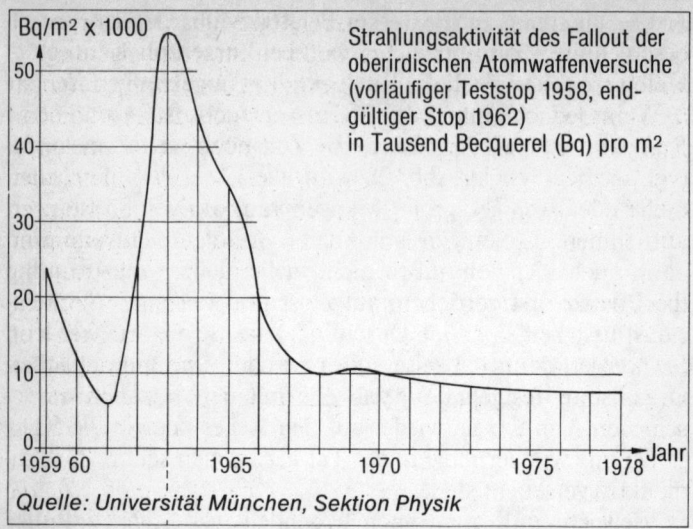

Bq/m² x 1000

Strahlungsaktivität des Fallout der oberirdischen Atomwaffenversuche (vorläufiger Teststop 1958, endgültiger Stop 1962) in Tausend Becquerel (Bq) pro m²

Quelle: Universität München, Sektion Physik

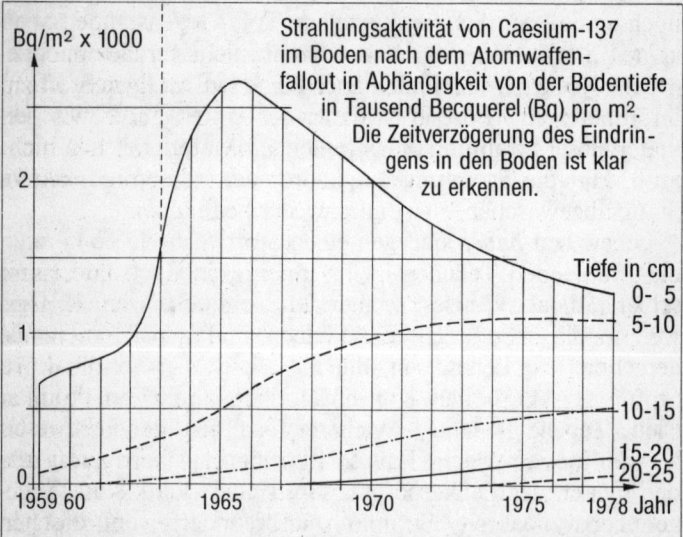

Bq/m² x 1000

Strahlungsaktivität von Caesium-137 im Boden nach dem Atomwaffenfallout in Abhängigkeit von der Bodentiefe in Tausend Becquerel (Bq) pro m². Die Zeitverzögerung des Eindringens in den Boden ist klar zu erkennen.

Tiefe in cm
0- 5
5-10
10-15
15-20
20-25

Quelle: Modellberechnungen, M.J. Frissel, Deutsches Atomforum, Radioökologie, 1979 in: IFEU-Bericht Nr. 43, Heidelberg 1986

die eine, mal auf die andere unserer 100 Milliarden Körperzellen (so wie bei der natürlichen äußeren Strahlenbelastung) —
womit unser genetischer Reparaturmechanismus offenbar
fertig wird —, sondern die inkorporierte Strahlung bombardiert dort, wo sie sitzt, bevorzugt die umgebende Zellgruppe,
wo sie auch mit schwächsten Energien deren Membranen
schädigen mag und das Erbmaterial dann irreversibel verändern kann (vgl. hierzu auch den in Kapitel VII erwähnten
PETKAU-Effekt[16]). Die genetische Informationsübertragung
wird gestört und kann so den ganzen Stoffwechsel durcheinanderbringen oder fehlleiten — all dies weit unterhalb von
Strahlendosen, wie sie etwa eine akute Verbrennung, Haar-
ausfall oder eine Verschiebung des Blutbildes verursachen.

7. Was sind die Einsichten und die Konsequenzen für die Zukunft?

● Als erstes müssen wir uns wohl endgültig klarmachen,
daß Kernreaktoren *nie* sicher sind. Es zeugt von einem
menschenverachtenden technischen Hochmut zu behaupten, daß so etwas wie in Tschernobyl bei uns nicht
passieren könnte. (Die Problematik der Risikoberechnungen ist in Kapitel X noch gesondert behandelt.)

● Zweitens ist die Reaktortechnik nicht nur aus diesem
Grund wohl einer der unintelligentesten Wege, Energie
zu machen, auf die die Menschheit je kam. Kernenergie
als ›High-technology‹ und deshalb als Symbol des Fortschritts zu bezeichnen, wie dies falsch beratene Politiker
auch jetzt noch tun, liegt ohnehin völlig daneben, da es
sich gerade bei der Kernenergie um eine sehr grobe und
angesichts der heutigen Erkenntnisse altmodische Technologie handelt, die mit einem gewaltigen technischen
Aufwand letztlich über das Prinzip der Dampfmaschine
Strom erzeugt!

◄ Abbildung 2

31

● Man sollte sich daher von den interessierten Betreibern, Konstrukteuren und beteiligten Wissenschaftlern nicht länger weismachen lassen, wie fortschrittlich, sicher und umweltfreundlich das Ganze sei. Man sollte sich damit abfinden, daß diese Technik weder von der langfristigen Materialbeanspruchung, noch von den wirtschaftlichen und gesellschaftlichen Auswirkungen her beherrschbar sein wird und daher mit einem ins Uferlose steigenden Aufwand an Kapital, Sicherheitsvorkehrungen, staatlicher Kontrolle, Entsorgung usw. betrieben werden muß, der über kurz oder lang jede Volkswirtschaft ruiniert.

● Grundsätzlich stehen also die Nachteile der atomaren Energiegewinnung in überhaupt keinem Verhältnis zu den Möglichkeiten einer auch auf andere Weise lösbaren Energieversorgung (worauf ich in den Kapiteln XV und XVI noch eingehen werde), zumal inzwischen längst klar ist, daß — auch ohne größeren Unfall — nichts teurer ist als die Kernenergie, wenn man die in Kürze auf uns zukommenden Milliardenkosten der Abwrackung und der Endlagerung mit einbezieht, plötzlich auftretende Schadenersatzansprüche gar nicht gerechnet.

● Auch wenn kein weiterer Super-GAU passiert (was jedoch morgen wieder der Fall sein kann, da, wie schon hundertfach — und nicht nur an der Kernenergie — bewiesen, alle Wahrscheinlichkeitsrechnungen nur eine *scheinbare* Sicherheit vorgaukeln), werden wir über kurz oder lang mit weiteren radioaktiven Belastungen zu tun haben. Insbesondere wenn wir uns auf das unnötige Abenteuer einer Wiederaufarbeitungsanlage einlassen, die ja das Problem der Endlagerung in keiner Weise löst, sondern im Gegenteil einen zusätzlichen Zwischenschritt einschaltet, bei dem an Radioaktivität schon beim Normalbetrieb ein Vielfaches dessen abgegeben wird, was aus allen daran angeschlossenen Kernkraftwerken selbst zusammenkommt. Ein entsprechendes Statement gegen den

Bau von Wiederaufarbeitungsanlagen habe ich als Mitglied des Sachverständigenkreises des Bayerischen Umweltministeriums schon vor einiger Zeit dort eingebracht. Es ist in Kapitel XIII in vollem Wortlaut wiedergegeben.

● Wie man in den letzten Tagen bei den Berichten über die Tschernobyl-Katastrophe und ihre Folgen beobachten konnte, hat sich auch in diesem Fall wieder einmal die Unzulänglichkeit der üblichen Bewertungsverfahren für Großprojekte erwiesen, die grundsätzlich die über den technischen Aspekt hinausgehenden Vernetzungen und Rückwirkungen — selbst auf der ökonomischen Ebene — außer acht lassen. Die Hilflosigkeit der Experten angesichts der Komplexität der Situation war bezeichnend. Jeder konnte nur über sein Teilgebiet Auskunft geben, aber wie sich die Ereignisse im Gesamtsystem auswirken und aufschaukeln — bis hin zu den psychosozialen Folgen — lag außerhalb der gängigen Zuständigkeiten.

● Die unvorhersehbare und unberechenbare Ausbreitung und Verteilung der aus dem vorliegenden Reaktorunfall stammenden Radioaktivität und die Bestürzung über die vielfältigen Folgen für unsere Gesundheit, unser tägliches Leben und unsere Wirtschaft zeigen, daß man sich — zufrieden mit fachbezogenen Einzelexpertisen — mit der vielfältigen Vernetzung eines solchen Vorgangs nie beschäftigt hat. Ich habe in der Einleitung bereits erwähnt, wie ich mir mit meinem Energiebilderbuch *Das (faule) Ei des Kolumbus*[2], in dem ich diese Zusammenhänge und ihre vernetzten Folgen lange vor Tschernobyl darstellte, seinerzeit den wütenden Protest der Atomlobby eingehandelt habe[3]. Vielleicht sieht inzwischen auch diese die schon damals aufgezeigte Vernetzung heute mit anderen Augen.

● Was wir in Zukunft brauchen, sind daher Experten für Systemzusammenhänge (und entsprechende Ausbildungsgänge!), die die Rolle einzelner Technologien und ihre Systemverträglichkeit untersuchen und bewerten können. In der UNESCO-Studie *Ballungsgebiete in der Krise*[17] und dem darauf basierenden ›Sensitivitätsmodell‹[18] haben wir z.B. ein dazu geeignetes Instrumentarium vorgestellt. Daß sich daraus ganz andere als die gewohnten Antworten ergeben, ist in den Kap. XII und XV weiter ausgeführt.

● Was der einzelne Bürger angesichts dieser Fakten tun kann und muß, ist wenig und ist viel. Wenig, was die aktuelle Strahlenbelastung angeht, viel, was unsere Entscheidungen für die Zukunft betrifft. Das ›wenig‹ auf der einen Seite erzwingt jedoch nachgerade das ›viel‹ auf der anderen Seite. Da wir uns, wie oben schon erwähnt, gegenüber der noch lange bestehenden Radioaktivität im Prinzip nur minimal schützen können und somit die Konsequenzen der erhöhten Strahlenbelastung für uns, unsere Kinder und Enkel in Kauf nehmen müssen (Die Böden werden jetzt schon für hundert Jahre verseucht sein und die dort abgelagerten radioaktiven Stoffe in den biologischen Kreislauf eintreten.), muß der Druck der Bevölkerung dahin gehen, daß zu den bestehenden Belastungen keine neuen mehr hinzukommen. Nur das bedeutet wirkliche Vorbeugung gegen jede weitere (weil mit jedem Fall sich summierende und damit von Mal zu Mal schlimmere) Gefährdung[19].

● Das heißt aber nichts anderes, als daß wir Bürger einen zügigen Ausstieg aus der Kernenergienutzung und eine Umkehr der ganzen fehlgelaufenen Energiepolitik verlangen und eine deutliche Hinwendung zu den auch volkswirtschaftlich weit interessanteren, aber z.T. bewußt vernachlässigten dezentralen und regenerativen Energien erzwingen müssen. Die bisherige Irreführung der Bevölkerung durch eine Reihe unwissender Politiker, ein paar prestigesüchtiger Wissenschaftler, kurzfristig gewinnorientierter Manager, von der Lobby korrumpierter Beamte, machthungriger Gigantomanen wird ohnehin nicht mehr lange funktionieren. Immer weniger Menschen — das haben die letzten Tage und Wochen gezeigt — sind noch bereit, irgendwelchen Verlautbarungen und Beteuerungen nur deshalb Glauben zu schenken, weil sie aus offiziellen Quellen stammen. Auch darauf soll später noch einmal eingegangen werden.

- Weiterhin müssen wir nun erst recht darauf dringen, daß alle übrigen Belastungen der Luft, des Bodens und des Wassers, die ja gesundheitlich in die gleiche Kerbe hauen, radikal zurückgehen — wozu auch Medikamente wie Cortison-, Hormon- und Antibiotikapräparate zählen, die eine Strahlenschädigung nachweislich verstärken —, um so vielleicht die Gesamtbelastung der Umwelt und unseres Organismus', einigermaßen in Grenzen zu halten[20].

- Daraus ergibt sich, daß es höchste Zeit ist, den Begriff ›Fortschritt‹ neu zu definieren und das ungeheure Potential an Ingeniosität und Kreativität — auch unserer Techniker — in eine neue Richtung zu lenken: die Weichen zu stellen für einen Fortschritt, der auf Technologien und Wirtschaftsformen beruht, die nicht *gegen* die Natur und den Menschen, sondern im Einklang mit ihnen arbeiten, so wie die übrige Natur selbst dies ja auch seit vielen Millionen Jahren mit Erfolg tut. Im einzelnen habe ich die Möglichkeiten und Chancen eines solchen Weges vom technokratischen ins kybernetische Zeitalter in dem Buch *Neuland des Denkens*[21] anhand vieler konkreter Beispiele beschrieben.

- Man wird natürlich sagen, daß wir uns auch dann immer noch einem hohen Gefahrenpotential durch Kernkraftwerke um uns herum, vor allem von Seiten Frankreichs, gegenübersehen. Und sicher wird man auch wie eh und je wieder ins Spiel bringen, daß diese Länder somit durch ihre Kernenergie wirtschaftliche Vorteile haben, die auf unsere Kosten gehen.

● Die Realität wird jedoch anders aussehen. Denn ganz abgesehen davon, daß Österreich, Dänemark und andere Länder ohne Kernenergie wirtschaftlich durchaus nicht zugrunde gegangen sind und ausgerechnet die EDF, Frankreichs staatliche Elektrizitätsgesellschaft, mit über 220 Milliarden (!) Franc verschuldet ist, wird die Zukunft zeigen, daß auf Grund der weiter oben genannten Kosten und Risiken wohl gerade die Wirtschaft derjenigen Länder, die rechtzeitig auf andere Energieversorgungsstrategien umgeschaltet haben, weit stabiler sein wird.

● Am gleichen Tag, an dem in der Bundesrepublik — so als ob nichts geschehen wäre — der Generalunternehmervertrag für Wackersdorf unterschrieben wurde, zeigten andere Länder bereits die erste Reaktion auf Tschernobyl: Holland hat sein Kernkraftprogramm vorläufig gestoppt. Schweden erwägt ebenfalls den Ausstieg, und Jugoslawien hat auf den Bau seines zweiten Kernkraftwerkes verzichtet. Gewiß, die Folgen aus Katastrophen haben auch kernkraftfreie Länder zu tragen. Da aber nicht anzunehmen ist, daß dies der letzte GAU war, den wir erleben, werden sich nach und nach weitere Länder anschließen.

● Ist es denn für all dies nicht schon zu spät, und sind wir nicht bereits auf die Kernenergie angewiesen? Durchaus nicht. Wir haben noch die Zeit und — wenn wir z. B. auf so finanzielle Abenteuer wie den Bau der WAA verzichten — auch das Kapital und damit die Chance, uns technologisch zu einem zukunftsorientierten Land zu entwickkeln. Die Befürchtung, daß ohne Kernenergie die Lichter ausgehen, ist absurd und leicht widerlegbar. Durch Abschaltung und Einmottung der bestehenden Kernkraftwerke würde unsere derzeitige Stromerzeugungsleistung von insgesamt 80 000 Megawatt zwar auf 63 000 Megawatt sinken. Damit hätten wir aber immer noch einen bedeutenden Überschuß. Denn gebraucht werden zur Zeit im Winter vielleicht 54 000 Megawatt, im Sommer etwa 44 000 Megawatt. Und weitere Reserven sind ohnehin genug da. Allein eine Änderung der Energiewirtschaftsgesetze würde durch die dann mögliche Rückspeisung von Industrieenergie ins Netz mit wahrscheinlich über 20 000 Megawatt daraus gezogener Stromleistung die derzeitige Leistung der Kernkraftwerke von 17 000 Megawatt glatt in den Schatten stellen, von dem zusätzlichen Beitrag moderner regenerativer Energien ganz zu schweigen (siehe auch Kapitel XVI).

Die Lichter gehen also durch eine Neubesinnung unseres Energiekurses gewiß nicht aus. Sie verlöschen eher, wenn wir die bisherige Politik weiterbetreiben.

III. Wie können wir uns gegen Spätschäden schützen?

Über kurz oder lang wird wohl auch in der Energiepolitik die Vernunft siegen. Leider wird sich auch dann an der derzeitigen Strahlenbelastung nicht mehr viel ändern, es sei denn im ungünstigen Sinne, nämlich daß ein weiterer Reaktorunfall die derzeitige Belastung potenziert. Was können wir dennoch für unsere Gesundheit tun?

Wie anfangs schon gesagt, sollten wir auf all den Gebieten, auf denen wir keiner solchen unentrinnbaren Belastung ausgeliefert sind, überall dort also, wo es auf uns selbst ankommt, nun erst recht versuchen, gesund zu leben. Aber auch im Hinblick auf die Strahlengefährdung selbst läßt sich darüber hinaus einiges tun. Dieses Tun reduziert sich, da die Aufnahme externer Strahlung kaum beeinflußbar ist, auf den Sektor *Ernährung und Landwirtschaft* und auf die Vermeidung der Anreicherung langlebiger Nuklide in der Nahrungskette.

Was praktische Tips betrifft, so sollte man bei all den inzwischen erschienenen, sicher gut durchdachten Publikationen[22] das eine nicht vergessen: daß wir weder in der Bundesrepublik einen gleichmäßigen Fallout aus Tschernobyl haben, noch daß, wo ein solcher vorliegt, sich die Radioaktivität in jedem Boden gleich verhält, noch daß sie selbst bei der gleichen Pflanze im selben Verhältnis in diese übergeht (den gleichen Transfer-Faktor besitzt), noch daß selbst dann die Aufnahme mit der Nahrung (sei es aus Gemüse, Obst, Getreide, Fleisch oder Milch) für jedes Tier und jeden Menschen die gleiche ist, noch daß, einmal in den Körper gelangt, diese Radioaktivität bei jedem Menschen dem gleichen Stoffwechsel unterliegt, noch daß, selbst wenn dies der Fall wäre, jeder Mensch die gleiche Strahlenempfindlichkeit besitzt.

Kurz und gut, man kann mit einem zunächst plausiblen

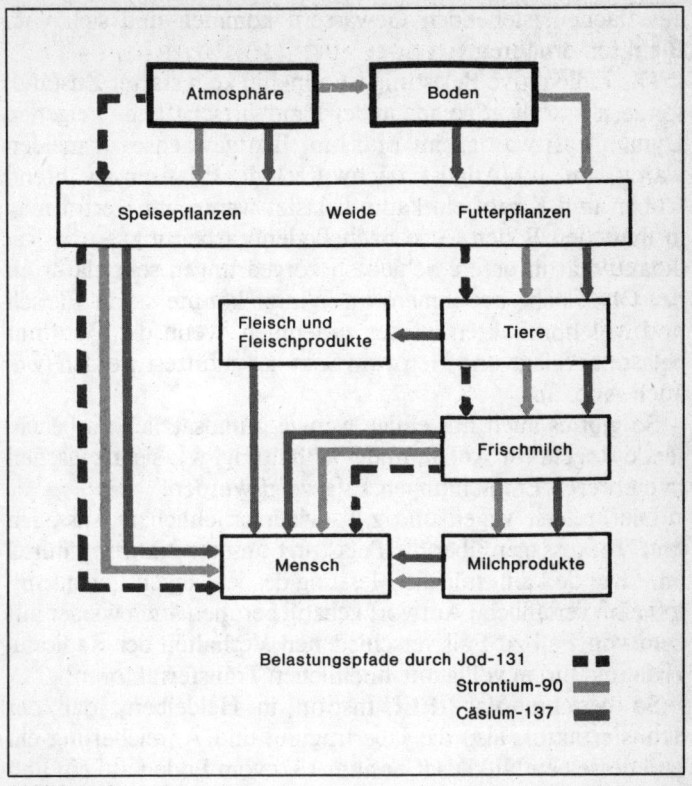

Abbildung 3

Rezept genau das Falsche tun, das Falsche einkaufen und somit auch hier eigentlich nur statistisch für die gesamte Bevölkerung vermuten, was besser oder schlechter ist und gewisse allgemeine Anhaltspunkte geben:

Den Verzehr von Milchprodukten sollte man möglichst noch eine Zeitlang reduzieren. Denn die Caesiumbelastung scheint leider doch recht konstant zu bleiben. Johannis- und Heidelbeeren, Schaffleisch und Wild ebenso wie viele Pilze weisen eher hohe Werte auf. Fische vor allem dann, wenn sie aus flachen, stehenden Gewässern kommen und sich vom Plankton ernähren.

Die radioaktive Belastung ist ohnehin kein starrer Zustand, sondern unterliegt gerade in der Landwirtschaft einer eigenen Dynamik. Etwa daß im Mai/Juni Blattgewächse zu meiden waren, im Juli/August flachwurzelnde Pflanzen, während Rüben und Kartoffeln kaum belastet waren, im Herbst mag in manchen Böden — je nach Bodenbearbeitung — die Radioaktivität in tiefere Schichten vorgedrungen sein, dafür an der Oberfläche abnehmen, im Winter könnte sie in Fleisch und Milchprodukten wieder zunehmen, wenn die Tiere mit belasteter Silage und Heu vom Sommer gefüttert werden (vgl. auch Abb. 3).

So gibt es auch nur einige wenige grundsätzlich zu beachtende Regeln für Anbau und Viehhaltung, wie sie inzwischen in mehreren Empfehlungen aufgezeigt wurden.

Die äußerst vagen und z. T. widersprüchlichen Aussagen und Voraussagen über die Belastung unserer Nahrungsmittel (im Grunde kann nur die Messung des jeweiligen Lebensmittels eine verläßliche Antwort geben), beruhen auch wieder auf dem von Fall zu Fall verschiedenen Verhalten der Radionuklide und ihrem völlig uneinheitlichen Transferfaktoren[24].

So berichtet das IFEU-Institut in Heidelberg, daß der Transferfaktor, also die Übertragung und Anreicherung ein und desselben Nuklids (Caesium-137) vom Boden auf ein und dieselbe Pflanze (Klee) je nach Bodenbeschaffenheit, Standort und sonstigen lokalen Bedingungen von 0,004 bis 33, also um mehr als das 8000fache (!) schwanken kann. Hier dann einen mittleren Wert von 0,5 anzunehmen, wie es das Bundesgesundheitsministerium tut, ist natürlich völliger Humbug, denn in der Bestimmung der sogenannten Transferfaktoren erkennt man, wie unmöglich es bei aller vorliegenden Forschungsarbeit ist, hier irgendwelche allgemeingültigen Prognosen zu stellen.

Es bleibt dem Verbraucher nichts weiter übrig, als aufmerksam die Messungen an Lebensmitteln weiter zu verfolgen, und, wenn sie ausbleiben, nachzuhaken und nicht locker zu lassen. Viel würde dabei ein möglichst direkter Kontakt zwischen Verbraucher und Erzeuger helfen, denn so könnte sich die Unsicherheit bezüglich Herkunft und Belastung zumindest für einige Lebensmittel verringern lassen.

Für die Produzenten gilt die Aufforderung, sich wenigstens an einige Grundregeln zu halten: Kein belastetes Futter an die Tiere verfüttern, die vom radioaktiven Fallout betroffenen Pflanzen oder Pflanzenteile nicht unterpflügen und auch nicht zur späteren Düngung kompestieren, nicht unbedacht Kalium und Kalk auf die Felder geben, da durch die Zugabe dieser Stoffe nur in manchen Fällen die Aufnahme von Strontium und Caesium verringert werden kann. Zu verschieden sind die Bodenarten, zu sehr der Boden auch schon durch andere Faktoren vorbelastet, als daß hier Standardregeln gelten könnten. Dennoch: »Bauern und Gärtner sollten wissen, daß ein gut mit Humus versorgter Boden mit dem richtigen pH-Wert (Säurewert) die Nuklide besser festhält und damit die Pflanzenverfügbarkeit herabsetzt. Ein intakter Boden mit gesundem Bodenleben kann helfen. Eine Tatsache, die Politiker, Landwirtschaftsberater, Chemiekonzerne endlich begreifen sollten. Viele bayerische Äcker sind bereits in einem beklagenswerten Zustand, verdichtet, übersalzen, fast tot. Durch Agrochemikalien und schwere Maschinen zerstörte Böden drohen ihre Pufferfunktion zu verlieren.«[25]

Es gilt also für die Zukunft, sich bewußt und bedacht zu ernähren. Das heißt in erster Linie, mit einer Vollwertkost dafür zu sorgen, daß der Körper alle nötigen Mineralstoffe, Vitamine, Ballaststoffe etc. zugeführt bekommt — und das in ausreichender Menge —, damit der gesunde Körper die vielfältigen Belastungen, denen er ausgesetzt ist, besser auffangen und ausgleichen kann.

Zwei in jedem Fall gültige Empfehlungen seien aber noch einmal hervorgehoben. Die erste betrifft das Rauchen: Zigarettenrauch macht durch die Möglichkeit des Anhaftens an den Rauchpartikeln sonst nicht lungengängige Radionuklide, z. B. auch das natürliche Edelgas Radon-222 (ähnlich wie manch andere cancerogene Giftstoffe) überhaupt erst lungengängig und erhöht die Lungenverweilzeit und damit auch die Strahlenbelastung. Zweitens — die wohl einfachste Regel: Wer nur halb so viel ißt (was auch der Gesundheit vieler Menschen weit zuträglicher wäre) bekommt auch nur halb so viel Becquerel mit!

IV.   Messen, ohne zu denken?

Wie konnte es zu den bisher mehrfach angesprochenen, im Grunde doch äußerst unklugen Vertuschungen und Verharmlosungen durch unsere Entscheidungsträger kommen? Einer der Gründe mag eine Reaktion auf das überhaupt nicht erwartete Ausmaß der Tschernobyl-Katastrophe und ihren möglichen negativen Effekt auf die Einstellung der Bevölkerung zur Kernenergie gewesen sein. Ein Effekt, der aber wohl gerade durch diese Informationspolitik verstärkt wurde. Daß in solchen Streßsituationen Denkblockaden auftreten, ist eine bekannte Tatsache. Ein kluges Abwägen und Reflektieren wird erschwert, so daß es zu unüberlegten Kurzschlußhandlungen kommt. So hätte man der Bevölkerung gewiß die volle Wahrheit zutrauen können, glaubte aber, jegliche Beunruhigung unter allen Umständen verhindern zu müssen. Daher die plumpen Beschwichtigungen und selbst Manipulationen von Fakten. Diese Strategie schlug aber insofern fehl, als auf diese Weise andere, vielleicht noch unerwünschtere Reaktionen der Bevölkerung hervorgerufen wurden. Wir leben aber in einer Demokratie, wo politische Manipulationen nur bis zu einem gewissen Schwellenwert ohne Gegenreaktion bleiben.[26]

Daß massive Beschwichtigungsmanöver eingeleitet wurden, zeigt jedenfalls schon die eigenartige Festlegung der amtlichen Stellen auf Meßmethoden, die vielleicht für externe kosmische oder terrestrische Strahlung angebracht sind, nicht aber für das Spektrum der aus Tschernobyl auf uns herniedergegangenen radioaktiven Partikel.

Während Messungen unabhängiger Institute dem Rechnung trugen und sich wunderten, daß sie etwa bei den Bodenmessungen oft zwanzigfach höhere Werte als die amtlich angegebenen registrierten, wurde diese Diskrepanz z.B. von Dr. LÖSTER von der Gesellschaft für Strahlenforschung (GSF) wie folgt erklärt: »Die Dosisangaben kommen mir sehr hoch vor. Darin ist sicherlich die Beta-Dosis enthalten. Diese Strahlen durchdringen aber die Haut nicht. Unsere Berechnungen dagegen decken sich mit den Angaben der Strahlenschutzkommission.«[27]

Damit wurde jedoch ein schwerwiegender Fehler zugegeben. In der Tat werden durch Ausklammern der Beta-Strahlung die Becquerel-Werte auf ein Siebtel bis ein Zehntel reduziert. Für externe Strahlung wäre das im Prinzip in Ordnung (wenngleich auch das Hautkrebsrisiko durch äußere Beta-Strahlen nicht unbeachtet bleiben darf). Bei Aufnahme der Partikel *in* den Körper spielt jedoch die Reichweite der Strahlen keine Rolle mehr, so daß selbstverständlich auch die schwächste Beta-Strahlung voll berücksichtigt werden muß, wenn wie hier eine Inkorporation nicht auszuschließen ist. Die Umrechnung einer gemessenen Bodenbelastung durch radioaktive Verseuchung auf der Basis von Faktoren zur Berechnung der rem-Werte einer *externen* Strahlung ist daher ein glatter Fehlschluß, da die Tatsache, daß es sich um potentiell in den Körper eindringbare radioaktive Partikel handelt – wodurch die Belastung um ein Vielfaches höher läge – glatt übergangen wird.

Ein weiteres Kuriosum ist die Messung der Bodenaktivität in einem Meter Höhe (daß Kinder im Sand spielen und nicht in einer Höhe von einem Meter darüberschweben, lag wohl außerhalb der Betrachtung). Die amtliche Messung reduziert mit der ihr eigenen Methode auch dadurch noch einmal die gemessene Dosisleistung um einen Faktor 2 bis 3. Und schließlich muß eine Messung der auf dem Boden vorhandenen Strahlenquellen, um die Gesamtzerfälle zu erfassen, selbstverständlich nicht nur die von dort nach oben gehende Strahlung, sondern auch die nach unten abgehende berücksichtigen, also den gemessenen Wert noch einmal mit zwei multiplizieren. Insgesamt kommt daher leicht eine Diskrepanz der tatsächlichen Radioaktivität gegenüber der gemessenen um das Zwanzigs- bis Dreißigfache zustande.

Abgesehen von der Meßmethode selbst ergibt sich eine weitere Gelegenheit, die Wirkung der tatsächlich vorliegenden Radioaktivität herunterzuspielen, wenn es an die Umrechnung der Emission (Becquerel) in die Immission (rem), also in die Strahlen*belastung* des Menschen geht. Da je nach Art der Inkorporation strahlender Partikel in den Körper, also: keine Aufnahme (externe Strahlung), Anhaftung (an Haut oder Kleidern), Ingestion (über den Mund und die Nahrung) oder Inhalation (durch Einatmen) eine andere Belastung vorliegt, unterscheiden sich die Umrechnungsfaktoren in Abhängigkeit von dem radioaktiven Stoff und seiner Verweilzeit im Körper oft um mehrere Zehnerpotenzen (vgl. hierzu auch Tabelle 2).

So ist es naheliegend, daß man die Inkorporation mit ihren sehr viel höheren Werten gar nicht erst berücksichtigt, sondern auch hier wieder so tut, als ob es sich nicht um radioaktive Stoffe, sondern um irgendeine ferne Strahlenquelle handelt, indem man den Umrechnungsfaktor für externe Strahlung benutzt. Dieser liegt jedoch dann z.B. für Caesium-137 bei 0,136 (1000 Bq/m² = 0,136 mrem/h) statt bei 93,6 (1000 Bq/m² = 93,6 mrem/h), also beim 688fachen, wenn dieses vom Boden in den Körper gelangt[28]. Man kann nun einwenden, daß dies nicht unbedingt der Fall sein muß. Potentiell ist dieser Fall aber bei jedem Staubwirbel gegeben. Wenn es um die Gefährdung unserer Gesundheit geht, sollte es meiner Meinung nach wohl selbstverständlich sein, bei der Festlegung von Sicherheitsmargen den schlimmsten und nicht den optimistischsten Fall zugrundezulegen.

Alles zusammen, die willkürliche Reduzierung der Meßwerte selbst und die Wahl des Umrechnungsfaktors, führt dann zu jenen immer wieder angeführten und selbst von Laien immer wieder angezweifelten geringen Millirem-Werten, die ohne solche Manipulationen oft um ein Mehrhundertfaches höher lägen. Auf diese Weise bringt man es zuwege, daß sich die Werte trotz des hohen Fallouts nur innerhalb der Schwankungsbreite der natürlichen Strahlung bewegen und die Welt wieder in Ordnung ist. Wohlgemerkt, all dies mit wissenschaftlicher Exaktheit gemessen und berechnet, ohne technische Fehler. Doch auch hier wieder genügen keine isolierten, aus dem Zusammenhang gerissenen und dann hochgerechneten, wenn auch noch so sorgfältig gemessenen Werte. Die Voraussetzung zur Erlangung relevanter Ergebnisse ist erst einmal sorgfältiges Denken. Schließlich braucht man sich ja nur einmal den Jahres-Fallout einiger langlebiger Nuklide aus den Atombombentests der 60er Jahre anzuschauen und ihn mit dem in wenigen Tagen auf manche Teile der Bundesrepublik niedergegangenen Fallout von Tschernobyl zu vergleichen. Der Wert für 1986 liegt damit schon rund 15mal so hoch wie der höchste Meßwert aus den 60er Jahren (vgl. Abb. 4).

Es ist unbegreiflich, wie überhaupt jemand auf die Idee kommen kann, diese massive Verseuchung gar mit der Schwankungsbreite der natürlichen Strahlung zu vergleichen. Auch die Gegenüberstellung der verschiedenen Einzelwerte von Luft, Wasser, Boden und einigen Nahrungsmitteln mit den Werten von 1983 (siehe Tabelle 3) spiegelt selbst bei uns – von der Situation in der Sowjetunion ganz zu schweigen – einen gewaltigen Anstieg an Radioaktivität wider, die schon als externe Strahlung nicht vernachlässigbar wäre. Da es sich aber im Unterschied zu natürlicher Strahlung auch noch ausnahmslos um strahlende Partikel handelt, die ins Innere des Körpers gelangen und sich über die Nahrungskette noch bedeutend anreichern können, kann hier wirklich nur der Wunsch der Vater des Gedankens eines solchen Vergleichs gewesen sein.

Abbildung 4 ▶

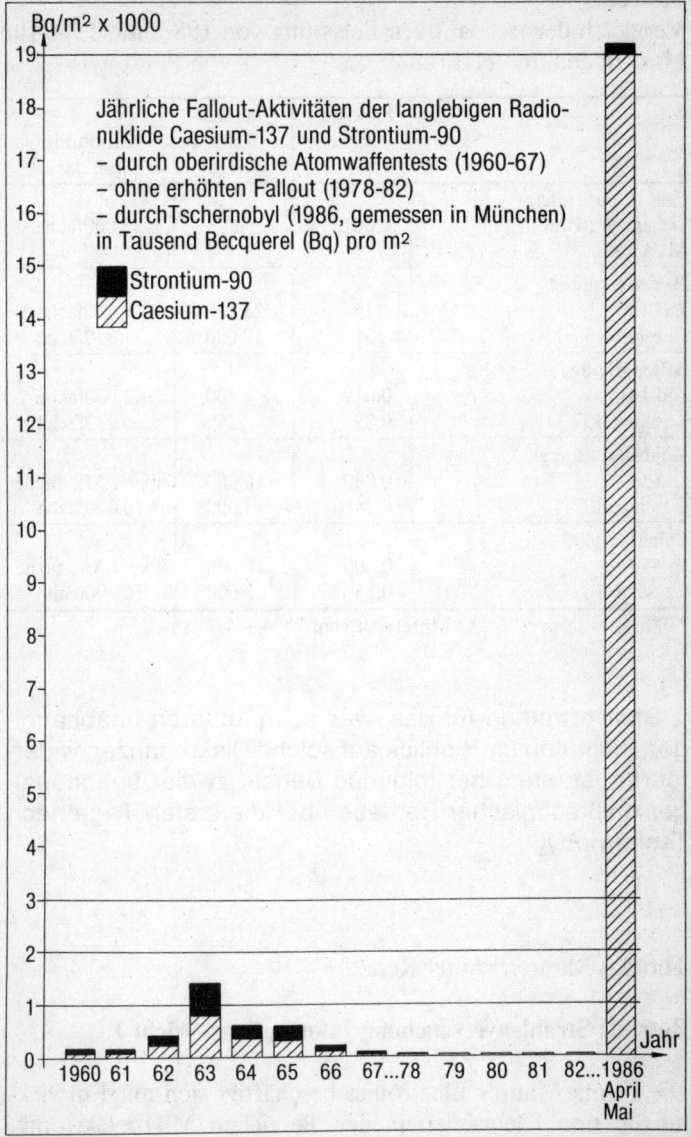

Bq/m² x 1000

Jährliche Fallout-Aktivitäten der langlebigen Radionuklide Caesium-137 und Strontium-90
– durch oberirdische Atomwaffentests (1960-67)
– ohne erhöhten Fallout (1978-82)
– durchTschernobyl (1986, gemessen in München)
in Tausend Becquerel (Bq) pro m²

■ Strontium-90
▨ Caesium-137

Jahr

1960 61 62 63 64 65 66 67...78 79 80 81 82...1986
April
Mai

47

Tabelle 3
Vergleich der radioaktiven Belastung von 1983 und 1986 für
Luft, Boden und Nahrung[30]

	Maximal-werte 1983	Maximal-werte 11. 5. 86	Erhöhung um das
Luft (Bq/m³); Beta-Gesamtaktivität in München	0,0015*	50**	33.000fache
Boden (Bq/m²)			
Jod-131	16	25.000	1.500fache
Caesium-137	31	10.000	320fache
Milch (Bq/l)			
Jod-131	0,019	800	42.000fache
Caesium-137	0,89	250	280fache
Kopfsalat (Bq/kg)			
Jod-131	0,000	10.000	über 1 Mio-fache
Caesium-137	0,28	3.000	10.000fache
Spinat (Bq/kg)			
Jod-131	0,000	10.000	über 1 Mio-fache
Caesium-137	0,18	3.000	16.000fache

* Jahresmittelwert   ** Mittelwert vom 30. 4.−4. 5. 86

Stellvertretend für das, was auch anderen unabhängigen Instituten im Hinblick auf solche Diskrepanzen widerfahren ist, steht der folgende Bericht zweier unabhängiger meßtechnischer Betriebe über die ersten Tage nach Tschernobyl.

Thomas Maurer/Walter Renz[31, 32]

Betrifft: Strahlenverseuchung Informationsbericht 1

Die Firma Maurer Electronics beschäftigt sich mit Entwicklungen und Kleinserien in den Bereichen Mikroelektronik, elektronische Meßtechnik und Lasertechnik.

Die Firma Innova arbeitet auf ähnlichen Gebieten und unterhält mit Maurer Electronics eine Bürogemeinschaft in München-Neuhausen.

In beiden Firmen arbeiten Physiker an Grundlagenprojekten und haben entsprechende meßtechnische Einrichtungen zur Verfügung.

In den ersten Tagen nach dem Kraftwerksunfall in Tschernobyl haben wir aufmerksam verfolgt, was in den Medien an offiziellen Stellungnahmen und anderer Information zu diesem Thema veröffentlicht worden ist.

Das uneinheitliche Bild der angebotenen Veröffentlichungen hat uns bewogen, unsere laufenden Entwicklungsprojekte zeitweilig stillzulegen und uns sowohl eine theoretische als auch experimentelle Grundlage zu einer unabhängigen Beurteilung der tatsächlichen Lage aufzubauen.

Wir haben
- ein geeichtes Meßgerät für Oberflächen-Kontamination erworben,
- mit mehreren Instituten, die in staatlichem oder Privatauftrag strahlungstechnische Untersuchungen durchführen, Kontakt aufgenommen,
- alle erhältlichen Informationen ausgewertet und Vergleichstabellen errechnet.

Die notwendigen theoretischen Arbeiten wurden von einem Kernphysiker und einem Festkörperphysiker durchgeführt, die beide in unserer Bürogemeinschaft arbeiten.

Wir haben festgestellt, daß
- die tatsächlichen Werte für Oberflächen-Kontamination um das vielfache über denen liegen, die jeweils authorisiert von den Behörden veröffentlicht wurden,
- den Instituten — zumindest in Bayern — ganz offensichtlich ›nahegelegt‹ wurde, bestimmte Teile ihrer Messungen zurückzuhalten,

● die Behörden Maßnahmen, die ohne weiteres möglich wären, um die Belastung speziell bei Kindern zu senken, ausdrücklich per Anweisung verhinderten und noch verhindern.

Unsere Bürogemeinschaft ist parteipolitisch unabhängig und steht in keinerlei Zusammenhang mit politischen Aktionsgemeinschaften. Wir sehen uns jedoch nun veranlaßt, unsere Werte und Erfahrungen nach Möglichkeit an die Öffentlichkeit zu tragen.

Wir messen seit dem 6. Mai 1986. Die Messungen wurden an den Wohnorten der Mitarbeiter und in der Hauptsache in und um unser Bürogebäude in Neuhausen durchgeführt.
   Hier die wichtigsten Meßwerte für Oberflächen-Kontamination auf dem Innenhof mit Kinderspielplatz unseres Bürogebäudes (Karl-Albrecht-Hof), Nymphenburger Str. 154:

6. Mai	160 000 Bq/qm
7. Mai	120 000 Bq/qm
8. Mai	100 000 Bq/qm
9. Mai	120 000 Bq/qm
10. Mai	112 000 Bq/qm

Der Hauptanteil der Oberflächenverseuchung stammt aus Niederschlägen vom 30. April und 1. Mai 86.
   Rücksprachen mit anderen Instituten und eigene weitere Messungen haben ergeben, daß es sich bei diesen Meßwerten nicht um ›lokale Spitzen‹ handelt, sondern daß die Oberflächenkontamination weitgehend gleichmäßig über Süddeutschland verteilt ist.
   Wir haben mitangesehen, wie Kinder eine Woche lang ständig in dieser Situation am Boden gespielt haben. Direkt am Boden entsprach die gemessene Kontamination Anfang Mai einer Strahlenbelastung von über 400 Mikrorem/Stunde.
   Die gemessenen Werte liegen weit über denen, die veröffentlicht wurden und sie liegen um das *Dreißigfache* über

dem Wert, der in der Strahlenschutzverordnung §§ 35, 64, Anlage 9 für Wohngebiete als maximale Oberflächen-Kontamination angegeben ist.

Ebenfalls nicht informiert wurde die Bevölkerung davon, daß die Strahlenbelastung auf Pflastersteinen die höchsten Werte erreicht. Sie ist auf den umliegenden Grasflächen nur etwa halb so hoch.

Wir haben im Versuch festgestellt, daß sich die Strahlenbelastung stark senken läßt, wenn man die Oberflächenverschmutzung mit starkem Wasserdruck bei gleichzeitigem Kehren oder Bürsten von dem Pflaster abwäscht.

Wir versuchten zuerst über unsere Hausverwaltung, wenigstens im Innenhof in der Gegend des Spielplatzes eine solche Maßnahme zu erreichen. Die Hausverwaltung hat uns an die Feuerwehr verwiesen.

Der Strahlenschutzbeauftragte der Münchner Feuerwache, Herr Zimmermann, hat uns am 9. Mai zu diesem Thema folgendes erklärt:

● Er habe heute früh ein Telex aus Bonn erhalten (Strahlenschutz-Kommission), in dem eine Belastung von 100 000 Bq/qm als *unbedenklich* bezeichnet wird (Abweichung um Faktor 30 von der geltenden Gesetzeslage).

● Er habe die ausdrückliche Anweisung seiner vorgesetzten Dienststellen, keinerlei Maßnahmen zur Reinigung von Straßen und Pflastern einzuleiten.

Wir haben aus anderer Quelle erfahren, daß man bereits damit begonnen hat, Schulhöfe zu reinigen und daß dies urplötzlich — offensichtlich aufgrund ähnlicher Anweisungen — eingestellt wurde mit dem Kommentar, daß man ›panisch überreagiert‹ hätte.

Hier werden in einer Situation, die vom Gesetzgeber eindeutig als Gefahrensituation bezeichnet worden ist (Strahlenschutzverordnung), notwendige und offensichtlich auch mögliche Hilfsmaßnahmen durch ausdrückliche Anweisung der zuständigen Behörden verhindert.

Wir möchten bei dem Fachgebiet bleiben, das wir überblikken können, und deshalb Juristen bitten, festzustellen, ob hier nicht ein Tatbestand der unterlassenen Hilfeleistung vorliegt.

Die Firmen Maurer Electronics und Innova werden ihre meßtechnischen Möglichkeiten in Zukunft weiter ausbauen und einen Teil der verfügbaren Ingenieurkapazität an diesem Thema halten.

In der Anlage 1 erhalten Sie eine Graphik dessen, was wir jetzt im Freien gemessen haben. Wir haben vor den letzten Regenfällen einen kontaminierten Pflasterstein in unser Labor gebracht und messen diesen nun laufend im Vergleich zu den Außenmeßwerten. Bereits aus diesen Messungen lassen sich qualitativ gute Abschätzungen über die Abklingzeiten der durch den Regen auf den Boden gebrachten radioaktiven Materialien vornehmen.

Anlage 2 enthält eine durch Kontakte mit mehreren Instituten, eigene Rechnungen und experimentelle Werte mittlerweile stabilisierte vereinfachte Übersichtstabelle über die Bodenbelastung und die daraus resultierenden Strahlenbelastungen in bestimmten Situationen.

Der immer wieder vermittelte Eindruck, die Verhältnisse seien so kompliziert, daß sie ein Normalbürger nicht überblikken könnte, ist falsch.

Es ist auch falsch, daß nichts getan werden kann, um die Strahlenbelastung — speziell bei Risikopersonen (schwangere Frauen, kleine Kinder) — weiter zu senken (z. B. das Abspritzen von gepflasterten Flächen, wie es in anderen Ländern bereits durchgeführt wird).

Wir wollen keine ›Panikmache‹ betreiben. Es trifft zu, daß wir in der Luft gegenwärtig keine hohe Strahlenbelastung mehr haben. Es trifft möglicherweise ebenfalls zu, daß gegenwärtig keine ›akuten‹ gesundheitlichen Gefährdungen zu erwarten sind.

Die Bodenwerte sind jedoch wesentlich höher, als bisher zugegeben und auch als vom Gesetzgeber bisher als ›unbedenklich‹ definiert. Hauptempfänger dieser Strahlenbelastung sind gegenwärtig Kinder, die am Boden spielen.

Wir wollen uns auch nicht mit Diskussionen um ›Grenzwerte‹ verschleißen. Unser Hauptinteresse ist auf folgenden Tatbestand gerichtet:

- Seit Jahrzehnten sind Kommissionen am Werk, die Meßdaten auswerten und Wissenschaftler befragen.
- Die gewonnenen Erkenntnisse fließen in eine Gesetzgebung ein (Strahlenschutzverordnung).
- Unabhängig davon, wie ›übersorgfältig‹ die Werte dieser Gesetzgebung sind, fällt es uns schwer, zu verstehen, aufgrund welcher neuer Erkenntnisse die Bundesregierung innerhalb von 24 Stunden das Dreißigfache der bisher und *immer noch* im Gesetz verankerten Werte für Wohngebiete als so unbedenklich bezeichnet, daß bereits in Gang gesetzte Vorsichtsmaßnahmen (Abspritzen von Höfen) auf ausdrückliche Anordnung hin wieder eingestellt werden.

Die Bevölkerung wird durch beruhigende Strahlungsmeßwerte von einem Meter über dem Boden und darüber irregeführt (Kinder sind im Durchschnitt aber weiter unten, verschmutzen und verletzen sich und stecken Finger in den Mund).

Ebenfalls irreführend ist, daß Bodenproben pro Kubikmeter oder pro Kilogramm veröffentlicht werden. Diese Werte sind extrem ›niedrig‹, da die radioaktiven Partikel nachweislich extreme Hafteigenschaften aufweisen und bisher fast vollkommen an der Oberfläche bleiben.

Daher ist die offizielle Behauptung, der Regen würde ›reinwaschen‹, ebenfalls falsch: Unsere Messungen am Pflaster beweisen, daß zumindest dort im Moment der Regen nicht viel hilft. Es ist zusätzlicher Druck (Wasserwerfer) und mechanische Arbeit (Schrubben) nötig.

Messungen an Schuhsohlen haben ergeben, daß sie abhängig vom Sohlenmaterial teilweise ähnlich aktiv sind wie der kontaminierte Boden (zum Teil 40 000 Bq/qm). Die immer wieder veröffentlichte Behauptung, die Schuhe vor der Wohnung oder dem Büro auszuziehen würde nichts verbessern, führt daher gegenwärtig ebenfalls zu falschem Verhalten der Bevölkerung.

Eine weitere Empfehlung kann heute bereits ausgesprochen werden: Die Wiesen sollten abgemäht und das Gras weggeschafft werden. Das abgemähte Gras ist allerdings wahrscheinlich ›radioaktiver Sondermüll‹.

Dadurch würde ein Großteil der radioaktiven Substanzen nicht in den Boden eindringen oder direkt in die Nahrungskette gelangen. Außerdem wächst in dieser Jahreszeit frisches Gras sehr schnell nach. Die Verluste für die Landwirtschaft wären in Grenzen zu halten. Dies hilft allerdings nur, wenn es *sofort* geschieht.

Wir bitten daher alle Institutionen, die die Möglichkeit zu Veröffentlichungen besitzen und nicht dem unmittelbaren Einfluß von Regierungsstellen ausgesetzt sind, mitzuhelfen, daß

- existierende und von Steuergeldern finanzierte Mittel der öffentlichen Hand eingesetzt werden, um die Belastung von Risikogruppen zu senken,
- Grenzwerte nicht weiterhin politisch bestimmt werden (der Organismus kennt keine Grenzwerte),
- durch eine ausreichende Information der Bevölkerung auch Gelegenheit gegeben werden kann, ihr Verhalten so einzustellen, daß unnötige Mehrbelastungen vermieden werden.

Obwohl wir, wie bereits erwähnt, eine Entwicklungsfirma und keine politische Gruppierung sind, haben wir begonnen, in Informationsblättern in unserem direkten Umfeld Meßergebnisse bekannt zu geben und auch Empfehlungen auszusprechen.

Wir können nicht verhehlen, daß diese Empfehlungen gegenwärtig in direktem Widerspruch zu den Empfehlungen stehen, die von offizieller Seite veröffentlicht werden.

Wir sind gerne bereit, dies in weiteren Gesprächen näher zu begründen und entsprechende Meßergebnisse zur Verfügung zu stellen.

Maurer Electronics GmbH
INNOVA Gesellschaft für Feinwerktechnik mbH

Anlagen: Meßwertgraphik
Meßwerttabelle
Auszug aus Strahlenverordnung (siehe Abb. 5, 6, 7)

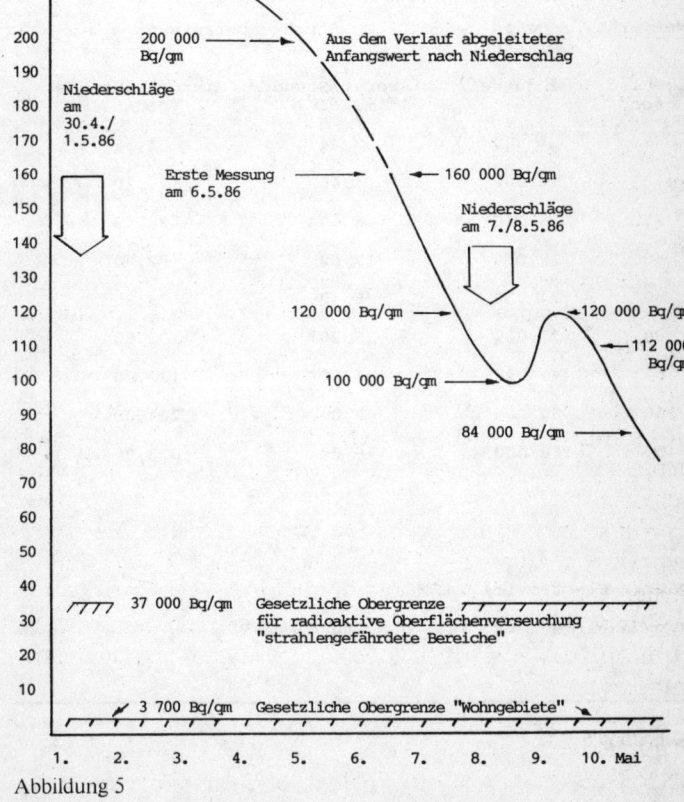

M Ü N C H E N

KARL – ALBRECHT – HOF NEUHAUSEN

Radioaktive Verseuchung des Innenhofes

200 000 Bq/qm → Aus dem Verlauf abgeleiteter Anfangswert nach Niederschlag

Niederschläge am 30.4./1.5.86

Erste Messung am 6.5.86 → ← 160 000 Bq/qm

Niederschläge am 7./8.5.86

120 000 Bq/qm → ← 120 000 Bq/qm

← 112 000 Bq/qm

100 000 Bq/qm →

84 000 Bq/qm →

37 000 Bq/qm Gesetzliche Obergrenze für radioaktive Oberflächenverseuchung "strahlengefährdete Bereiche"

3 700 Bq/qm Gesetzliche Obergrenze "Wohngebiete"

1. 2. 3. 4. 5. 6. 7. 8. 9. 10. Mai

Abbildung 5

55

Radioaktive Bodenbelastung (Aktivität) und

Strahlenbelastung (Äquivalentdosis)

Umrechnungstabelle für Meßwerte aus Erfahrungswerten

Meßgerät: FAG CONTAMAT FHT111

Meßgerät	Boden-belastung	Strahlenbelastung	
Impulse/ sec.	Becquerel/ qm	Mikrorem/Stunde (1m Höhe)	Mikrorem/Stunde (Boden)
1	400	0,44	1,32
10	4 000	4,40	13,20
20	8 000	8,80	26,40
40	16 000	17,60	52,80
60	24 000	26,40	79,20
80	32 000	35,20	105,60
100	40 000	44,00	132,00
200	80 000	88,00	264,00
400	160 000	176,00	528,00

Maurer Electronics GmbH

Nymphenburger Str. 154, 8000 München 19

Abbildung 6

Anlage IX
(zu §§ 35, 64)

Grenzwerte
für Schutzmaßnahmen bei Oberflächenkontamination
von Arbeitsplätzen und Gegenständen

Grenzwerte der Flächenkontamination [1]			
Radionuklidart	Arbeitsplätze [2] und Außenseite der Schutzkleidung im Kontrollbereich	Arbeitsgegenstände, Kleidung und Wäsche in betrieblichen Überwachungsbereichen	Arbeitsgegenstände, Kleidung, Wäsche außerhalb von betrieblichen Überwachungsbereichen
1	2	3	4
Alphastrahler, für die eine Freigrenze von $3{,}7 \cdot 10^3$ Bq $(10^{-7}$ Ci) festgelegt ist	$3{,}7$ Bq/cm^2 $(10^{-4}$ μCi/cm$^2)$	$0{,}37$ Bq/cm^2 $(10^{-5}$ μCi/cm$^2)$	$0{,}037$ Bq/cm^2 $(10^{-6}$ μCi/cm$^2)$
Sonstige Radionuklide	37 Bq/cm^2 $(10^{-3}$ μCi/cm$^2)$	$3{,}7$ Bq/cm^2 $(10^{-4}$ μCi/cm$^2)$	$0{,}37$ Bq/cm^2 $(10^{-5}$ μCi/cm$^2)$

[1] Gemittelt über eine Fläche von 100 cm².

[2] Die angegebenen Werte der Flächenkontamination an Arbeitsplätzen schließen die festhaftende Aktivität nicht ein, sofern sichergestellt ist, daß durch diesen Aktivitätsanteil keine Gefährdung durch Weiterverbreitung oder Inkorporation möglich ist.

Anmerkung: Für die übliche Quadratmeter-Angabe müssen die obigen Werte mit 10.000 multipliziert werden.

Abbildung 7

Betrifft: Strahlenverseuchung Informationsbericht 2

Die Firmen Maurer Electronics und Innova haben sich seit der Herausgabe der ersten Schrift vom 11. 05. 1986 weiter mit Recherchen und Messungen beschäftigt.

Wir haben außerdem versucht, die Öffentlichkeit auf das festgestellte Mißverhältnis zwischen den amtlichen Verlautbarungen und den tatsächlichen physikalischen Verhältnissen aufmerksam zu machen — bislang mit nur kleinem Erfolg.

Die Anlage 1 enthält eine Zusammenfassung unserer bisherigen Messungen. Ebenfalls eingetragen sind Meßpunkte aus amtlichen Veröffentlichungen.

Einige Beispiele zur Gegenüberstellung:

5. Mai: Der Referent für Strahlenschutz im Gesundheitsministerium, Herr ROSENBAUM, erklärt, die bislang ermittelten Werte für die Radioaktivität des Bodens lägen derzeit bei 1000 bis 4000 Becquerel/qm. Wir messen am 6. Mai 160 000 Bq/qm auf Betonpflaster und 80 000 Bq/qm auf Grasflächen.

9. Mai: Der Bundesminister des Inneren, Herr ZIMMERMANN, ›entwarnt‹: Im süddeutschen Raum seien 10 000 Bq/qm, »in Spitzen bis über 50 000 Bq/qm«, gemessen worden. Unsere Meßwerte vom selben Tag: 120 000 Bq/qm auf Betonpflaster, ca. 70 000 Bq/qm auf Wiesenoberflächen.

Ebenfalls 9. Mai: Der Vorsitzende der deutschen Strahlenschutzkommission, Herr Prof. OBERHAUSEN, erklärt, die Strahlung im Wohnzimmer sei nicht wesentlich geringer als draußen. Deswegen sei es eine völlig unbegründete Hysterie, z. B. Kinder nicht auf Rasen spielen zu lassen. Die Strahlung auf der Rasenoberfläche beträgt zu diesem Zeitpunkt großräumig 60 000 Bq/qm, dies entspricht einer Dosisleistung am Boden von 80 Mikrorem/h. Die vergleichbare Strahlung im Wohnzimmer liegt bei 6 Mikrorem/h.

16. Mai: Die Strahlenschutzkommission erklärt: »Wer sich täglich vier Stunden im Freien aufhält, zieht eine effektive Jahresdosis von 5 mrem auf sich.« Bei den nach unseren Messungen langfristig zu erwartenden Belastungen, z. B. auf Steinpflaster (30 000 – 40 000 Bq/qm) entsteht folgende jährliche Belastung:

Bei vierstündigem Aufenthalt am Boden
(spielende Kinder):   jährlich 150 mrem.
Bei vierstündigem Aufenthalt in 1 Meter
Abstand vom Boden (Erwachsene):   jährlich 50 mrem.

D. h. daß auch hier die gemessenen und noch meßbaren Werte um Faktoren von ca. 10 bis 30 über den Angaben der Strahlenschutzkommission liegen.

20. Mai: Die Münchener *Abendzeitung* veranstaltet ein ›Atomforum‹. Wir melden uns zu Wort und machen auf die von uns gemessenen Werte aufmerksam. Des weiteren veröffentlichen wir eine Rückberechnung, derzufolge die Gesamtbodenaktivität in den ersten Tagen des Monats Mai zwischen 250 000 und 300 000 Bq/qm betrug (siehe Abbildung 8).

Der offiziell eingeladene Vertreter der Gesellschaft für Strahlenforschung (GSF), Dr. Werner LÖSTER, bestätigt diese Rechnung ausdrücklich und gibt einen Gesamtwert von *290 000 Becquerel pro Quadratmeter* an. Alle unsere weiteren Messungen werden bei dieser Gelegenheit ebenfalls bestätigt.

Wir möchten noch einmal geltendes deutsches Recht zitieren: Der oberste Grenzwert, den die deutsche Strahlenschutzverordnung für Gebiete außerhalb sog. ›betrieblicher Überwachungsbereiche‹ angibt, liegt bei *3700 Becquerel pro Quadratmeter*. Bereiche, bei denen eine Oberflächenkontamination von *über 37 000 Becquerel pro Quadratmeter* erlaubt ist, sind sog. ›Kontrollbereiche‹.

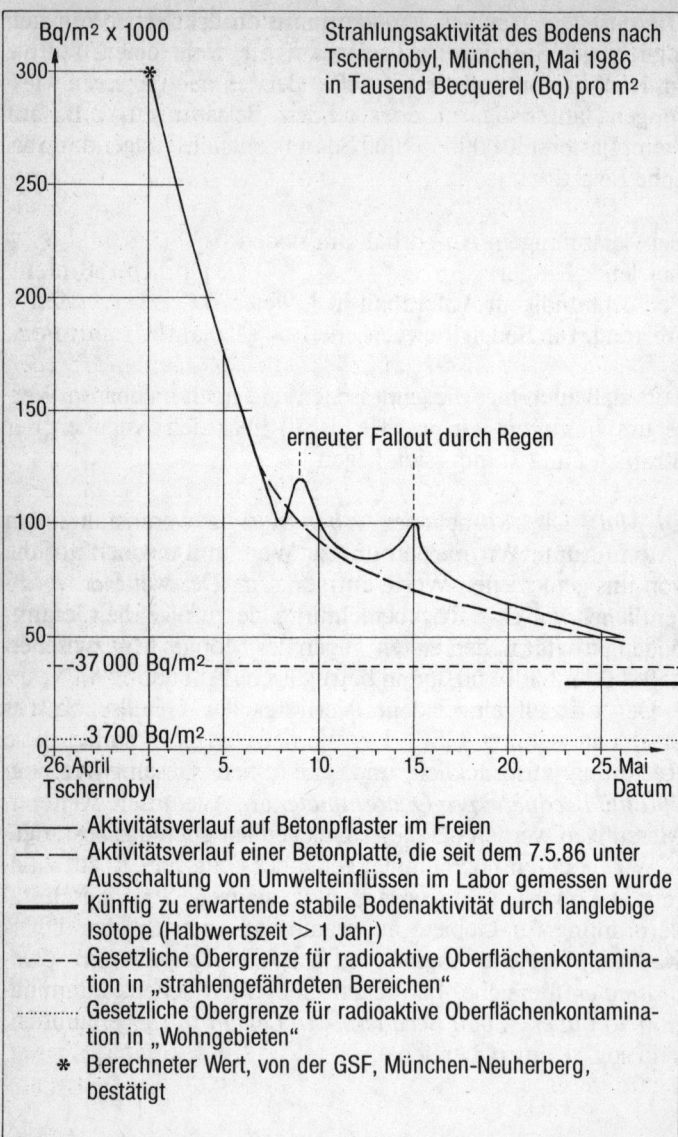

Bq/m² x 1000

Strahlungsaktivität des Bodens nach
Tschernobyl, München, Mai 1986
in Tausend Becquerel (Bq) pro m²

erneuter Fallout durch Regen

- 37 000 Bq/m²
- 3 700 Bq/m²

26. April 1. 5. 10. 15. 20. 25. Mai
Tschernobyl   Datum

───── Aktivitätsverlauf auf Betonpflaster im Freien
── ── Aktivitätsverlauf einer Betonplatte, die seit dem 7.5.86 unter
       Ausschaltung von Umwelteinflüssen im Labor gemessen wurde
━━━━ Künftig zu erwartende stabile Bodenaktivität durch langlebige
       Isotope (Halbwertszeit > 1 Jahr)
───── Gesetzliche Obergrenze für radioaktive Oberflächenkontamina-
       tion in „strahlengefährdeten Bereichen"
·········· Gesetzliche Obergrenze für radioaktive Oberflächenkontamina-
       tion in „Wohngebieten"
  ✳ Berechneter Wert, von der GSF, München-Neuherberg,
       bestätigt

60

Personen dürfen sich in solchen Kontrollbereichen nur mit Schutzkleidung und Schutzausrüstung aufhalten und vor allem: *Sie dürfen in diesen Bereichen nichts essen.*

Was dies für einen Kinderspielplatz bedeutet, in dem Kinder mit den Händen am Boden spielen und die Finger dann in den Mund stecken, muß wohl nicht näher erläutert werden.

In diesen Kontrollbereichen dürfen sich auch keine Personen unter 18 Jahren und keine schwangeren Frauen aufhalten.

Aus dieser Gegenüberstellung ergibt sich ganz eindeutig, daß die Kinder in der ersten Maiwoche in einem radioaktiv verseuchten Umfeld gespielt haben, in dem der Gesetzgeber nur mehr den Aufenthalt von streng kontrollierten Personen mit Schutzkleidung zuläßt.

Wir versuchen seit zwei Wochen, die Öffentlichkeit auf diese Umstände aufmerksam zu machen und Maßnahmen in Gang zu setzen, um die radioaktive Belastung von wichtigen Bodenoberflächen (Kinderspielplätze oder landwirtschaftlich genutzte Grasflächen) zu senken. Obwohl unsere Meßergebnisse bei der oben genannten Veranstaltung der Münchener *Abendzeitung* ausdrücklich bestätigt wurden, hören wir aus der Münchener Stadtverwaltung immer noch, daß wir ›falsch messen‹.

Alle unsere Bitten, doch einmal eine gemeinsame Messung durchzuführen, blieben erfolglos.

In unserer ersten Schrift haben wir zwei Hauptanliegen genannt:

- Wiesen mähen und
- Pflaster reinigen.

Wir müssen nunmehr mitteilen, daß es für beide Maßnahmen jetzt zu spät ist. Die radioaktiven Substanzen auf den Wiesen sind mittlerweile von den Blattoberflächen auf den Boden ab-

◀ Abbildung 8

gesunken, so daß das Abmähen der Wiesen nichts mehr hilft.

Hier ist für Generationen die Chance verpaßt worden, die langlebigen radioaktiven Isotope aus der Milch- und Fleischwirtschaft zu einem erheblichen Teil herauszuhalten.

Wir könnten heute bereits frisches Gras auf den Weiden haben, das unbedenklich für die Milch- und Viehwirtschaft verwendet werden könnte.

Ein erneuter Versuch, Pflaster abzuspritzen, hat ergeben, daß dies jetzt keinen Erfolg mehr hat. Also auch diese Chance ist vertan worden. Wir müssen jetzt über chemische und/oder mechanische Mittel nachdenken, die Strahlungsintensitäten auf Großstadtpflaster zu senken.

Die gegenwärtige Situation unserer Firmen ist folgende: Seit drei Wochen stehen Entwicklungsprojekte still, und die gesamte Firmenkapazität ist blockiert durch Messungen, Berechnungen und Telefonate. Wir stehen vor der grotesken Situation, daß wir nicht nur für verzweifelte Bürger, die uns anrufen oder vor unserer Tür stehen, sondern auch für öffentliche Stellen, so z. B. den Kreisjugendring, Messungen an Kinderspielplätzen durchführen müssen, da es trotz erheblichen Bemühens den dortigen Verantwortlichen nicht gelungen ist, von den Behörden die entsprechende Unterstützung zu bekommen.

Wir müssen wohl nicht hinzufügen, daß auch wir Steuern zahlen und eigentlich vorausgesetzt haben, daß diese zumindest zu einem Teil für Hilfeleistungen in einem solchen Notfall verwendet werden.

Die sog. ›A-B-C-Züge‹ der Feuerwehr (nach unserem Kenntnisstand in Bayern über 40) waren und sind ausgezeichnet ausgerüstet, um Problemstellen zu dekontaminieren (Dampfstrahler, geeignete Chemikalien usw.). Diese Einrichtungen sind auf ausdrückliche Anweisung der Behörden nicht genutzt worden.

Die Folgerungen, die wir aus den Erlebnissen der letzten drei Wochen gezogen haben, sind einstimmig:

- Es ist unbedingt notwendig, in parteiübergreifender Weise zu verhindern, daß unser Staat uns zukünftig über radioaktive Belastungsverhältnisse derart widersprüchlich und falsch informiert und damit erhebliche Gefährdungen von Risikogruppen (z. B. Kinder) verursacht.
- Es geht nicht darum, Panik zu machen, sondern darum, dem Bürger sein verbrieftes Recht auf Selbstschutz durch Information zu sichern. In welcher Größenordnung diese verabsäumt wurde, muß sehr sorgfältig und in breiter Öffentlichkeit untersucht werden.

Wir haben uns bisher nur mit den bereits geschehenen Versäumnissen befaßt. Für ein gesundes Überleben unserer Bevölkerung wird es jedoch von weitaus größerer Bedeutung sein, wie die künftige Nahrungsmittelproblematik von den öffentlichen Stellen gehandhabt wird.

Abschließend möchten wir noch auf eines aufmerksam machen: Über ganz Bayern sind nur etwa 700 Gramm Caesium-137 fein verteilt worden. Wenn man bedenkt, daß

- im havarierten Reaktor von Tschernobyl dieses und anderes hochgiftiges Material noch tonnenweise unter nicht voll kontrollierten Umständen lagert,
- Hunderte von Reaktoren in Deutschland und im engsten Umkreis unserer Nachbarländer gegenwärtig in Betrieb sind,
- auch im Kreis der sog. ›sicheren‹ Reaktorkonstruktionen bereits erhebliche Störfälle verzeichnet worden sind,

so sollte es erlaubt sein, die gegenwärtige Form der Kernenergienutzung einer vorurteilslosen Diskussion zu unterziehen, ohne daß man deshalb gleich des Extremismus geziehen wird.

Wir möchten zum Schluß nur ein Beispiel anführen, wie wir die Diskussion *nicht* geführt sehen wollen: Bischöfe und Kirchenverbände in Bayern erhielten von der bayerischen Staatsregierung einen Brief, in dem das Engagement kirchlicher Verbände in Wackersdorf kritisiert wird. Dieser Brief enthält neben anderem folgenden Satz: »Ein gläubiger und verantwortungsbewußter Christ kann mit guten Gründen der Überzeugung sein, daß auch ein Kraftwerk ein Teil des göttlichen Auftrags ist: ›Macht Euch die Erde untertan.‹«

Es muß auch noch einen anderen Weg geben, sich mit unserer Zukunft auseinanderzusetzen.

Betrifft: Strahlenverseuchung Informationsbericht 3

Im Münchener Teil der *Süddeutschen Zeitung* vom 30. 06. 86 veröffentlicht die Stadt u. a., daß die äußeren Strahlenwerte »seit dem 15. Mai im Bereich des natürlichen Strahlungspegels« lägen.

Wir stellen zu dieser Veröffentlichung der Stadt noch einmal folgendes fest:

1. Die Oberflächenkontamination auf Beton, Ziegeldächern und ähnlichen porösen Oberflächen beträgt nach wie vor zwischen 25 000 und 30 000 Bq/qm. Dies sind keine ›lokalen Spitzenwerte‹.
2. Die jetzt vorhandene Bodenbelastung ist hauptsächlich durch Nuklide mit einer Halbwertszeit von einem bis zu 30 Jahren verursacht. Sie wird uns also längere Zeit erhalten bleiben.
3. Diese Belastung entspricht dem sechs- bis achtfachen des Wertes, der von der Strahlenschutzverordnung außerhalb sog. ›betrieblicher Überwachungsbereiche‹ als Obergrenze festgesetzt ist.
4. Die Strahlenschutzverordnung ist nicht offiziell außer Kraft gesetzt. Sie ist für langfristig belastete Personengruppen gedacht und kann deshalb durchaus für die Beurteilung der gegenwärtigen Verhältnisse herangezogen werden.

5. Die am 30. 06. 86 gemessene Gammadosisleistung direkt über verschiedenen Bodenoberflächen (auch Wiesen) beträgt zwischen 20 und 30 mikrorem/Stunde. Dies entspricht nicht den natürlichen Werten, sondern dem drei- bis vierfachen der in unseren Lagen vorherrschenden natürlichen Dosisleistung (ca. 7 mikrorem/Stunde).
6. Die Gammadosisleistung in einem Meter Höhe über dem Boden beträgt 15 mikrorem/Stunde, also etwa das doppelte der natürlichen Belastung.
7. Zur Ermittlung und Beurteilung dieser Werte wurden Umrechnungsfaktoren und Vergleichswerte benutzt, die u.a. auch von der GSF verwendet werden.
8. Die Strahlungswerte am 15. Mai lagen um mehr als das doppelte über den jetzt noch vorhandenen Werten.
9. Auch die GSF hat diese Werte mehrfach gemessen und den Behörden mitgeteilt.
10. Wir behaupten nicht, daß die vorliegende äußere Strahlungsbelastung eine akute Gefährdung bedeutet. Die Behauptung, sie entspräche seit dem 15. Mai dem natürlichen Strahlungspegel, ist jedoch nachprüfbar falsch.

Wir können nicht verstehen, warum die Behörden nach wie vor versuchen, Falschaussagen in die Öffentlichkeit zu tragen, obwohl kein sichtbarer Anlaß dafür besteht: Die Bevölkerung hat im Mai 1986 zwar deutlich sichtbar begonnen, vermehrt über Kernenergie nachzudenken, ist jedoch sicher nicht in Panik verfallen.

Gerade dieses Verhaltensmuster der Behörden ist jedoch geeignet, eine erhebliche Beunruhigung zu erzeugen, da man immer mehr befürchten muß, daß die Bevölkerung in dem nun wesentlich wichtigeren Bereich der Gefährdung durch die Aufnahme radioaktiv belasteter Nahrungsmittel in den folgenden Jahren ebenfalls nach Gutdünken falsch informiert werden wird.

In den vergangenen Wochen sind uns mehrere Vorschläge zur Einrichtung von unabhängigen Meßstellen unterbreitet worden. Diese Meßstellen sollen für private Benutzer — wenn nötig unter notarieller Aufsicht — Lebensmittel prüfen.

65

Wir werden diese Initiativen mit unserer Arbeit unterstützen und gleichzeitig den Versuch zur Herstellung einer Meßeinrichtung unternehmen, die für private Haushalte finanzierbar ist.

Wir halten es für immer wichtiger, unsere Behörden dahingehend zu beeinflussen, daß sie damit beginnen, objektiv meßbare physikalische Fakten anzuerkennen.

In diesem Sinne ist auch der folgende Briefwechsel mit dem Oberbürgermeister der Stadt München zu verstehen.

**An den Oberbürgermeister
der Stadt München,
Herrn Georg Kronawitter**

31. 05. 1986

Sehr geehrter Herr Oberbürgermeister,

seit mehr als drei Wochen beschäftigt sich meine eigene Firma, Maurer Electronics GmbH, und die Firma von Herrn Dr. Walter Renz, Innova GmbH, unter Vernachlässigung laufender Entwicklungsprojekte mit Strahlungsmessungen in München und Bayern.

Herr Dr. Renz ist Kernphysiker und hat am Kernforschungsinstitut in Karlsruhe speziell über beta- und gammastrahlende Radionuklide gearbeitet.

Wir haben erhebliche Diskrepanzen zwischen den amtlichen Verlautbarungen und der physikalischen Realität vorgefunden und festgestellt, daß insbesondere für am Boden spielende Kinder erhebliche Gefährdungen bestehen.

Unsere Messungen sind anfangs bezweifelt, jedoch im nachhinein durchwegs auch von amtlich beauftragten Instituten bestätigt worden.

Wir haben bereits in der zweiten Maiwoche auf die Gefahr aufmerksam gemacht und unsere Erkenntnisse über den Be-

66

zirksausschuß Neuhausen-Moosach der Stadtverwaltung zugeleitet. Diese Vorlage ist bisher ohne erkennbare Reaktion geblieben.

Wir legen diesem Schreiben deshalb erneut eine Zusammenfassung unserer Erkenntnisse und der widersprüchlichen amtlichen Verlautbarungen bei.

Nachdem nun unsere Meßergebnisse auch offiziell nicht mehr angezweifelt werden, konzentriert sich nunmehr das bayerische Umweltministerium in ablenkender Weise auf die Diskussion um Bewertungsspielräume dieser Messungen, ohne jedoch zum wirklichen Problem Stellung zu nehmen.

Wir möchten nur ein Beispiel dafür geben: In der *Süddeutschen Zeitung* vom 31. 05./01. 06. 1986 läßt das Umweltministerium bekanntgeben, daß für Strahlenschutzbewertungen u.a. auch die »der Dosierermittlung zugrunde gelegten radioökologischen Randbedingungen« maßgeblich seien. Wir haben einige namhafte Wissenschaftler befragt, ob »radioökologische Randbedingungen« irgendwelcher Art die aus unseren Meßwerten zu schließenden Folgerungen grundsätzlich beeinflussen könnten. Wir waren bisher nicht imstande zu ermitteln, was in diesem Zusammenhang unter dem Begriff »radioökologische Randbedingungen« verstanden werden könnte.

Der Beurteilung des Umweltministeriums, die Gamma-Dosisleistung in einem Meter Höhe über dem Boden sei unbedenklich, stimmen wir durchaus zu. Diese ist jedoch für die Abschätzung der Gefährdung von am Boden spielenden Kindern vollkommen irrelevant, denn Kinder spielen selten in einem Meter Höhe über dem Boden.

Wir glauben, daß es angemessen ist, statt der Diskussion von ständig neu eingebrachten ›Randbedingungen‹, die bestehende Gesetzeslage zu studieren: Aus der deutschen Strahlenschutzverordnung geht eindeutig hervor, daß kleine Kinder in den ersten beiden Wochen des Monats Mai in Verhältnissen am Boden gespielt haben, in denen das Gesetz zwingend Schutzanzüge vorschreibt und Personen unter 18 Jahren sowie schwangeren Frauen den Zugang verwehrt (§§ 53-1, 56-

1, 2). Auch ist unter solchen Verhältnissen jede Nahrungsaufnahme untersagt. Was dies für Kinder bedeutet, die in solchen Verhältnissen am Boden spielen, ist wohl vorstellbar.

Wir müssen darauf aufmerksam machen, daß auf verschiedenen Oberflächen (z.B. verschiedene Pflasterarten und verwittertes Holz) nach wie vor derartige Bedingungen herrschen.

Wir halten es für eine dringende Aufgabe zu ermitteln, ob und in welcher Weise die Behörden der Stadt München, des Freistaates Bayern oder der Bundesrepublik Deutschland durch die Unterlassung von notwendigen Warnungen und die ausdrückliche Untersagung von Hilfeleistungen gegen existierende Gesetze verstoßen haben.

Nach unseren Informationen haben wissenschaftliche Institute wie z.B. die Gesellschaft für Strahlenforschung in Neuherberg seit Beginn des Monats Mai wissenschaftlich einwandfreie Messungen vorgenommen und diese auch den Behörden zur Verfügung gestellt. Die Art und Weise, in der diese Informationen in einer Überlebensfrage von den Behörden verwendet oder zurückgehalten worden sind, hat mein Vertrauen in Stadt und Staat zutiefst erschüttert.

Sehr geehrter Herr Oberbürgermeister, wir möchten deshalb an Sie appellieren, kraft Ihres Amtes mitzuhelfen, daß

1. die Ursachen für die Fehlinformation der Bürger in den vergangenen Wochen rückhaltlos aufgeklärt werden,
2. durch politische und personelle Konsequenzen aus diesen Vorfällen wieder eine Situation hergestellt wird, in der der Bürger den Behörden in einer solch lebensbedrohenden Frage wieder vertrauen kann,
3. Wissenschaftler öffentlicher und privater Institutionen in Zusammenarbeit Wege suchen, wie die entstandene und wirklich nicht zu unterschätzende Gefährdung der Menschen für die nächsten Jahrzehnte (Halbwertszeit von Caesium-137: 30, 17 Jahre) möglichst gering gehalten werden kann.

Wir sind uns darüber im klaren, daß auch hier Probleme der Zuständigkeit eine große Rolle spielen. Wir bitten Sie jedoch, darüber nachzudenken, ob es nicht auch in Zukunft Situationen geben wird, in denen es für die Diskussion von Zuständigkeitsproblemen zu spät sein könnte.

Mit freundlichen Grüßen

Maurer Electronics GmbH

gez. Th. Maurer

Anlagen: Ausarbeitungen vom 11. und 22. 05. 1986

P.S.: Kopien dieses Schreibens senden wir an Tageszeitungen und Rundfunkanstalten.

Die Antwort des Oberbürgermeisters der Landeshauptstadt München, Georg Kronawitter

4. Juni 1986

Reaktorunfall von Tschernobyl;
Ihr Schreiben vom 31. 05. 1986

Sehr geehrter Herr Maurer,

ich danke für Ihr Schreiben vom 31. 05. 1986. So sehr ich Ihr Engagement begrüße, so entschieden muß ich andererseits Ihre Vorwürfe, soweit sie auch gegen die Stadt München gerichtet sind, zurückweisen. Der Vorwurf der Unterlassung von notwendigen Warnungen und der Zurückhaltung von Informationen kann die städtischen Behörden nicht treffen. Die Stadt München hat von Anfang an eine offensive und umfassende Informationspolitik betrieben:

Noch am Vormittag des 30. April, als erste Nachrichten von einem Störfall in einem Kraftwerk in der Ukraine vorlagen, wurde eine Auskunftsstelle des Kreisverwaltungsreferates eingerichtet, die — jeweils nur für wenige Nachtstunden unterbrochen — bis zum 5. Mai in Betrieb war. Zu diesem Zeitpunkt hatten dann Auskunftsstellen der zuständigen staatlichen Stellen und Behörden die Information der Bevölkerung übernommen.

Darüber hinaus wurde am 30. April auf meine Anordnung hin eine referatsübergreifende Stabsgruppe eingerichtet, die täglich die aktuelle Lage beriet und über die im Bereich der Stadtverwaltung veranlaßten Maßnahmen entschied.

Mir kommt es sehr darauf an, in diesem Zusammenhang darauf hinzuweisen, daß die Stadt zwar eine Vielfalt von Radioaktivitätsmessungen — der Luft, des Bodens, der Oberflächengewässer, des Trinkwassers, des Grundwassers, des Klärschlamms etc. — veranlaßt hat, um für die notwendigen Entscheidungen ein dichtes Netz von Meßdaten bereitzustellen, daß sie sich aber bei der Bewertung der Meßergebnisse und der daraus zu ziehenden Schlußfolgerungen stets an den Empfehlungen der zuständigen staatlichen Behörden und der Gesellschaft für Strahlen- und Umweltforschung orientiert hat. Bei den angesprochenen Sitzungen der Stabsgruppe waren stets auch Vertreter der staatlichen Behörden anwesend. Alle getroffenen Maßnahmen beruhen auf deren Empfehlungen. Soweit in Einzelfällen weitere Abklärungen erforderlich waren, wurden schriftliche Stellungnahmen der staatlichen Behörden und der Gesellschaft für Strahlen- und Umweltforschung eingeholt.

Dies gilt auch bezüglich der in Ihrem Schreiben besonders erwähnten Problematik der Sandspielplätze.

Dieses Thema war Gegenstand mehrfacher, eingehender Beratungen mit der zuständigen Landesbehörde und der Gesellschaft für Strahlen- und Umweltforschung. Von beiden wurde auf der Grundlage einer Vielzahl von Messungen übereinstimmend festgestellt, daß eine Schließung der Spielplätze nicht notwendig und auch nicht sinnvoll sei.

Um allen Befürchtungen und Ängsten der Eltern Rechnung zu tragen, habe ich das Landesamt für Umweltschutz gebeten, auf der Grundlage neuer aktueller Messungen eine nochmalige Stellungnahme hinsichtlich der Abenteuerspielplätze und ihrer Holzeinrichtungen abzugeben; diese Stellungnahme wird Grundlage für die weiteren Entscheidungen bezüglich der Abenteuerspielplätze sein.

Nach Auskunft des Landesamtes für Umweltschutz ist die von Ihnen zitierte Strahlenschutzverordnung auf die vorliegende Gesamtproblematik nicht anwendbar. Die Anwendung der Strahlenschutzverordnung setzt die willentliche bzw. gewerbliche Verwendung von radioaktiven Stoffen voraus und stellt auf den langfristigen und dauernden Umgang mit ihnen ab. In ihr sind deshalb vorsorglich außerordentlich niedrige Grenzwerte festgesetzt. In der vorliegenden Situation muß sich die Stadt daher bei allen Entscheidungen über Vorsorgemaßnahmen auf die zur jeweiligen Einzelfallproblematik gegebenen Empfehlungen der Strahlenschutzkommission des Bundes bzw. der zuständigen Fachbehörden des Freistaates Bayern und der Gesellschaft für Strahlen- und Umweltforschung stützen.

Als Oberbürgermeister dieser Stadt habe ich von Anfang an den Standpunkt vertreten, daß die Stadt im Rahmen ihrer Möglichkeiten alles tun muß, um eine umfassende Information und Aufklärung über die Auswirkungen des Reaktorunfalls von Tschernobyl und über die notwendigen Vorsorgemaßnahmen sicherzustellen. Ich habe es jedoch abgelehnt, die Verunsicherung, die aufgrund unterschiedlicher Grenzwerte in einzelnen Bundesländern ohnehin bereits in der Öffentlichkeit entstanden ist, durch die Einführung eigener städtischer Grenzwerte noch zu erhöhen. Ich bin der Meinung, daß es verantwortungslos wäre, wenn die Stadt ohne ausreichende fachliche Kompetenz eigene Grenzwerte über den Daumen festlegen bzw. die jeweiligen Meßergebnisse ohne Inanspruchnahme des fachlichen Rates der zuständigen staatlichen Behörden bewerten und zur Grundlage ihrer Entscheidungen machen würde. Ich gehe davon aus, daß sich die Stadt auf die Aussagen und die Kompetenz der Fachleute der zuständigen staatlichen Behörden und der Gesellschaft für Strahlen- und Umweltforschung verlassen kann.

Zu Ihrem Appell darf ich abschließend feststellen: Da von einer Fehlinformation der Bürger durch die Stadt keine Rede sein kann, kommen insoweit politische und personelle Konsequenzen, wie von Ihnen gefordert, nicht in Betracht.

Hinsichtlich weiterer Untersuchungen und Beobachtungen der längerfristigen Auswirkungen des Reaktorunfalls kann ich Ihnen mitteilen, daß die Gesellschaft für Strahlen- und Umweltforschung in Zusammenarbeit mit dem Umweltschutzreferat der Stadt im Rahmen eines im einzelnen noch festzulegenden Grundwasser-, Boden- und Pflanzenuntersuchungsprogrammes Langzeituntersuchungen durchführen wird.

Mit freundlichen Grüßen

gez. Georg Kronawitter

Integrale Oberflächen-Kontaminationsmessungen an Abenteuer-Spielplätzen (ASP) für den Kreis-Jugendring München-Stadt

Zur mittleren Umrechnung der gemessenen Zählrate in Becquerel pro Quadratmeter nehmen wir folgende Verteilung der strahlenden Isotope am Meßtag an:

ca. 30 %	Jod-131	Halbwertszeit:	8 Tage
ca. 30 %	Ruthenium-103	Halbwertszeit:	1 Jahr
ca. 20 %	Caesium-137	Halbwertszeit:	30 Jahre
ca. 10 %	Caesium-134	Halbwertszeit:	2 Jahre
ca. 10 %	sonstige		

21. Mai 1986:
ASP Neuperlach, Albert-Schweizer-Str. 24

Gemessene Oberfläche	Becquerel/qm
Holzbank auf Kiste	52 000
Holztisch	44 000
Bank am Haus	38 000
Kiesboden	36 000
Asphalt	40 000
Holzboot	72 000 – 80 000
Betonplatten	72 000
Holztribüne	64 000

21. Mai 1986:
Abenteuerspielplatz Hasenbergl

Gemessene Oberfläche	Becquerel/qm
Betonplatten	70 000
Kiesboden	28 000
Sand	16 000
Holz	68 000
Gras	28 000
schräg liegendes Holz	70 000

22. Mai 1986:
Abenteuerspielplatz Neuhausen, Hanebergstr. 14

Gemessene Oberfläche	Becquerel/qm
Betonplatten	40 000 – 60 000
Holzbühne	40 000
Hütte (Tresen) innen	12 000
Gras und Boden	16 000

Holztreppe	52 000
Sand durchmischt	4800 – 6000
nicht durchmischt	12 000 – 14 000
Tisch innen	14 000
Holzterrasse	48 000
Preßspanplatte	40 000
Beton-Eßtisch	52 000
Brücke	32 000

Zur Erläuterung dieser Werte verweisen wir auf das gegenwärtig gültige Strahlenschutzrecht, nach dem der Grenzwert für Schutzmaßnahmen bei Oberflächenkontamination außerhalb von Überwachungsbereichen bei 3700 Becquerel/qm liegt.

Dipl. Phys. Dr. rer. nat.
Walter Renz

Meßwertetabelle

Wir haben am Samstag, dem 31. Mai 1986, am Spielplatz an der Görzerstraße in München noch folgende Werte gemessen:

Meßstelle	Becquerel/qm (Caesium-137 Äquivalent)
Holzoberfläche	27 000
Sand	15 000
Betonpflasterstraße	37 000
Asphalt	27 000

Als Meßgerät wurde ein Durchflußproportionalzählrohr vom Typ CONTAMAT FHT 111 G der Firma FAG Kugelfischer, Erlangen, verwendet, das auf Caesium-137 geeicht ist. Das Strahleneintrittsfenster hat beim Durchflußzählrohr ein Flächengewicht von ca. 0,3 mg/qcm. Die Gesamtfläche des Fensters beträgt $9,4 \times 16,6$ qcm $= 156$ qcm; die effektive Fläche beträgt 112 qcm.

Dipl. Phys. Dr. rer. nat.
Walter Renz

V. Weitere Verwirrungen

In das Gesamtbild der amtlicherseits immer noch aufrecht erhaltenen Verharmlosung paßt leider auch eine verwirrende Darstellung des TÜV[33]. Nicht nur was die Meßwerte der äußeren Strahlung betrifft: Hier werden die Bodenwerte auf einmal auf Kilogramm und Quadratzentimeter, statt wie bisher üblich auf Quadratmeter bezogen, wodurch sich bei oberflächlicher Betrachtung direkt ›niedliche‹ Aktivitäten von wenigen oder gar Bruchteilen von Becquerel (siehe nachstehende Tabelle) ergeben, die auf den Quadratmeter bezogen natürlich 10000mal höher liegen. Es wird auch mit keinem Wort die Belastung der Nahrung erwähnt, die ja über die äußere Strahlung hinaus ihren Beitrag zur Strahlenbelastung leistet. So kann man in der Tat nicht vorgehen: einfach nicht eine Teilbelastung angeben und sie dann ohne Nennung der übrigen Teilbelastungen sozusagen als repräsentativ stehenlassen und sie gar mit der Belastung durch den natürlichen Strahlenpegel vergleichen. Auch hierzu noch einmal eine fachliche Stellungnahme der Firma Maurer Electronics.

Anlaß dafür war ein Artikel in der *Süddeutschen Zeitung* vom 11. Juli 1986, aus dem hier drei Auszüge und eine Tabelle[33] mit Messergebnissen des TÜV Bayern wiedergegeben werden.

Ziel der Untersuchung war es, durch möglichst repräsentative Bodenproben einen aktuellen Überblick über die Strahlenbelastung im Münchener Stadtgebiet zu gewinnen und etwa noch notwendige Maßnahmen durchzuführen.

Wie das Landesamt für Umweltschutz dazu ausführt, liegen die Ergebnisse im Bereich derer, die von anderen kompetenten Meßstellen im Raum München angegeben wurden.

Da diese Werte im Bereich der Schwankung der natürlichen Umweltradioaktivität liegen, ist nach Ansicht der Strahlenschutzbehörde keine Gesundheitsgefährdung zu befürchten.

1. Bodenproben aus unbefestigten Flächen, oberflächennah bis 5 Zentimeter Bodentiefe (Becquerel pro Kilogramm)

Ostpark (Liegewiese)	3160
Maxburgstraße (Wiese)	2900
Westpark (Liegewiese)	2700
Rotkreuzplatz (Erdprobe)	1890
Olympiapark (Liegewiese)	1780
Isarufer (Liegewiese)	1250
Haidhauser Spielplatz (Liegewiese)	1070
Marienhof (Wiese)	895
Südpark (Sand)	690
Englischer Garten (Liegewiese)	520

2. Bodenproben aus unbefestigten Flächen, Bodentiefe 5 bis 10 Zentimeter (Becquerel pro Kilogramm)

Rotkreuzplatz (Erdprobe)	576
Haidhauser Spielplatz (Liegewiese)	230
Ostpark (Liegewiese)	143
Isarufer (Liegewiese)	115
Südpark (Sand)	98
Marienhof (Liegewiese)	65
Westpark (Liegewiese)	65
Englischer Garten (Liegewiese)	65
Maxburgstraße (Wiese)	50
Olympiapark (Liegewiese)	36

3. Bodenproben aus befestigten Flächen (Becquerel pro Quadratzentimeter)

Westpark (Pflasterstein)	1,85
Isarufer (Fahrradweg, Bitumen)	1,40
Ostpark (Heißbitumen)	1,12
Olympiapark (Heißbitumen)	1,03
Südpark (Betonpflaster)	0,99
Maxburgstraße (Pflasterplatte)	0,80
Marienhof (Heißbitumen)	0,79
Englischer Garten (Bitumen)	0,62
Rotkreuzplatz (Betonpflaster)	0,49
Haidhauser Spielplatz (Bitumen)	0,46

Brief an den Süddeutschen Verlag vom 11. Juli 1986

11.07.1986

Betrifft: Strahlungswerte

Sehr geehrter Herr Müller-Jentsch,

in der Süddeutschen Zeitung vom 11. 7. 86 veröffentlicht das Umweltschutzamt eine ›Radioaktivitätsbilanz‹. Diese Bilanz basiert auf einer Reihe von Messungen, die der Technische Überwachungsverein durchgeführt hat.

Wir müssen zu diesen Messungen folgendes feststellen:
1. Die Messungen der Bodenproben sind um Faktoren zwischen 4 und 8 zu hoch. Derartige Werte sind nicht repräsentativ und können nur zustande gekommen sein, wenn gezielt aus Abflußsituationen Sedimente entnommen worden sind.
2. Die Werte für die Oberflächenkontamination von Pfla-

stersteinen und Betonoberflächen sind dagegen um Faktoren zwischen 4 und 8 zu niedrig. Wir haben uns mit dem Meßbeispiel Rotkreuzplatz erneut befaßt und dort gemessen, wo nach unseren Informationen der TÜV gemessen hat. Wir haben im Umkreis vor dem Kaufhof am Rotkreuzplatz 20 Messungen vorgenommen. Die Ergebnisse sind wie folgt:

- Betonpflaster   15 000 bis 17 600 Bq/qm
- Kopfsteinpflaster: 22 000 bis 26 000 Bq/qm

Zur Messung wurden zwei verschiedene Oberflächenkontaminationsmeßgeräte von zwei verschiedenen Herstellern verwendet.

3. Die gemessenen Werte liegen etwas niedriger als die Messungen im Karl-Albrecht-Hof (ca. 200 Meter Luftlinie entfernt). Dort liegen die Werte auf vergleichbarem Pflaster noch zwischen 26 000 und 28 000 Bq/qm.

4. Ein Wert von 4700 Bq/qm auf Betonpflaster (TÜV-Messung) konnte von uns im gesamten Umkreis nur auf Flächen gemessen werden, die vollkommen überdacht und dem radioaktiven Regen nicht ausgesetzt waren. Wir setzen selbstverständlich voraus, daß derartige Werte nicht für eine ›Bilanz‹ des Umweltamtes herangezogen werden sollten.

5. Aus unseren Messungen, die wir für verschiedene Interessengruppen großräumig in Bayern angestellt haben und auch aus den Werten, die wir für den Kreis-Jugendring gemessen und veröffentlicht haben, ergibt sich, daß die Behauptung, die Bodenkontamination wäre extrem unterschiedlich, falsch ist. Auch die heute vorgenommenen Vergleichsmessungen auf dem Rotkreuzplatz zeigen deutlich, daß die Variation der Meßwerte bestenfalls 30 – 40%, keinesfalls jedoch Faktoren von 4 – 8 beträgt, wie aus dem Bericht des Umweltschutzamtes hervorgeht. Wir haben seit acht Wochen festgestellt und veröffentlicht, daß die Schwankungen der gemessenen Dosisleistung lediglich von der Bodenbeschaffenheit abhängen, nicht jedoch von unterschiedlichen Falloutmengen. Mes-

sungen der Dosisleistung über vergleichbaren Böden können also sehr wohl verglichen werden.

Die gegenwärtige Veröffentlichungslage macht uns deshalb so besorgt, weil über die Behauptung von Schwankungen jeder beliebige Meßwert, den die Behörden veröffentlichen, legitimiert werden kann. Dies ist wissenschaftlich nicht zulässig und Betrug am Bürger.

Mit freundlichen Grüßen
Maurer Electronics GmbH

Am nächsten Tag erschien in der Rubrik ›Radioaktivität – aktuelle Information‹[34] folgender Kommentar (Auszug) in der *Süddeutschen Zeitung,* der dem TÜV zu den ausgesprochenen Bedenken auch noch gravierende Falschmessungen bescheinigte.

Fachliche Kritik an den vom TÜV durchgeführten Messungen hat die Münchner Firma ›Maurer-Electronics‹ geübt. Das Unternehmen, dessen eigene Messungen bisher von der Gesellschaft für Strahlen- und Umweltforschung (GFS) als ›plausibel und technisch einwandfrei‹ bezeichnet wurden, ist zu anderen Ergebnissen gekommen. Die Werte für die Oberflächenkontamination von Pflaster- und Betonsteinen seien vom TÜV um das Vier- bis Achtfache zu niedrig angegeben worden. »Wir haben zum Beispiel im Umkreis von 20 Metern vor dem Kaufhaus am Rotkreuzplatz 20 Messungen vorgenommen.«

Die zur Sicherheit mit Geräten von zwei Herstellern vorgenommenen Messungen hätten auf Beton 15000 bis 17600 Becquerel je Quadratmeter und auf Kopfsteinpflaster 22000 bis 26000 Bq/m² ergeben. »Einen Wert von — auf Quadratmeter umgerechnet — 4700 Becquerel wie bei der TÜV-Messung haben wir im gesamten Umkreis nur unter vollkommen überdachten Flächen gefunden.« Im nur 200 Meter entfernten Karl-Albrecht-Hof habe man auf vergleichbarem Pflaster sogar bis zu 28 000 Bq/m² festgestellt. Die Messungen des Erdreichs erscheinen den Maurer-Physikern dagegen um das vier- bis achtfache zu hoch. Derartige Werte könnten nur zustandegekommen sein, wenn man gezielt die Sedimente aus Abflußsituationen messe, was aber nicht repräsentativ sei.

Weit schlimmer als dieses – vielleicht nur durch Nachlässigkeit zustandegekommene Verwirrspiel des TÜV erscheint mir jedoch die schon rücksichtslose Irreführung in einer Anzeige der DWW-Wiederaufbereitungsanlage Wackersdorf GmbH am 11. Juli 1986 zu den Gefahren der radioaktiven Emissionen einer WAA (siehe Abb. 9).

Tabelle 4 macht deutlich, daß dort, wo für die DWW die gesundheitliche Gefährdung beginnt, nämlich bei 600 – 800 rem, längst alle Leute tot sind. Eine weitere Irreführung findet sich in den Zeilen: »In einem UNO-Bericht wird das zusätzliche Krebsrisiko durch eine zusätzliche Strahlendosis von 1 Milli-rem pro Jahr, für 1 Million Personen mit 0,01, also 1 Person in 100 Jahren, angegeben.« Dieser Wert beruht auf einem Rechenfehler und liegt in Wirklichkeit um den Faktor 12,5 höher. Was von den weiteren Angaben zu der übrigen ›geringfügigen‹ Belastung zu halten ist, findet sich in meinem Statement zur WAA in Kap. XIII.

Der Clou des Ganzen liegt in einer zweiten, identisch aufgemachten Großannonce der DWW, wo diese Irrtümer notgedrungen zugegeben werden mußten. So heißt es: »Durch einen unverzeihlichen Fehler enthielt die DWW-Anzeige vom 12./13. Juli 1986 einige falsche Zahlen. Wir bitten unsere Leser um Entschuldigung und greifen das Thema hiermit erneut auf.« Und weiter unten: »Wir erhielten auf unsere Anzeige vom 12./13. Juli 1986 zahlreiche Zuschriften von interessierten, aufgeschlossenen, aber beunruhigten Lesern. Fragen, die wir heute und in Zukunft objektiv beantworten wollen.« Die richtigen Zahlen wagte man jedoch nun offenbar doch nicht hineinzusetzen. Denn der darauffolgende Text ist ein völlig anderer und nicht etwa eine Korrektur des ersten (s. Abb. 10).

Wissen Als Alternative

„Was ich nicht weiß, macht mich nicht heiß"

– und was dieses Sprichwort mit der WAA Wackersdorf zu tun hat. Wußten Sie zum Beispiel:

– daß ein Milli-rem der tausendste Teil eines rem ist?
– daß erst 600.000 – 800.000 Milli-rem gefährlich werden?
– daß ein Umzug von Hamburg nach München eine zusätzliche Strahlenbelastung von rund 50 Milli-rem pro Jahr bedeutet?
– daß man im zehnten Stock, eines Hochhauses jährlich um 1 Milli-rem stärker belastet wird als im 1. Stock, nämlich mit ca. 20 Milli-rem?
– daß Sie in einer Berghütte auf 1200 Meter Höhe 50 Milli-rem pro Jahr abbekommen?
– daß Sie während eines 4-Stunden-Fluges einer ca. 2 Milli-rem-Strahlenbelastung ausgesetzt sind?

– daß die natürliche Radioaktivität der Erde in Schwaben nur 45 Milli-rem, in Oberfranken beispielsweise 70 Milli-rem jährlich erreicht?
– daß der Bewohner eines Betonhauses mit einer 20 Milli-rem stärkeren Strahlenbelastung rechnen muß, als der Bewohner eines Holzhauses? Extrem hohe Werte von zusätzlichen 30 Milli-rem haben Bewohner von Häusern aus Bims- und Schlackenstein zu erwarten.
– daß unser Körper pro Jahr durch Nahrung mit ca. 20 zusätzlichen Milli-rem belastet wird?
– daß die natürliche Strahlenbelastung, der wir uns nicht entziehen können, ca. 110 Milli-rem pro Jahr beträgt?

Was wir damit sagen wollen:

In einem UNO-Bericht wird das zusätzliche Krebsrisiko durch eine zusätzliche Strahlendosis von 1 Milli-rem pro Jahr, für 1 Million Personen mit 0,01, also 1 Person in 100 Jahren, angegeben.

Zum Vergleich:

Alleine in der Bundesrepublik Deutschland kommen pro Jahr auf 60 Millionen Menschen 140.000 Krebstote.
Von diesen 140.000 Krebstoten sterben jährlich 6.000 alleine durch die Folgen der fossilen Verbrennung (Kohle).
Bei einer optimistischen Weiterentwicklung des Kernkraftwerkbaus wird bis zum Jahr 2000 wird die jährliche Strahlendosis pro Kopf ca. 0,2 Milli-rem erreichen. Die Belastung der Anwohner eines Kernkraftwerkes wird auch dann nicht 1 Milli-rem übersteigen.
Mißt man die verbleibenden Risiken am zivilisatorischen Gesamtrisiko, so sind diese erheblich kleiner als viele andere Risiken, die, um geringerer Vorteile willen, in Kauf genommen werden.

Sammeln Sie alles Wissen zum Thema WAA Wackersdorf. Wir informieren Sie objektiv.

Nächste Woche: Was haben Brennelemente mit den Kronjuwelen gleich?

(())DVVV DVWA – Wiederaufbereitungsanlage Wackersdorf GmbH
Postfach 62, 8464 Wackersdorf
Telefon 0284 35 5 10-0

Besuchen Sie jetzt unsere Informationsausstellung auf dem DVWW-Gelände in Wackersdorf über die Entsorgung der Kernkraftwerke in der Bundesrepublik Deutschland.

Abbildung 9

Tabelle 4

Akute Wirkungen durch hohe Strahlendosis:[24]

0 – 50 rem	geringfügige Blutbildveränderungen, sonst keine nachweisbaren Wirkungen
80 – 120 rem	bei 5 – 10% der Exponierten etwa ein Tag lang Erbrechen, Übelkeit und Müdigkeit
130 – 170 rem	bei etwa 25% der Exponierten etwa 1 Tag lang Erbrechen und Übelkeit, gefolgt von anderen Symptomen der Strahlenkrankheit.
180 – 260 rem	bei etwa 25% der Bestrahlten etwa ein Tag lang Erbrechen und Übelkeit, gefolgt von anderen Symptomen der Strahlenkrankheit
270 – 330 rem	bei fast allen Bestrahlten Erbrechen und Übelkeit am ersten Tag, gefolgt von anderen Symptomen der Strahlenkrankheit; etwa 20% Todesfälle innerhalb von 2 bis 6 Wochen; etwa 3 Monate lange Rekonvaleszenz der Überlebenden.
400 – 500 rem	bei allen Bestrahlten Erbrechen und Übelkeit am ersten Tag gefolgt von anderen Symptomen der Strahlenkrankheit; etwa 50% Todesfälle innerhalb eines Monats; etwa 6 Monate lange Rekonvaleszenz der Überlebenden
550 – 770 rem	bei allen Bestrahlten Erbrechen und Übelkeit innerhalb 4 Stunden nach der Bestrahlung, gefolgt von anderen Symptomen der Strahlenkrankheit. Bis zu 100% Todesfälle; wenige Überlebende mit Rekonvaleszenzzeiten von etwa 6 Monaten.
1000 rem	bei allen Bestrahlten Erbrechen und Übelkeit innerhalb 1 – 2 Stunden; wahrscheinlich keine Überlebenden.
5000 rem	fast augenblicklich einsetzende schwerste Krankheit; Tod aller Bestrahlten innerhalb 1 Woche.

Wissen Als Alternative

Durch einen unverzeihlichen Fehler enthielt die DWW-Anzeige vom 12./13. Juli 1986 einige falsche Zahlen. Wir hätten unsere Leser um Entschuldigung und greifen das Thema hiermit erneut auf:

Strahlung, Und was Sie dazu wissen sollten.

Wir erhielten auf unsere Anzeige vom 12./13. Juli 1986 zahlreiche Zuschriften von interessierten, aufgeschlossenen, aber auch beunruhigten Lesern. Fragen, die wir heute und in Zukunft objektiv beantworten wollen.

Was macht Strahlen so unheimlich?

– Wir haben kein Sinnesorgan zur Wahrnehmung von Strahlen
– Strahlung kann positive (heilende) und negative (krankheitserregende) Wirkung haben
– Oft existiert der falsche Eindruck, Strahlung sei ansteckend (Strahlenverseuchung)

Was sind die Erfahrungen im Umgang mit Strahlung?

– Seit über 80 Jahren beschäftigt man sich mit Strahlung und ihrer Wirkung
– Im Umfeld menschlicher Tätigkeit gibt es keine Erscheinungen, deren Wirkungsweise so grundlegend erforscht ist wie die der Strahlung
– Das Wissen um die Gefahren von Strahlung hat die Erarbeitung von Schutzkonzepten ermöglicht, deren praktische Umsetzung im Alltag leben optimalen Schutz gewährleistet

Warum kann die Strahlung aus der Natur als Vergleichsmaßstab dienen?

– Aus dem Weltraum und aus der Erde wirkt von außen Strahlung aus natürlichen Quellen auf uns ein. Durch Aufnahme von natürlichen radioaktiven Stoffen mit der Nahrung und der Atemluft sind im menschlichen Körper selbst Strahlenquellen vorhanden. Die Strahlung wirkt also auch von innen. Das Verhältnis von äußerer Bestrahlung zur Bestrahlung von innen ist bei der Körperdosis etwa 50:50
– Natürliche Strahlenquellen sind viel älter als das Leben auf der Erde und sind seit jeher ein natürlicher Umweltfaktor, wie z.B. auch die ultraviolette Strahlung der Sonne
– Strahlung ist eine natürliche, physikalische Erscheinung. Das heißt, es gibt keinen Unterschied zwischen natürlicher und künstlich erzeugter Strahlung
– Das Maß zur Beschreibung der Strahlenwirkung beim Menschen ist die sogenannte Äquivalentdosis. Die Einheit der Äquivalentdosis heißt Sievert, abgekürzt Sv (früher das Rem. 1 Sv = 100 rem)

Wie sieht das Schutzkonzept für die Bevölkerung in der Umgebung einer kerntechnischen Anlage aus?

– Es gibt Grenzwerte für die Strahlendosis, die weitab der Gefährlichkeitsschwelle liegen: in der Bundesrepublik Deutschland z.B. 0,3 mSv pro Jahr

– Die Größe des Grenzwertes orientiert sich an der Schwankungsbreite der Strahlendosis aus in der Natur vorhandenen radioaktiven Stoffen von 0,3–0,5 mSv pro Jahr bei einer Gesamtdosis von etwa 2,0 mSv pro Jahr
– Darüber hinaus gibt die gesetzliche Forderung, unter Berücksichtigung des Standes der Wissenschaft und Technik die Strahlendosis so gering wie möglich zu halten (Minimierungsgebot)
– Änderungen der persönlichen Lebensgewohnheiten im Alltag können den Strahlendosis wesentlich mehr beeinflussen, als die durch den Betrieb der kerntechnischen Anlage resultierende Strahlendosis unterhalb der Grenzwerte

Wie wird das Schutzkonzept für die Bevölkerung in der Umgebung realisiert?

– Während der Errichtung muß der Nachweis geführt werden, daß die Forderungen der Strahlenschutzverordnung auch unter ungünstigen Bedingungen erfüllt werden
– Die Genehmigungsbehörden einschließlich des Bundesministeriums des Innern lassen durch wissenschaftlich anerkannte Gutachter prüfen, ob die getroffenen Maßnahmen auch vor dem Hintergrund des Minimierungsgebotes ausreichen
– Während des Betriebes wird kontrolliert:
  – welche und wieviele radioaktive Stoffe in die Umwelt gelangen (Emissionskontrolle)
  – wie sie sich in der Umgebung ausbreiten (Immissionskontrolle)
– Die Emissions- und Immissionskontrolle führen der Betreiber wie auch die Aufsichtsbehörde unabhängig voneinander durch. Durch übergeordnete Institutionen wird bundesweit das fehlerfreie Arbeiten von Meßgeräten überprüft
– Die Meßergebnisse werden in staatlichen Berichten veröffentlicht (Jahresbericht des Bundesministers des Innern: „Umweltradioaktivität und Strahlenschutz")

Zahlen sind relativ – ebenso die Gefahr.

So wirklich das klingt, aber zu ein und demselben Thema gibt es oft Dutzende verschiedener Antworten.

Die von uns gemachten Angaben und Zahlen basieren auf dem Wissen der besten Techniker und Wissenschaftler des In- und Auslandes. Jeder Mensch jedoch wertet die Ergebnisse nach seiner Überzeugung und relativiert die Gefahr nach seiner persönlichen Risikobereitschaft.
Vielleicht entstanden daraus viele Ihrer Fragen zu unserer Anzeige vom 12./13. Juli 1986. Wir hoffen auf einen weiterhin offenen Dialog.

DWW
DWW – Wiederaufarbeitungsanlage Wackersdorf GmbH
Postfach 62, 8464 Wackersdorf
Telefon (0 94 31) 92-0

Besuchen Sie die Informationsausstellung auf dem DWW-Gelände in Wackersdorf.
Informieren Sie sich über die Entsorgung der Kernkraftwerke in der Bundesrepublik Deutschland.

VI. Störende Gesetze, mißbrauchte Verordnungen

Es ist verständlich, daß Messungen unabhängiger Fachleute und Institute für die Beschwichtigungsstrategen ein Ärgernis sind. Insbesondere, wenn diese dann durch die Medien verbreitet werden und somit zur ›Verwirrung‹ beitragen. Aber das sind nun mal die ›Nachteile‹ für die Obrigkeit in einer Demokratie. Um so mehr bemüht man sich natürlich dann dort um Ordnung, wo man Einfluß ausüben zu können glaubt, nämlich bei staatlichen oder von der öffentlichen Hand unterstützten Institutionen – vergißt aber dabei gelegentlich, daß auch dort die Freiheit von Forschung und Lehre im Grundgesetz verankert ist.

In dieses Bild paßt ein Schreiben des CSU-Abgeordneten FALTLHAUSER an den Staatssekretär im Bundesministerium für Forschung und Technologie (BMFT), in dem er sich über die ›systematische Verwirrung der ratsuchenden Bevölkerung‹ durch die Gesellschaft für Strahlen- und Umweltforschung (GSF) in Neuherberg beschwert[35]. Die vom BMFT unterstützte GSF hatte nämlich eingedenk ihrer Verantwortung als eine der ersten Institutionen den radioaktiven Fallout gemessen und die Öffentlichkeit u. a. durch einen eigenen Telefondienst laufend über den Stand der Dinge informiert. Der empörte Vorwurf von FALTLHAUSER gipfelt in dem decouvrierenden Satz, die GSF habe »ständig eigene Meßwerte veröffentlicht, ohne sich rechtzeitig mit dem Umweltministerium abzustimmen«. Die Frage ist, soll nun gemessen oder soll konstruiert werden? Inwieweit die GSF sich durch den ›Druck von oben‹ einschüchtern und beeinflussen ließ, ist nicht bekannt. Ihren Telefondienst hat sie jedenfalls umgehend eingestellt, obwohl sie hierfür andere Gründe angibt.

Es ist schon erstaunlich, zu was das Beschwichtigungssyndrom die plötzlich in ihrer Selbstsicherheit erschütterten Atomkraftbefürworter verleiten konnte und welche manipulativen Interpretationen zur Aufrechterhaltung der einmal begonnenen Irreführung unserer Bevölkerung herangezogen wurden. Ein ganz trübes Kapitel der Tschernobyl-Folgen ist die willkürliche Heraufsetzung der in der Strahlenschutzverordnung festgelegten Grenzwerte, die doch von der Strahlenschutzkommission in jahrelangen Überlegungen und Recherchen erarbeitet und schließlich gesetzlich verankert wurden.

Wohl in der Hoffnung, daß kaum einer die Strahlenschutzverordnung kennt, noch in ihr nachliest, wurde zur Rechtfertigung willkürlicher Grenzwertanhebungen eine schier unglaublich dreiste Verbiegung ihres Inhaltes vorgenommen. Hierzu ein Auszug aus einem Vortrag an der Universität der Bundeswehr am 9. Juni 1986, in dem ich dazu Stellung bezogen habe.

Auf die Frage, warum in Hessen der Richtwert für Milch auf 20 Bq/l, bei uns aber auf 500 Bq/l festgesetzt worden ist, sagte Dr. vogl vom Bayerischen Umweltministerium in einem Fernsehinterview[36]: »...Das liegt einfach daran: Hessen geht davon aus, daß wir eine Normalsituation haben, und die Strahlenschutzkommission, daß das eine Unfallsituation ist. Die Strahlenschutzverordnung, das Atomgesetz, kennt für beide Aspekte und für beide Voraussetzungen unterschiedliche Werte und die Strahlenschutzkommission hat *den für die Störfall- oder Unfallsituation charakteristischen Wert* zugrunde gelegt.« Soweit Dr. vogl.

Diese Aussage ist schlicht falsch. In der Strahlenschutzverordnung[37] gibt es zwar auch Hinweise auf Störfälle, die sich jedoch auf eine völlig andere Situation, nämlich diejenige in der *Umgebung des Reaktors*, und auf eine völlig andere Personengruppe als die Bevölkerung, nämlich auf *dort Beschäftigte* bzw. dort eingesetzte Rettungstrupps beziehen.

So heißt es z. B. in § 50, der sich ausschließlich mit beruflichen Strahlenexpositionen befaßt, in Absatz (1): »Ist es zwingend geboten, Störfallfolgen oder eine Gefährdung von Personen zu beseitigen, so können außergewöhnliche Strahlenexpositionen zugelassen werden. Einer außergewöhnlichen Strahlenexposition dürfen nur beruflich strahlenexponierte Personen der Kategorie A über 18 Jahre ausgesetzt werden.« Und in Absatz (2): »Die Körperdosen dürfen in einem Jahr das Zweifache und im Laufe des Lebens das Fünffache der Grenzwerte nach Anlage X, Spalte 2 für beruflich strahlenexponierte Personen nicht überschreiten.«

Nur noch an einer anderen Stelle, nämlich in § 28 (3) wird auf Grenzwerte im Störfall eingegangen. Dort heißt es: »Bei der Planung baulicher oder sonstiger technischer *Schutzmaßnahmen* gegen Störfälle in oder an einem Kernkraftwerk dürfen... in der *Umgebung der Anlage* im ungünstigsten Störfall höchstens die Werte der Anlage X, Spalte 2... zugrundegelegt werden. ...Für Kernkraftwerke mit Demonstrations- und Prototypencharakter... kann die Genehmigungsbehörde unter Berücksichtigung des Einzelfalles... auch andere Werte der Körperdosen *in der Umgebung der Anlage* festlegen.«

Die Werte jener Spalte 2 in Anlage X (sie gehen aus von einer jährlichen Maximaldosis von fünf rem für den Ganzkörper, 15 rem für die Schilddrüse, 30 rem für die Haut und 60 rem für die Glieder) und selbst der für Rettungsarbeiten bei Störfällen erlaubte Wert, der lediglich doppelt so hoch ist, sind

1. immer noch relativ niedrig und weit entfernt von dem, was man z. B. mit nur einem halben Liter zugelassener Milch/Tag in wenigen Wochen an Radioaktivität einnehmen würde.

2. beziehen sich lediglich auf den Sonderfall in der Umgebung der Anlage (das hieße also in Tschernobyl und nicht hier) und

3. ist in der Tabelle selber vermerkt, daß nach § 49 (2) für Personen unter 18 Jahren, die im Kontrollbereich tätig

sind, die Grenzwerte nur *ein Zehntel* (!) dieser Dosen betragen dürfen.

4. Auch in jenem § 49 geht es nicht etwa um die Bevölkerung, sondern um die Dosisgrenzwerte für *beruflich strahlenexponierte Personen!*

Andere Passagen, die es in Störfällen etwa erlauben würden, die Grenzwerte für die betroffene Bevölkerung mit Kindern und Schwangeren willkürlich heraufzusetzen, wie es geschehen ist, existieren in der ganzen Strahlenschutzverordnung nicht. Die Strahlenschutzverordnung für eine solche Aussage, wie sie von Herrn Dr. VOGL gemacht wurde, heranzuziehen und ihren völlig anderen Inhalt zu benutzen (besser: zu mißbrauchen!), um die Beschwichtigungspolitik einer kleinen Interessengruppe zu untermauern, ist schlicht unerträglich, wenn dies gar von einem Vertreter einer Umweltbehörde kommt.

Die Schweizer Behörden schießen übrigens mit ihrem Grenzwert von 3700 Bq/l Milch den Vogel ab. Sie nehmen diesen Wert einfach aus den Bestimmungen für die Freigrenze bei der Abgabe radioaktiver Stoffe *an die Umwelt* (!), die in der Tat bei 3700 Bq/l liegt. Ab diesem Wert darf man Flüssigkeiten selbst in einem Strahlenlabor nicht mal mehr in den Ausguß kippen. Sie sind Sondermüll. Es dürfte klar sein, daß ein solcher Grenzwert nicht das mindeste mit der Aufnahme in den menschlichen Körper zu tun haben kann und hier die maximale Strahlenbelastung der Kanalisation mit derjenigen des menschlichen Organismus verwechselt wird.

Wie steht es nun mit den wirklichen gesetzlichen Grenzwerten? Unsere nach wie vor gültige Strahlenschutzverordnung (die nach § 45 die jährlich zulässige Strahlenbelastung aus zivilisatorischer Radioaktivität auf 30 mrem beschränkt) legt den Maximalwert — z. B. auch für Wissenschaftler in Strahlenlabors — für die Inkorporierung von Caesium-137 auf 27 000 Bq pro Jahr, das sind 74 Bq am Tag fest (für die Inhalation sogar nur auf 22 Bq) und für Jod-131 auf 1800 Bq, also auf nur fünf Bq pro Tag (für beides zusammen natürlich entsprechend weniger). Danach hätte man mit drei Litern einer nach den derzeitigen Richtwerten noch gerade zugelassenen Milch bereits die gesamte erlaubte Radioaktivität eines Jahres vereinnahmt!

Daß darüber hinaus auch die Anreicherung der mit der Nahrung aufgenommenen Radioaktivität im Körper in den amtlichen Verlautbarungen einfach übergangen wird, zeigt z.B. eine Modellrechnung des Bundesgesundheitsministeriums, wonach ein Kind, das eine Woche lang jeden Tag einen Liter Milch und außerdem ein Kilogramm Spinat mit den zugelassenen Grenzwerten zu sich nehme, einer Strahlenbelastung von maximal drei rem ausgesetzt wäre. Da ein Kind ohnehin nicht soviel esse, habe die Strahlenkommission mit ihren Richtwerten allein schon dadurch eine weitere Sicherheitsmarge eingebaut[38].

Hierzu sei angemerkt, daß erstens die von einem Kind innerhalb einer Woche aufgenommene Strahlendosis von 3 rem keineswegs harmlos ist — auch nicht bei Einbau einer ›Sicherheitsmarge‹ (siehe die laut Strahlenschutzverordnung oben angeführten Grenzwerte). Zweitens würde sich bei einer Gesamtaufnahme von nur 500 Bq Caesium-137 pro Tag (was nach den derzeitigen Richtwerten verschiedener Nahrungsmittel unschwer geschehen kann) in einem Jahr — unter Berücksichtigung der biologischen Halbwertszeit — die alleine dadurch im Körper befindliche Radioaktivität auf 70 000 Bq angereichert haben. Drittens würde — von den langlebigen Nukliden einmal abgesehen — auch bei der raschen Abklingzeit von Jod-131 die Belastung ja nicht etwa weniger, sondern schon sehr bald, nämlich nach weiteren sieben Wochen auf insgesamt sechs rem angestiegen sein. Eine Dosis, die bereits dem rund 50fachen (!) der natürlichen Strahlenbelastung entspricht.

In einem Leserbrief zum gleichen Thema schrieb ein Physiker: »Solche Obergrenzen für die radioaktive Belastung von Milch und Gemüse zu empfehlen, zeigt überdeutlich die Inkompetenz und Verantwortungslosigkeit der Strahlenschutzkommission, der Bundesregierung und aller Landesregierungen, die diese Werte übernehmen[39].«

Ähnlich verhält es sich mit Bodenmessungen. Die zulässige Freigrenze für eine Oberflächenkontamination liegt bei 3700 Bq/m². Ab diesem Wert bezeichnet man eine Fläche als ›Überwachungsbereich‹. Gemüse, welches auf einem z. T. um ein zigfaches höher belasteten Boden gewachsen ist, darf laut Herrn Prof. TROTT (einem ehemaligen Mitglied der Strahlenkommission) jedoch unbedenklich gegessen werden[40]. Wer dies empfiehlt, hat entweder nie selbst mit radioaktiven Isotopen gearbeitet oder aber so damit hantiert, daß er ständig gegen die Strahlenschutzverordnung verstoßen hat.

Es sei noch vermerkt, daß selbst die nächste Stufe der Grenzwerte, nämlich 37 000 Bq/m² (ab der der ›Kontrollbereich‹ beginnt und in Labors Schutzanzüge getragen und nichts mehr gegessen werden darf) an vielen Stellen unseres Landes noch weit überschritten war (sie ist es zum Teil noch heute), als von behördlicher Seite bereits ›Entwarnung‹ gegeben wurde (siehe dazu auch Kapitel IV).

In diesem Zusammenhang haben übrigens 107 Mitarbeiter des Max-Planck-Instituts für Molekulargenetik in einem gemeinsamen Leserbrief an den *Spiegel* angefragt, wieso in der Umwelt andere Maßstäbe gelten als im Labor, wo laut der Strahlenschutzverordnung der Verursacher einer mehr als 3700 Bq/m² betragenden Verseuchung sogar zur Verantwortung gezogen werden muß[41].

Interessant war in diesem Zusammenhang die freimütige Darstellung eines Mitarbeiters der GSF in einem Rundfunkinterview[42]. Als es um das Problem ging, wie man die genossene Radioaktivität bewertet und welche Belastung man daraus z. B. für spielende Kinder ableiten könne, meinte er: »da haben wir keinen Grund zur Aufregung gesehen«. Als ihm vorgehalten wird, daß die Messungen über 40 000 Becquerel (bq) pro Quadratmeter ergeben hätten und die Strahlenschutzverordnung schon bei 37 000 bq/m² Schutzkleidung vorschreibe, erklärte Dr. Burger folgendes: »Wissen Sie, wieviel herunterkam? Es kamen im Fallout etwa 400 000 Becquerel pro Qua-

90

dratmeter herunter. Und damit war die Strahlenschutzgesetzgebung außer Kraft gesetzt. Weil sie nicht mehr Gültigkeit hatte. Das ganze Land Bayern hätte demnach in eine Zone verwandelt werden müssen, in der wir alle Schutzanzüge tragen. Das war ein Sonderstörfall und der hat eine gesonderte Betrachtung verlangt.«

VII. Über die ›völlige Gefahrlosigkeit‹ geringer Strahlendosen

In einer Reihe offizieller Verlautbarungen zum Reaktorunfall von Tschernobyl wird bis heute behauptet, daß für unsere Bevölkerung zu keiner Zeit eine reale Gefahr zu befürchten gewesen sei. Die Strahlenbelastung sei so niedrig gewesen, daß sie innerhalb der natürlichen Schwankungsbreite läge.

Von den vielen Zusammenstellungen zur Strahlenbelastung im niederen Dosisbereich (deren Existenz z.B. vom Bayerischen Umweltministerium also glatt geleugnet wird – was nicht sein kann, das nicht sein darf!), seien zunächst drei Publikationen genannt: *Atomkraftwerksgefahren aus ärztlicher Sicht* von Hermann KATER[43], *Warum auch geringe Radioaktivität lebensgefährlich ist* von Holger STROHM[44] und *Der Petkau-Effekt* von Ralf GRAEUB[16], in denen genügend Beispiele aus der internationalen Forschung, unter anderem auch einige der folgenden Passagen zitiert sind.

So schreibt z.B. G. STEPHAN[45] von der Abteilung Strahlenhygiene des Bundesgesundheitsministeriums in Neuherberg zur genetischen Strahlenbelastung, daß man die spontane natürliche Rate der Erbveränderungen als kritischen Bezugspunkt heranziehen muß, der offenbar genau richtig liegt. Denn man darf annehmen, daß diese Rate einerseits nicht zu niedrig ist, um die Anpassung einer Population an eine allmählich veränderte Umwelt zu verhindern und andererseits nicht zu hoch ist, um die durch die Erbmasse kontrollierte Anpassung an die gegebene Umwelt durcheinander zu bringen. Demnach dürfte also *jede* Erhöhung der Spontanrate schädlich sein. Dieser Ansicht schloß sich offenbar auch die Internationale Kommission für Strahlenschutz an, nach deren Empfehlung die Dosis für die künstliche Strahlenexposition der Bevölkerung *fünf rem pro Generation* nicht überschreiten darf.

Daß darüber hinaus gerade im niedrigen Dosisbereich der Dosis-Faktor keineswegs ein Maß für die durch Einwirkung künstlicher Radionuklide zu erwartenden Erbänderungen sein muß, ist den Strahlenbiologen längst bekannt. So ergab zum Beispiel ein Vergleichsversuch des japanischen Strahlengenetikers s. ISHIKAWA vor und nach Inbetriebnahme eines Reaktors, daß die aus der gemessenen Strahlung berechneten biologischen Wirkungen gegenüber den tatsächlichen um den Faktor 30 (!) zu niedrig lagen[46].

Zur Bestimmung der durch die abgegebenen Strahlen verursachten Erbschäden wurde ein Versuchsfeld mit der Pflanze *Tradescantia* angelegt. Die Untersuchung umfaßte mehr als eine Million Staubgefäßhaare mit insgesamt etwa 34 Millionen Haarzellen. Die 5000 nach der Bestrahlung beobachteten Mutationen gestatteten eine statistische Auswertung, die zu signifikanten Ergebnissen führte. Die beobachtete Mutationsrate, die 30 Prozent über dem Spontanwert lag, wurde von einer gemessenen Gammadosis ausgelöst, die in der Tat nur ein Dreißigstel derjenigen Dosis betrug, wie sie nach den üblichen Berechnungen für diese Wirkung notwendig gewesen wäre.

Der Autor hat die Diskrepanz damit erklärt, daß emittierte radioaktive Substanzen zum Teil an den Oberflächen von Pflanzen adsorbiert werden und dadurch insbesondere die wirksame Beta-Dosis viel höher liegt. Nach KATER[43] werden solche Befunde von ärztlicher Seite in zweifacher Hinsicht für bedeutungsvoll gehalten: Erstens weisen sie strahlengenetische Effekte im extrem niedrigen Dosisbereich nach und zweitens machen sie deutlich, daß die biologische Wirkung emittierender radioaktiver Stoffe weit höher liegen kann, als aufgrund einer Dosimetrie der Radioaktivität der Luft oder einer rechnerisch ermittelten Ausbreitung der Emission zu erwarten gewesen wäre — ein Adsorptionseffekt, den man als den ersten Schritt in der Nahrungskettenspeicherung bezeichnen könnte.

Der bedeutende Genetiker H. J. MÜLLER[47] stellte nach seinen Versuchen mit der Taufliege Drosophila fest, daß es keinen Schwellenwert gibt, unter dem ionisierende Strahlung unwirksam ist. Aus anderen amerikanischen Untersuchungen, z. B. des Krebsforschers C. OBERLING[48], geht hervor, daß gerade niedrige Strahlendosen krebserregend wirken können. Hohe Dosen schädigen die Zellen so stark, daß sie absterben und in der Regel danach vom Organismus abgebaut werden. Hier kann kein Krebs mehr entstehen. Niedrige Dosen schädigen die Zellen ebenfalls, aber die Zellen können in der Regel weiterleben. Sie können sich weiter teilen. Mit der Zellvermehrung wird der Zellschaden multipliziert, es kann daraus eine Krebsgeschwulst entstehen. Auch in diesen Publikationen wird immer wieder betont, daß es keine Minimaldosis gibt, unter der eine Straleneinwirkung mit Sicherheit als nicht krebserregend angesehen werden kann.

So zeigen auch Untersuchungen am Max-Planck-Institut für Strahlenchemie in Mühlheim/Ruhr nach neueren Darstellungen von C. v. SONNTAG[49], daß stark bestrahlte Zellen mit dadurch nahezu ›pulverisierter‹ DNS rasch absterben. Ein Effekt, den sich die Strahlenmediziner eben seit langem bei der Tumorbekämpfung zunutze machen. Kleinere Defekte — und die finden allerdings auch im umliegenden Streufeld solcher Tumorbestrahlung statt — wirken sich dagegen oft verhängnisvoll aus. Nach diesen Untersuchungen können schon winzige Fehler im genetischen Text zur Produktion von ›falschen Enzymen‹ führen und den Stoffwechsel durcheinanderbringen. Da der DNS-Textfehler bei der Zellkernteilung (Mitose) vererbt und damit immer wieder verdoppelt wird, wächst auch das Quantum der Falsch-Enzyme stetig — bis es schließlich eine kritische Grenze erreicht und zum gefährlichen Krankheitsfaktor wird. Je rascher sich ein bestimmter Zelltyp durch Mitose erneuert, desto schneller breitet sich ein Gen-Defekt samt seinen Stoffwechselfolgen im Organismus aus[12].

Mehrere Studien über Langzeiteffekte bei Atomarbeitern einerseits und Überlebenden bzw. Beobachtern von Atombombenexplosionen andererseits weisen auf eine deutliche Abweichung von der üblichen rem-Berechnung hin, insofern, als auch hier niedrige Dosen eine bis zu zehnfach höhere Wirkung hatten, als sie aufgrund der (für starke, kurze und schwache, lange Belastungen gleichen) Berechnungsfaktoren haben durften. Nach J. SCHEER[50] fordert so die Belastung von 10 Millionen Menschen (Atomarbeiter) mit 0,1 rem (= 1 Mio ›Menschen-rem‹) rund 7000 Krebstote, die Belastung von 100 000 Menschen (Atomüberlebende) mit zehn rem (= ebenfalls 1 Mio ›Menschen-rem‹) dagegen ›nur‹ rund 700 Krebstote.

Diese Beobachtungen stimmen mit Aussagen über den sogenannten PETKAU-Effekt überein, wonach Schädigungen der Zellmembran durch schwache Langzeitbestrahlung die übrigen zellschädigenden Wirkungen multiplizieren können[16]. Der PETKAU-Effekt selber besagt, daß bei schwachen, jedoch über längere Zeit einwirkenden Dosen eine bis um den Faktor 5000 geringere Gesamtdosis genügen kann, um den gleichen Effekt wie bei kurzer, starker Strahlung zu erzielen.

Auch der österreichische Strahlenbiologe DR. PETER WEISH lehnt die Theorie einer linearen Dosis-Wirkungsbeziehung ab, weil es eine als gleichmäßig strahlenempfindlich angenommene Bevölkerung nicht gibt[51]. Dabei würden die wesentlich empfindlicheren Embryonal- und Jugendstadien vernachlässigt und es käme somit zu einer Unterschätzung des Gesamtschadens. Außerdem bleibe das Vorhandensein von Bevölkerungsgruppen mit erhöhter Strahlenempfindlichkeit unberücksichtigt.

Hier kommt also auch die individuelle Konstellation, d.h. Alter, Gesundheitszustand, Hormonhaushalt, Stärke der körpereigenen Abwehr und eventuelle frühere Strahlenexpositionen usw. mit ins Spiel. Je nachdem sind dann die biologischen Reparaturhelfer im Kampf gegen künstlich erzeugte Strahlenquellen, speziell radioaktive Partikel, die in den Organismus eindringen und sich dort festsetzen, oft überfordert. Damit befassen sich vor allem neuere Arbeiten am schon erwähnten

Max-Planck-Institut für Strahlenforschung. Nach C. v. SONNTAG ist das ererbte, körpereigene Reparatursystem in keinem Fall für die Bewältigung massiver und zugleich punktueller Attacken durch ionisierende Strahlung angelegt – wie sie jedoch bei inkorporierten Nukliden auftreten. Ganz abgesehen davon, daß die Wissenschaft nach Aussage dieser Autoren bis jetzt nur sehr unvollständige Vorstellungen davon hat, wie die Reparaturenzyme überhaupt aufgebaut sind[49].

Der Strahlenbiologe A. BARTHELMESS vom botanischen Institut der Universität München schreibt daher über die Beziehung von Dosis und Schadensausmaß[52]: »Die Schwere der genetischen Schäden hängt im Einzelfalle von der biologischen Funktion des betroffenen Gens, nicht aber von dem Energieumsatz bei seiner mutativen Änderung ab. Eine quantitative Beziehung zwischen Schwere des gesundheitlichen Gesamtschadens und der Dosis besteht nur indirekt.« Und weiter heißt es: »Wie die frühere Bezeichnung ›Toleranzdosis‹ suggeriert leider auch der Terminus ›zugelassen‹ für die Grenzwerte die Vorstellung, daß das, was der Gesetzgeber für zulässig erklärt, doch wohl unschädlich sein muß. In Wirklichkeit handelt es sich jedoch um einen Kompromiß, der die nutzbringende Anwendung energiereicher Strahlung (Anm.: gemeint ist hier in der Medizin) möglichst erweitern, das Risiko aber so weit als möglich verringern soll.«

Der amerikanische Strahlenschutzphysiker K. Z. MORGAN plädierte schon vor 1978 für eine Herabsetzung der bis dahin geltenden Maximaldosen[53]. Der Trend ging jedoch in die andere Richtung. MORGAN schrieb dazu: »Eine der unglücklichsten Entwicklungen der jüngeren Zeit auf dem Gebiet der Festlegung von Standardwerten für Belastung durch ionisierende Strahlung stellt eine Empfehlung der Internationalen Strahlenschutzkommission dar, die im Jahr 1977 veröffentlicht wurde.« Die darin angestrebte Vereinheitlichung würde in der Tat zu großen Anstiegen bei den bisherigen maximalen Belastungswerten führen. MORGAN schreibt weiter: »Ich halte diesen Bericht für einen Rückschritt auf Seiten der Kommission, weil er zu einer Zeit erscheint, in der die internen Berichte betonen, daß das Krebsrisiko viele Male größer ist, als wir vor 15 Jahren (also 1963!) glaubten.«[54]

BARTHELMESS weist im übrigen darauf hin, daß es rein praktische und juristische Gründe sind, warum die Höchstwerte meist in Form von *Jahreswerten* angegeben werden. Auch dies verleite leicht zu der Fehlinterpretation, daß eine Belastungsdosis im abgelaufenen Jahr quasi gelöscht sei, wenn in diesem Jahr kein erkennbarer Schaden eingetreten ist. Die Irreversibilität molekularbiologischer Vorgänge, die identische Reproduktion der genetischen Änderungen und die unter Umständen sehr späte Manifestation von Schäden lassen diese Schlußfolgerung als unzutreffend erscheinen.

Auch W. JACOBI von der GSF äußerte sich dahingehend[55]. So heißt es in einer seiner Publikationen: »Eine Revision des bisherigen Systems von Dosisgrenzwerten ist notwendig. Dieses System ist historisch gewachsen auf dem Boden der früheren Vorstellungen von der Existenz einer Schwellendosis, unterhalb der kein Strahlenschaden auftritt. Heute können wir nicht ausschließen, daß auch sehr niedrige Strahlendosen bei sehr wenigen Einzelpersonen bösartige Schäden, z.B. Krebs, hervorrufen können.«

Soweit einige Stimmen zu der von der Kernenergielobby und ihrem wissenschaftlichen Gefolge nach wie vor geleugneten Langzeitwirkung geringer Strahlendosen mit ihren möglichen Spätschäden. Mehrere der oben zitierten Aussagen widerlegen zudem die Behauptung, daß es, gleich bei welcher Strahlenart, ob von innen oder von außen, lediglich auf die Gesamtenergieleistung der ionisierenden Strahlenmenge ankomme. Daß dies selbst bei akuten Fällen nicht der Fall ist und auch hier ein deutlicher Unterschied in der Wirkung externer, nicht inkorporierbarer Strahlung gegenüber derjenigen aus einem Reaktorunfall festzustellen ist, bestätigen inzwischen auch die ersten Berichte der zur Behandlung von russischen Strahlenopfern nach Moskau eingeladenen amerikanischen Ärzte. So heißt es in einem Bericht von DR. R. CHAMPLIN[56]:

»Auf Grund der Berechnungen entschieden wir, wer am dringendsten eines Knochenmarktransplantats bedurfte; wir verabreichten Transplantate nur an solche Strahlenopfer, die nach unseren Schätzungen einer Strahlung von mindestens 500 rad oder mehr ausgesetzt waren, das entspricht etwa der Strahlenmenge von 25 000 Röntgenaufnahmen des Brustkorbs. Nach der von Frau GUSKOWA entwickelten Methode läßt sich die Strahlenmenge mit Hilfe einer Formel bestimmen, die von der Zerfallsgeschwindigkeit der weißen Blutzellen des Opfers ausgeht, sowie vom Ausmaß der Chromosomenbrüche in den Blut- und Knochenmarkzellen. Die Sowjets hatten die Abnahme der weißen Blutkörperchen bei den einzelnen Patienten während der ersten Tage nach der Explosion in Tabellen festgehalten.

Die Schätzungen gingen dann häufig doch daneben, das Ausmaß der Schäden in den weichen Geweben der Opfer traf uns völlig überraschend. Nach der GUSKOWA-Berechnung hatten viele der Patienten weniger Strahlung abbekommen als ein typischer Krebspatient während einer Standardbestrahlung. Doch selbst wenn wir unseren Leukämie-Patienten eine noch höhere therapeutische Strahlendosis verabreichten, haben wir keine solchen Schäden im weichen Gewebe gesehen, wie sie bei den Opfern von Tschernobyl auftraten.

Warum Frau GUSKOWAS Strahlenschätzungen nicht den ausgedehnten Gewebsschäden bei den Opfern entsprachen, ist noch unklar. Möglicherweise haben die Opfer von Tschernobyl — außer der unmittelbaren Strahlenbelastung — größere Mengen radioaktiver Teilchen inhaliert oder geschluckt, und die davon ausgehende Strahlung verursachte die Schäden an Haut, Mund, Gedärmen und Lungen. Solche Strahlenschäden würden sich weder im Zustand der weißen Blutkörperchen noch in den Knochenmarkzellen widerspiegeln...«

Abgesehen von dem hier also noch einmal deutlich gewordenen Unterschied extern und intern wirkender Radioaktivität, ist auch die Bedeutung ihrer jeweiligen Lokalisation offensichtlich — ganz gleich, ob es sich um niedrige oder hohe

Dosen handelt. Wo jedoch die radioaktiven Partikel genau stecken, wo und wie stark sie sich anreichern können, hängt von vielen Faktoren ab. Über ihr Verhalten können wir nur sehr wenig sagen. Dabei wird oft vergessen, daß es sich bei den Spaltprodukten aus einem Reaktor um Substanzen höchster spezifischer Aktivität handelt, deren Gewichtsmenge gemessen an der hohen Radioaktivität unvorstellbar klein ist. Aus den 250 Kilogramm Spaltprodukten, die von den mehreren hundert Tonnen spaltbaren Materials aus dem Reaktor von Tschernobyl insgesamt verpufft sind, mögen vielleicht nur ein oder zwei Gramm Jod-131 über der Bundesrepublik niedergegangen sein. So entsprachen z.B. 100000 Bq Jod-131 zwar 100 Milliarden Atomen. Diese ›wiegen‹ jedoch zusammen nur 1/500000 Milligramm (0,000000000022 Gramm).

Bei den in unserer Umwelt ›lagernden‹ Partikeln aus dem Reaktorunfall handelt es sich also um unwägbar kleine Mengen. Und die können in ihren Adsorptions- und Lösungseigenschaften ein völlig atypisches Verhalten zeigen. Aus meiner eigenen Arbeit mit radioaktiven Isotopen ist mir nur allzu vertraut, daß solche Mengen z.B. durch Effekte der ›Mitfällung‹ oder der Adsorption an Fehlstellen der Gefäßwände plötzlich ›verschwunden‹ waren, anstatt ihrem normalen Verhalten gemäß in Lösung zu bleiben. Daher sagen auch die früheren Erkenntnisse aus den üblichen Laborversuchen über den Transfer und das biochemische Verhalten z.B. von Strontium, Caesium oder Jod für die derzeit ablaufenden Vorgänge in der Natur meist sehr wenig aus. Denn diese Versuche wurden, um dabei überhaupt wägbare Mengen in der Hand zu haben, natürlich möglichst nur mit radioaktiv *markierten*, d.h. von einem großen Überschuß der gleichen, aber nicht radioaktiven Substanz begleiteten Verbindungen durchgeführt.

Ein weiteres Handicap der winzigen Mengen liegt darin, daß wir dadurch die chemische Verbindung, in der die radioaktiven Nuklide aus Tschernobyl jeweils vorliegen (und damit ihren möglichen weiteren Weg) unmöglich bestimmen können. Auch hier lassen sich nur Vermutungen anstellen. Der gleiche Umstand, also daß die Partikel des Fallouts mengenmäßig keine Rolle spielen, bewirkt auch, daß sie sich fast beliebig hoch im Körper anreichern können. Chemisch werden sie auch dann vom Stoffwechsel des Körpers noch lange nicht registriert.

Natürliche Nuklide dagegen, wie Kalium-40, können sich, wie schon erwähnt, überhaupt nicht anreichern. Sie liegen als radioaktive Überbleibsel aus der erdgeschichtlichen Entwicklung (K-40 hat eine Halbwertszeit von 1,3 Milliarden Jahren!) überall, d.h. in der Umwelt wie im Menschen in einer konstanten Verdünnung vor (genau: 0,012 Prozent des natürlichen Kaliums bestehen aus K-40). Nur wenn der Körper insgesamt doppelt so viel Kalium speichern würde wie normalerweise (was unmöglich ist), würde sich auch die Menge des begleitenden radioaktiven Isotops verdoppeln.

Zu dem dagegen unvorhersehbaren Verhalten *künstlicher* Radionuklide noch einmal BARTHELMESS[52]:

»In Luft oder Wasser gelöst oder feinverteilt, an Bodenpartikel adsorbiert, gelangen sie in Nutzpflanzen und Nutztiere und über diese mit Nahrungsmitteln in den menschlichen Körper. Aus diesem kommen sie auf den natürlichen Stoffwechselwegen nach einiger Zeit teilweise wieder in die Umwelt zurück …

Externe und interne Exposition gegenüber den Strahlen dieser ›vagabundierenden‹ Quellen ist also praktisch kaum vermeidbar, nicht willkürlich zu beenden, nicht auf bestimmte Personen begrenzbar, schwer exakt meßbar und daher nicht genau dosierbar…

Offene ›vagabundierende‹ Radionuklide haben ferner den schwerwiegenden Nachteil, daß sie in kaum beherrschbarer Weise in verschiedenen Teilen der Umwelt entsprechend ihren chemischen Eigenschaften aufgenommen, festgehalten, akkumuliert und umverteilt werden. Gleiches gilt für ihren Weg im menschlichen Körper. Die Dosis am Ort erster Freisetzung in die Umwelt steht aus allen diesen Gründen in keiner genau vorausbestimmbaren Beziehung zur Dosis am

100

Ende des Weges in den Körper einer ebenfalls nicht voraussehbaren Zahl von Menschen. Es ist somit klar, daß auch hier die Prophylaxe, die *Verhinderung des Entkommens radioaktiver Stoffe* aus technischen Strahlenquellen der einzig sinnvolle und rationelle Weg des radiologischen Umweltschutzes ist.«

VIII. BUND gegen Süssmuth
Nach Tschernobyl: Unabhängige Antworten auf 21 Fragen

Was es bedeutet, wenn den wahren Sachverhalt verschleiernde Berechnungsmethoden und Gesetzesauslegungen in politische Entscheidungen und Stellungnahmen einfließen und was dann bei unseren Ministerien mangels Aufklärung von objektiver Seite dabei herauskommt, zeigt das sogenannte Süssmuth-Papier. Dieses vom Bundesgesundheitsministerium herausgegebene Faltblatt ›Nach Tschernobyl — Antworten auf 21 Fragen‹ ist ganz im Sinne der seit Jahren betriebenen Verharmlosungsstrategie der Atomenergie-Lobby und der ihr nahestehenden Strahlenschutzkommission abgefaßt.

Nicht zuletzt war es dieses nur wenig Sachkompetenz aufweisende offizielle Papier, das den Anlaß gab für die Bildung einer unabhängigen Strahlenkommission durch den Bund Umwelt und Naturschutz Deutschland (BUND)[57]. Die Kommission sah daher eine ihrer ersten Aufgaben in einer Gegendarstellung der dort behandelten 21 Fragepunkte. Das so entstandene Gegenpapier wurde in einer Pressekonferenz des BUND am 1. Juli 1986 vorgestellt.

Seit dem 2. Weltkrieg hat kein Ereignis die Bürger der Bundesrepublik Deutschland so stark bewegt, wie der Reaktorunfall in Tschernobyl. Eine weithin über die Folgen künftiger Radioaktivität unaufgeklärte Bevölkerung bestürmte die Behörden und Verbände, die Presse und die Politiker mit Fragen. Die meisten Behörden erwiesen sich aber als erschreckend inkompetent. Sie konnten oder wollten kaum Meßwerte angeben und blieben trotz mehrtägiger Vorwarnung untätig. Sie gaben Verhaltensregeln und Grenzwerte immer erst ein paar Tage verspätet heraus, selbst die Strahlenschutzkommission des Bundesinnenministeriums erteilte falsche Ratschläge.

Die Katastrophe von Tschernobyl demonstriert uns eindeutig, daß wir in eine Sackgasse der technischen Entwicklung geraten sind.

Daher werden wir neue Wege beschreiten müssen, um einerseits unsere Angst vor den unüberschaubaren Auswirkungen der Wachstumsideologie zu bewältigen und andererseits eine lebenswerte Welt von morgen mitgestalten zu können. Die kommenden Generationen sollen uns nicht den Vorwurf machen können, vieles gewußt und nichts getan zu haben. Denn viele der neuen Wege sind bereits ausgewiesen, sie müssen nur noch beschritten werden.

Mögliche Folgen für Pflanzen- und Tierwelt durch die Reaktorkatastrophe von Tschernobyl blieben bei allen offiziellen Verlautbarungen und Untersuchungen unberücksichtigt. Für die betroffenen Menschen ist das Risiko zu erkranken oder ihren Kindern einen Erbschaden mitzugeben, nach Tschernobyl größer geworden. Viele langlebige radioaktive Stoffe werden uns Jahrzehnte bis Jahrhunderte verfolgen. Es wird einige Verhaltensregeln geben, um die Aufnahme dieser radioaktiven Stoffe zu vermindern, verhindern können wir dies aber nicht mehr. Wir können nicht aus dem Leben aussteigen, aber aus der Kernenergie.

Die Bundesgesundheitsministerin, Professor Dr. Rita Süssmuth, hat ein Faltblatt mit Antworten auf 21 von ihr selbst gestellte Fragen herausgegeben, das aber eher Beschwichtigung denn Aufklärung über die anstehenden Probleme ist. Die Strahlenkommission des BUND, der über 40 Wissenschaftler aus den unterschiedlichsten Fachbereichen angehören, hat daher diese 21 Fragen noch einmal aufgegriffen und neu beantwortet.

Für die BUND Strahlenkommission:
Dr. Ludwig Trautmann-Popp   Juli 1986

1   Was ist an radioaktiven Stoffen von Tschernobyl zu uns in die Bundesrepublik gelangt?

Süssmuth   Der Unfall am 26. April 1986 im 1500 Kilometer entfernten Tschernobyl hat erhebliche Mengen radioaktiver Stoffe freigesetzt. Durch ungünstige Windströmungen erreichten sie bereits am 30. April das Bundesgebiet. Als Folge der an diesem Tag einsetzenden Niederschläge gingen die in der Wolke mitgeführten radioaktiven Stoffe zu Boden. Das waren vor allem Jod-131 und Caesium-137, in geringen Mengen — weit weniger, als nach den Atombombentests der fünfziger und sechziger Jahre — auch Strontium-90. Der Anteil an Jod-131 und an Caesium-137 war allerdings jetzt deutlich höher als damals.

BUND   Nach den Schätzungen amerikanischer Kernforschungszentren muß bei der Reaktorkatastrophe in Tschernobyl die ungeheure Menge von über einhundert Millionen Curie (= über 10^{18} = 1 000 000 000 000 000 000 Becquerel) Radioaktivität freigeworden sein. Bereits am 30. April 1986 wurden erste radioaktive Wolken im Bundesgebiet registriert. Die Radioaktivität der Luft stieg schlagartig an, die behördliche Warnung unterblieb aber. Millionen Bundesbürger, die den Verlautbarungen der Bundesminister Riesenhuber und Zimmermann Glauben schenkten, die Bundesrepublik sei vor

104

den Auswirkungen von Tschernobyl sicher, unternahmen ahnungslos ihren Familienausflug. Sie erfuhren erst Tage später, welche Mengen an Radioaktivität sie dabei eingeatmet hatten oder was ggf. auf sie niedergeregnet war. Eine lange Liste radioaktiver Stoffe wurde in der Abluft aus Tschernobyl festgestellt, unter anderen:

Kohlenstoff-14, Strontium-89, Strontium-90, Zirkonium-95, Niob-95, Molybdän-99, Technetium-99, Ruthenium-103, Ruthenium-106, Rhodium-106, Tellur-129, Tellur-132, Jod-131, Jod-132, Jod-133, Caesium-134, Caesium-137, Barium-140, Lanthanium-140, Cer-141, Cer-144, Neptunium-238, Plutonium-238, Plutonium-239.

Viele dieser Stoffe gingen in bisher nie dagewesener Konzentration auf die Bundesrepublik nieder.

2 Also gab es das schon einmal, daß radioaktive Stoffe aus einem anderen Land zu uns gelangten?

Süssmuth In den fünfziger und sechziger Jahren fanden zahlreiche Atombombentests über der Erde statt, im Westen ebenso wie im Osten. Dabei wurde ebenfalls ein Gemisch radioaktiver Stoffe freigesetzt, allerdings in weitaus größere Höhe geschleudert als beim Reaktorunfall in Tschernobyl. Dadurch fand eine stärkere Vermischung der radioaktiven Stoffe mit der Luft statt. Ein wesentlicher Unterschied: Da diese Atombombentests sich über mehr als ein Jahrzehnt erstreckten, kamen in diesem langen Zeitraum fortlaufend radioaktive Stoffe zu uns — und nicht, wie jetzt bei Tschernobyl, einmal.

BUND In den 50er und 60er Jahren fanden zahlreiche Atombombentests in der Atmosphäre statt. Pro Quadratmeter wurden damals ca. 5000 Becquerel Caesium-137 sowie ca. 3000 Becquerel Strontium-90 bei uns abgelagert.

Ein Kernreaktor enthält allerdings über tausend mal mehr langlebige Spaltprodukte als beispielsweise die Hiroshimabombe. Überdies wurden die radioaktiven Stoffe beim Reaktorunfall nicht in solch große Höhen geschleudert, wie bei der Explosion einer Atombombe. Daher konnte es zu wesentlich höheren radioaktiven Verseuchungen in der näheren, aber auch in der weiteren Umgebung kommen. In einigen Gebieten liegt die radioaktive Belastung nach dem Reaktorunfall in Tschernobyl um einige Größenordnungen höher als dies nach Beendigung der oberirdischen Atombombentests 1963 der Fall war. Die gemessenen Maximalwerte allein für Caesium-137 liegen in Bayern und Baden/Württemberg bei 30000 Becquerel pro Quadratmeter.

3   Wie wird Radioaktivität und ihre Wirkung gemessen?

Süssmuth   Unter Radioaktivität verstehen wir den Zerfall von Atomkernen. Die Maßeinheit für die Radioaktivität (Strahlenaktivität) heißt Becquerel. Ein Becquerel (abgekürzt Bq) entspricht einem Zerfall pro Sekunde. Allerdings sagt das Becquerel noch nichts über die Gefährlichkeit der radioaktiven Substanzen aus. Grund: Beim Zerfall entstehen unterschiedlich gefährlich wirkende Strahlen. Nicht zuletzt deshalb wurde eine Maßeinheit für die Strahlendosis eingeführt, die diese unterschiedliche Wirkung der einzelnen Strahlenarten im Körper berücksichtigt: das rem (roentgen equivalent man).

BUND   Den spontanen Zerfall von Atomkernen bezeichnet man als Radioaktivität. Bei jedem Zerfall wird ein großes Quantum an Energie frei, das vom Meßgerät aufgezeichnet wird. Radioaktivität wird mit Geigerzählern und anderen sehr aufwendigen Geräten (wie z.B. Gammaspektrometern) gemessen.

Wird auch die beim Zerfall freigewordene Energie gemessen, so kann daraus die Art des eben zerfallenen Atomkerns (z.B. Jod-131, Caesium-137 usw.) bestimmt werden. Verschiedene radioaktive Stoffe können (selbst bei gleicher Bq-Zahl) unterschiedlich gefährlich sein. Dies hängt von der Art der ausgesandten Strahlung ab und von der späteren Verteilung der betreffenden radioaktiven Stoffe im Organismus.

Die Einheit rem (roentgen equivalent man) suggeriert für die biologische Strahlenbelastung, daß die Wirkung der Radioaktivität auf einen Organismus gemessen werden kann. Das ist falsch, denn die Wirkung der Radioaktivität auf lebendes Gewebe besteht in der Zerstörung oder Veränderung der Zellen. Die Folgen können Krebs und Erbschäden sein. Diese Wirkung ist — entgegen der Formulierung der Frage 3 — mit keinem Meßgerät zu bestimmen. Eine Krebserkrankung aufgrund radioaktiver Belastung unterscheidet sich nicht von Krebserkrankungen aus anderen Ursachen. Jedoch steigt die Krebsrate an. Nach heutigem Wissen läßt sich die Zahl der zu erwartenden Krebsopfer nur sehr ungenau angeben. Sicher ist aber, daß jede zusätzliche radioaktive Strahlung die Zahl der Krebsfälle erhöht. Auch die zu diesem Zwecke eingeführte Maßeinheit für die Strahlendosis, das rem, hilft hier nicht viel weiter.

4   Gibt es auch eine natürliche Radioaktivität?

Süssmuth   Von radioaktiven Stoffen sind wir schon seit jeher umgeben. Sie sind in fast allen Substanzen der Erde enthalten, aber auch in unserem Körper. Die Belastung vom Boden her beträgt im Durchschnitt 40 Millirem pro Jahr. Dazu kommen 30 Millirem pro Jahr kosmischer Strahlung aus dem Weltall. Außerdem nehmen wir mit der Nahrung natürliches radioaktives Kalium-40 auf; daraus ergeben sich rund 30 Millirem pro Jahr. Durch Einatmen von Radon, das als natürliches radioaktives Gas aus dem Boden in unsere Luft gelangt, nehmen wir weitere 10 Millirem auf. Insgesamt beträgt die natürliche Strahlenbelastung also durchschnittlich 200 Millirem pro Jahr, regional unterschiedlich liegt sie zwischen 100 und 400 Millirem pro Jahr.

Darin ist nur die natürliche Radioaktivität enthalten, also nicht die Belastung durch medizinische Maßnahmen und durch kerntechnische Anlagen. Im Durchschnitt kommen pro Jahr 60 Millirem durch medizinische Maßnahmen und weniger als 1 Millirem durch kerntechnische Anlagen hinzu.

BUND   Auch in der Natur gibt es radioaktive Stoffe, die Pflanzen, Tieren und Menschen Schaden zufügen können.

Höheres Leben auf der Erde konnte sich erst entwickeln, als die Radioaktivität, die am Beginn der Welt sicherlich in hohem Maße vorhanden war, weitgehend zurückgegangen war. Auch die natürliche Radioaktivität bewirkt Krebs- und Erbschäden. Nach den vorläufigen wissenschaftlichen Abschätzungen sterben vom 60-Millionenvolk der Bundesrepublik Deutschland zwischen einigen Hundert und einigen Zehntausend an einem durch natürliche Radioaktivität ausgelösten Krebsleiden. Diese sehr weit auseinanderliegenden Schätzungen zeigen anschaulich, wie groß die Unsicherheit bei der Beurteilung der Wirkung radioaktiver Strahlung gerade im Bereich niederer Strahlendosen unter den Wissenschaftlern heutzutage noch ist. Die durch den Betrieb von Kernkraftwerken oder einen Unfall wie in Tschernobyl freigesetzten künstlichen radioaktiven Stoffe belasten den Körper meist ganz anders als die natürliche Radioaktivität. So wirken z. B. das Jod-131 und andere radioaktive Jodisotope konzentriert in der Schilddrüse, das Strontium-90 in den Knochen usw. Im Gegensatz zu den ersten Wochen nach dem Unfall, in denen eine hohe Luftbelastung (Atmung) vorlag, konzentriert sich inzwischen das Interesse auf die Stoffe, die über die Nahrung in den menschlichen Körper eingedrungen sind und noch eindringen werden.

5 Wie gefährlich sind diese radioaktiven Stoffe jetzt noch?

Süssmuth Schon jetzt sind einige der aus Tschernobyl zu uns gelangten radioaktiven Stoffe gänzlich aus unserer Umwelt verschwunden. Das liegt daran, daß diese Stoffe unter Abgabe von Strahlung sehr schnell zerfallen. Die Aktivität des Jod-135 verringert sich z. B. bereits nach sieben Stunden um die Hälfte, nach weiteren sieben Stunden wiederum um die Hälfte und so weiter. Das heißt: Jod-135 hat eine physikalische Halbwertszeit von rund sieben Stunden. Auch das in großen Mengen bei uns niedergegangene Jod-131 gehört zu den relativ kurzlebigen radioaktiven Stoffen; seine Halbwertszeit beträgt lediglich acht Tage. Es wird deshalb in 10 Wochen in unserer Umwelt fast nicht mehr vorhanden sein.

BUND Das Jod-131 wird bis Ende Juli auf ein Tausendstel des Wertes von Ende April zerfallen sein. Viel wichtiger sind inzwischen die langlebigen radioaktiven Stoffe geworden. Bei Caesium-137 dauert es nämlich 300 Jahre, bis es auf 1 Promille seines Ausgangswertes zurückgegangen ist, beim Strontium-90 ähnlich lange, beim Caesium-134 sind dies rund 20 Jahre.

6 Wie wird es sich aber weiter entwickeln, wie verhält es sich insbesondere mit Caesium-137?

Süssmuth Mit den Caesium-137 verhält es sich wesentlich anders. Es verringert seine Strahlenaktivität erst nach etwa 30 Jahren um die Hälfte. Obwohl nur Radionuklide mit langen Halbwertszeiten wie Caesium-137 und Strontium-90 uns auf Jahre hinaus ›begleiten‹ werden, nimmt im Blattgemüse oder im Weidegras der Gehalt auch dieser Stoffe deutlich ab. Zum einen liegt das daran, daß ein Teil des radioaktiven Staubes von der Blattoberfläche abgewaschen wurde, zum anderen liegt es an dem Verdünnungseffekt, den das Pflanzenwachstum bewirkt. Dazu kommt, daß Gießen, Regenwasser und Bodenbearbeitung auch hier für eine fortlaufende Verdünnung sorgen werden. Caesium-137 wird sehr fest an Mineralien des Bodens gebunden und erreicht daher kaum den Stoffwechsel der Pflanze. Von Caesium-137 dringen nur 5% durch die Wurzeln in die Pflanze ein.

Unter anderem wegen des Verdünnungseffekts und der kurzen physikalischen Halbwertszeit des Jod-131 werden die in den nächsten Monaten heranreifenden Erzeugnisse wie Obst, Getreide, Kartoffeln, Gemüse kaum Spuren der Radioaktivität mehr enthalten, auch wenn die Pflanzen in den kritischen Tagen Anfang Mai in Blüte standen. Beim Jod-131 beantwortet sich die Frage, ob die in den Boden gespülten Radionuklide nicht über die Wurzeln in die Pflanzen vordringen, von selbst: Es war weitgehend zerfallen, bevor es an die Wurzeln herankommen konnte. Strontium-90 wird dagegen von den Pflanzen aus dem Boden besser aufgenommen und kann daher in größerer Menge auf diesem Weg in den menschlichen Körper gelangen. Aber davon ist ganz wenig zu uns gekommen.

BUND Es gibt noch immer Lebensmittel, die mit Caesium-

137 belastet sind; derzeit gilt das für Fleisch, insbesondere Wild, Obst (Kirschen, Johannisbeeren), Süßwasserfische, Honig, Pilze und bestimmte Waldbeeren. Auch in Zukunft müssen wir mit Caesiumbelastungen in Lebensmitteln rechnen.

Die Aussage von Frau Prof. Süssmuth, wonach 5% des Caesiums in die Pflanzen übergehen, ist wissenschaftlich so nicht haltbar. Je nach Pflanzen- und Bodenart wird Caesium nämlich in unterschiedlichen Mengen von Pflanzen aufgenommen. Sie können um den Faktor 100 größer oder kleiner sein als der von Frau Prof. Süssmuth angegebene Wert. So ist zum Beispiel bekannt, daß in Erikagewächsen (Heidekraut, Moos-, Heidel- und Preiselbeeren), Klee, Grasarten und Pilzen sehr hohe Caesiumkonzentrationen auftreten können. Daher können auch Pollen und Honig entsprechend hoch belastet sein.

Die unüberlegten Empfehlungen der offiziellen Strahlenschutzkommission, Regenwasser zum Gießen zu verwenden, verseuchtes Gemüse unterzupflügen sowie Klärschlamm auf die Felder auszubringen, haben zu einer unnötigen zusätzlichen Belastung unserer Böden geführt.

Aufgrund der vorliegenden Meßwerte in Heu und Grassilage muß damit gerechnet werden, daß es durch deren Verfütterung nach Ende der Weidezeit zu einem Anstieg der Caesiumbelastung in Fleisch, Milch sowie in der Folge auch in deren Produkten kommen wird.

7 Bleiben die radioaktiven Stoffe dauernd im Körper?

Süssmuth Wie alle von unserem Körper aufgenommenen Stoffe unterliegen auch radioaktive Substanzen dem Stoffwechsel — das heißt, sie werden nach einer gewissen Zeit ausgeschieden. Ähnlich wie bei der physikalischen Halbwertszeit vollzieht sich die Ausscheidung nach einem genauen Rhythmus: Jeder Stoff verringert sich nach einer bestimmten Zahl von Stunden oder Tagen um die Hälfte. Man spricht hier von der biologischen Halbwertszeit. Beispielsweise beträgt die biologische Halbwertszeit für Jod beim Kind etwa 20 Tage, beim Erwachsenen etwa 140 Tage, für Caesium liegen die ent-

110

sprechenden Werte bei 20 beziehungsweise 100 Tagen. Daß die Stoffe beim Kind im allgemeinen schneller ausgeschieden werden als beim Erwachsenen, hängt mit dem rascheren Stoffwechsel bei Kindern zusammen. So gut wie gar nicht ausgeschieden wird allerdings das Strontium-90. Da es sich chemisch ähnlich wie Kalzium verhält, wird es auch wie Kalzium in die Knochensubstanz eingebaut und nur sehr langsam wieder ausgeschieden (biologische Halbwertszeit: rund 50 Jahre). Deshalb ist Strontium-90 so gefährlich, aber davon wurden — wie gesagt — nur geringe Spuren gemessen.

BUND Einige der radioaktiven Stoffe unterliegen wie andere Substanzen dem Stoffwechsel und werden nach einiger Zeit wieder aus dem Körper ausgeschieden. Andere (wie z.B. Strontium-90) sammeln sich (wie man dies auch von den Schwermetallen kennt) im Körper an. Wenn jedoch die Umwelt und die Lebensmittel für lange Zeit mit radioaktiven Stoffen z.B. Caesium-137 belastet sind und diese in den Naturkreislauf eintreten, so werden dem Körper immer wieder neue radioaktive Stoffe zugeführt. Erfreulicherweise war Strontium-90 nur in geringen Mengen im Fallout vorhanden. Dies hat aber viele Behörden zu der falschen Entscheidung verleitet, auf den schwierigen Nachweis dieses radioaktiven Stoffes in Zukunft ganz zu verzichten. Wegen der unterschiedlichen Regenmengen und den unterschiedlichen Anreicherungsvorgängen sind aber Überraschungen z.B. bei Milch und Käseprodukten zu erwarten. Eine weitere Überwachung von Strontium-90 ist daher notwendig.

8   Wie kommen die Strahlen in unseren Körper?

Süssmuth Die durch Tschernobyl verursachte Strahlung erreicht uns auf drei Wegen: von außen aus der Ablagerung radioaktiver Stoffe auf dem Boden, aus der Aufnahme radioaktiver Stoffe mit der Atemluft und — vor allem — mit der Nahrung. Die Strahlenschutzkommission hat sich daher sehr eingehend mit der Frage beschäftigt, mit welcher Belastung durch die Nahrungsaufnahme zu rechnen ist. Diese könnte im laufenden Jahr 1986 beim Kleinkind etwa 90 Millirem, beim Erwachsenen 70 Millirem betragen — freilich nur dann, wenn nur hoch belastete Lebensmittel in einer Menge verzehrt würden, wie das in der Realität wohl kaum der Fall sein wird. Mit anderen Worten: Die genannten Zahlen beziehen sich auf eine — aus reiner Vorsicht angenommene — ›maximale Aktivitätskonzentration‹. In Wirklichkeit dürfte, so die Kommission, die Belastung bei einem Fünftel der angeführten Werte liegen.

Aus der in der Luft gemessenen Radioaktivität ergaben sich für den Zeitraum vom 29. April bis 27. Mai 1986 3 Millirem für den Erwachsenen, für das Kleinkind 6 Millirem.

Dazu kommt vom Boden, geht man von einem durchschnittlichen täglichen Aufenthalt von vier Stunden im Freien aus, in den durch Tschernobyl stärker betroffenen Gebieten eine zusätzliche Jahresbelastung von 5 Millirem.

Das sind also die Strahlenbelastungen als Folge von Tschernobyl. Zum Vergleich: Die natürliche Strahlenbelastung liegt bei uns zwischen 100 und 400 Millirem pro Jahr, im Durchschnitt bei 200 Millirem. Die durchschnittliche Belastung durch die Anwendung von Strahlen in der Medizin beträgt 60 Millirem pro Jahr.

BUND Die äußere Strahlung ist relativ gut meßbar und abschätzbar. Das große Problem allerdings liegt bei den über die Nahrung aufgenommenen Strahlenpartikeln. Denn diese können sich — je nachdem, welche Bedeutung sie im Stoffwechsel haben — im Körper wieder sehr stark konzentrieren und damit bestimmte Organe erheblich schädigen. Die von Frau Prof. Süssmuth genannten Belastungszahlen sind Ergebnisse vereinfachter Modellrechnungen. Dabei wurde die radioaktive Belastung in der Bundesrepublik statistisch über alle Bevölkerungsgruppen — ob alt oder jung — gemittelt. In Einzelfällen — vor allem in hochbelasteten Gebieten oder bei abweichenden Ernährungsgewohnheiten — kann die Strahlenbelastung ein Mehrfaches betragen.

9 Wie wirkt Radioaktivität auf den menschlichen Körper?

Süssmuth Durch die Strahlung wird der Körper von ›konzentrierter Energie‹ getroffen. Diese Energie kann dort, wo sie in hoher Do-

112

sis eindringt, erhebliche Schäden anrichten; lebenswichtige Bausteine unseres Organismus können auf diese Weise zerstört werden. Je höher die Dosis, um so früher und stärker die Wirkung. Bei niedrigeren Dosen läßt die dann geringere Schädigung die meisten Zellen zwar überleben, gleichwohl können die im Organismus hervorgerufenen chemischen Veränderungen zu Krebs oder zu Erbkrankheiten führen. Solche Folgen sind aber nur für Strahlenbelastungen nachgewiesen, die mehr als hundertfach über denen liegen, die nach Tschernobyl bei uns aufgetreten sind.

BUND Radioaktive Strahlung wirkt grundsätzlich in jeder Form und Dosis gesundheitsschädlich. Man muß unterscheiden zwischen akuten Strahlenschäden und Spätfolgen. Bei einer hohen Dosis entsteht die akute Strahlenkrankheit. Es besteht hier eine direkte Dosis-Wirkungsabhängigkeit mit möglicher Todesfolge. Jedoch ist mit Akutschäden in der Bundesrepublik nicht zu rechnen.

Im Bereich der Niedrigstrahlung gibt es keinen Schwellenwert für Strahlenschäden. Jede noch so kleine Dosis kann zu einem gesundheitlichen Langzeitschaden führen, der sich unter Umständen erst nach Jahrzehnten oder in der folgenden Generation als Erbschaden manifestiert. Die besondere Gefahr niederer Strahlung liegt darin, daß sie — im Gegensatz zu hohen Strahlendosen — die Zellen nicht soweit schädigt, daß sie absterben und vom Körper abgebaut werden, sondern diese Zellen leben mit ihrer Schädigung weiter. Durch die folgenden Zellteilungen wird der Schaden — je nach Alter und Gesundheitszustand — multipliziert. Chronische Krankheiten, Immunschäden, Krebs usw. sind die Folgen.

Es ist unfaßbar, daß es den Wissenschaftlern um Frau Prof. Süssmuth nicht bekannt zu sein scheint, daß in mehreren großangelegten wissenschaftlichen Studien gerade diese Folgen von Niedrigstrahlung längst nachgewiesen wurden.

10 Müssen wir mit Spätfolgen rechnen?

Süssmuth Die Weltgesundheitsorganisation der Vereinten Nationen sieht keine Gefährdung der Menschen außerhalb der betroffenen Regionen in der Sowjetunion.

Viele Bürger stellen aber bei uns die Frage, ob die Strahlenbelastung als Folge von Tschernobyl zu einer Erhöhung des Krebsrisikos führen kann.

Diese Frage läßt sich nicht einfach mit ja oder nein beantworten. Für den Bereich weit höherer Strahlendosen gibt es eindeutige Nachweise für ein erhöhtes Krebsrisiko. Für den Bereich niedriger Strahlendosen, mit denen wir es hier zu tun haben, kann zwar eine Erhöhung des Krebsrisikos nicht mit Sicherheit ausgeschlossen werden, es gibt aber ebensowenig einen Nachweis für eine meßbare Erhöhung des Krebsrisikos.

Wenn Ihnen hierzu Zahlenangaben begegnen, dann sollten Sie wissen, daß es sich um theoretische — auf Annahmen beruhende — Rechenmodelle handelt, für die ein Nachweis nicht erbracht und nach dem derzeitigen Stand der Wissenschaft nicht möglich ist.

BUND Wie schon in der Antwort zu Frage 9 ausgeführt, muß diese Frage eindeutig mit ja beantwortet werden.

Außerhalb der UdSSR wird es zwar keine akuten Todesfälle geben. Die Spätfolgen aber zeigen sich in der Erhöhung des Krebsrisikos, Zunahme anderer Erkrankungen, wie beispielsweise von Immunschwächen, sowie in der Zahl der Erbschäden.

Jährlich sterben in der Bundesrepublik ca. 170000 Menschen an Krebs. Statistische Risikoberechnungen über die zu erwartenden Erhöhungen der bösartigen Erkrankungen schwanken zwischen einigen 100 und mehreren 10000 nach Tschernobyl für die nächsten Jahrzehnte.

Wer in den nächsten Jahren an Krebs erkrankt, wird also mit der Frage, ob diese Erkrankung auf den Reaktorunfall von Tschernobyl oder auf andere krebsfördernde Ursachen zurückzuführen ist, allein gelassen.

11 Wenn ich aber nun doch Angst vor Krebs habe, wie kann ich mich schützen?

Süssmuth Die durch Tschernobyl entstandene Angst darf nach Ansicht von Ernährungswissenschaftlern nicht dazu führen, vorübergehend veränderte Eßgewohnheiten — wie Verzicht auf Gemüse, Obst, Milch- und Milchprodukte — beizubehalten. Im Gegenteil: Aus ernährungswissenschaftlichen Gründen wäre ein solcher Verzicht außerordentlich bedauerlich. Einer Krebserkrankung können wir nur dadurch vorbeugen, daß wir gesund leben. Zum gesunden Leben gehört: nicht rauchen, mäßiger Alkoholgenuß, frische, ballastreiche Kost — und sportliche Betätigung.

Im übrigen nicht vergessen: Regelmäßig an den Krebsfrüherkennungsuntersuchungen teilnehmen!

BUND Nach Meinung der BUND-Strahlenkommission nimmt die Bundesgesundheitsministerin die existente Angst der Bevölkerung nicht ernst. Angst aber ist ein wichtiger Faktor für die Entstehung von Krankheiten. Diese wird nicht durch Beschwichtigung und Verdrängung bewältigt, sondern nur durch umfassende Aufklärung und wissenschaftliche Beratung. In diesem Sinne könnte sich die Informationspolitik der Bundesregierung geradezu krankheitsauslösend auswirken, da sie der konkreten Angst in der Bevölkerung bisher nicht gerecht wurde. Allein Ernährungswissenschaftler sind für die Bewältigung der Angst nicht ausreichend kompetent.

Von nun an leben wir alle in einem erhöhten Strahlenfeld, das uns innen und außen umgibt und dem wir uns nicht entziehen können. Deshalb müssen z.B. Ernährungsgewohnheiten auf lange Zeit den veränderten Umweltbedingungen Rechnung tragen. Zum einen muß vor dem Verzehr von hochbelasteten Nahrungsmitteln gewarnt und sinnvolle Alternativen genannt werden. Zum anderen muß das Zusammenwirken von chemischen Giften und der Wirkung radioaktiver Strahlung weiter erforscht und auch berücksichtigt werden. Es gibt keinen vollständigen Schutz vor Radioaktivität, jedoch kann die Abwehrkraft des Körpers durch verschiedene Maßnahmen, wie z.B. Vollwertkost, verbessert werden. Diese ist im

Gegensatz zur üblichen Kost reicher an Nährstoffen und Vitaminen, Mineralien und Ballaststoffen und stärkt damit die Abwehrkraft des menschlichen Körpers. Seit Jahren legt zudem der biologische Anbau Wert darauf, keine Umweltgifte wie Pestizide, Wachstumshormone, Mineraldünger usw. in die Nahrung gelangen zu lassen. Auch ein Reduzieren der Kost, die jetzt noch belastet ist, wie beispielsweise Fleisch, verschiedene Beeren, aber auch Wild und Pilze, ist sinnvoll. Auch in Zukunft werden Fleisch und Fleischprodukte die radioaktiven Stoffe in höherer Konzentration enthalten als z. B. Getreideprodukte.

Weiterhin stärkt Entspannung jeder Art durch Musik, Spazierengehen, Wandern und Sport die Widerstandskraft und vermindert so das Krankheitsrisiko. In diesem Zusammenhang muß sich jeder mit der Frage nach den eigenen Lebensinhalten und -qualitäten auseinandersetzen. Dies bedeutet also, nicht in Angst zu verharren, sondern selbständig und selbstbewußt aktiv zu werden.

Übrigens: Mit der Empfehlung der Bundesgesundheitsministerin, regelmäßig an der Krebsvorsorgeuntersuchung teilzunehmen, macht sie ihren eigenen Zweifel an der Ungefährlichkeit der Auswirkungen von Tschernobyl deutlich.

12 Mußten oder müssen sich schwangere Frauen Sorgen machen um ihr ungeborenes Kind?

Süssmuth Nach einhelliger Meinung aller befragten Wissenschaftler ist die mögliche Strahleneinwirkung so gering, daß keine Frau — selbst in hochbelasteten Gebieten — wegen Tschernobyl um ihr ungeborenes Kind fürchten muß. Gerade weil diese Frage zahlreiche Frauen und auch ihre Männer mit Sorge erfüllt, hat das Bundesgesundheitsministerium den Rat führender Mediziner und Strahlenschutz-Experten eingeholt.

Da beim Embryo die Schilddrüse erst ab der 12. Schwangerschaftswoche gebildet wird, besteht bis zu diesem Zeitpunkt keine Gefahr, daß das Kind durch radioaktives Jod gefährdet werden könnte. Und selbst wenn die Frau in den folgenden Schwangerschaftswochen Milch mit den höchst zulässigen Belastungswerten getrunken hätte oder trinken würde, hätte dies kaum Auswirkungen auf die Schilddrüse des Kindes. Generell erreichen nur 5 Prozent der von der Frau aufgenommenen radioaktiven Jodmengen das ungeborene Kind, und davon kann sich wiederum lediglich die Hälfte in der Schilddrüse des Ungeborenen sammeln. Auch von anderen radioaktiven Stoffen, z. B. Caesium, erreicht nur ein Bruchteil das ungeborene Kind. Das gilt erst recht für die vom Boden und über die Atemluft einwirkende Strahlung.

Nach einer Empfehlung der Deutschen Röntgengesellschaft, die sich dabei auch an international geltenden Maßstäben orientiert hat, ist ein Schwangerschaftsabbruch erst bei einer Strahlenbelastung von mehr als 10 rem in Erwägung zu ziehen. Demgegenüber kommen als Folge von Tschernobyl für ungeborene Kinder allenfalls Belastungen bis zu 100 Millirem — einem Hundertstel von 10 rem — in Betracht.

BUND   Entgegen der Meinung der von Frau Süssmuth befragten Wissenschaftler ist die BUND-Strahlenkommission der Ansicht, daß die Sorgen der Frauen über die möglichen gesundheitlichen Bedrohungen ihrer ungeborenen Kinder begründet sind und daher ernstgenommen werden müssen. Die erhöhte Strahlenempfindlichkeit des ungeborenen Kindes wurde nämlich für den Bereich niedriger Strahlendosen in großangelegten Untersuchungen bereits nachgewiesen. Gesundheitliche Schäden des Neugeborenen bis hin zu Mißbildungen können nicht ausgeschlossen werden. Die erhöhte Strahlensensibilität von Embryos wird aber in der rem-Belastungsberechnung der Strahlenschutzverordnung nicht berücksichtigt.

Die Behauptung, daß die Schilddrüse erst ab der 12. Schwangerschaftswoche gebildet wird, ist sachlich falsch, denn sie wird ab der 5.–6. Woche der Schwangerschaft angelegt und hat ihre Entwicklung in der 12. Woche abgeschlossen. Somit kann die Schilddrüse doch sehr früh belastet werden. Trotzdem hält die BUND-Strahlenkommission einen Schwangerschaftsabbruch nicht für sinnvoll, da auch bei den Ungeborenen nicht mit akuten Strahlenschäden zu rechnen ist.

Im übrigen gilt, was zu Frage 11 gesagt wurde: Die Haltung ist besonders wichtig, wie man ein Kind bekommt, ob in Angst oder in Hoffnung und bewußt um die Problematik der Strahlung sowie der Kenntnis, daß psychische Ausgeglichenheit die kindliche Entwicklung fördert.

13 Müssen wir uns Sorgen machen um die Gesundheit unserer Kinder?

Süssmuth Die Strahlenschutzkommission hat sich bei der Festlegung von Richtwerten für Milch und Blattgemüse gerade an der besonderen Empfindlichkeit des Kleinkindes orientiert. Die diesen Richtwerten entsprechende Strahlenbelastung von 3 rem, das sind 3000 Millirem, für die Schilddrüse wurde, wie wir wissen, erheblich unterschritten. Die höchsten Werte, die bisher gemessen wurden, betragen 50 Millirem.

Die bisher festgestellten und zu erwartenden Caesiumwerte in der Milch und anderen Nahrungsmitteln liegen in einer Größenordnung, die ebenfalls keinen Anlaß zur Sorge bietet.

Für Mütter, die ihr Kind gestillt haben oder noch stillen, ist wichtig zu wissen, daß höchstens 10% des von der Mutter aufgenommenen radioaktiven Jod-131 in ihre Milch übergehen kann. Das haben nuklearmedizinische Untersuchungen ergeben. Deshalb hat die Strahlenschutzkommission das Stillen von Säuglingen bereits am 2. Mai für unbedenklich erklärt.

Auch aus der Umwelt brauchen die Eltern keine gefährlichen Belastungen für ihre Kinder zu befürchten. Soweit radioaktive Stoffe auf den Sand gelangt sind, wurden sie schon bald vom Regen ausgewaschen und sind im übrigen inzwischen größtenteils zerfallen. Selbst wenn Kinder sich Sand in den Mund gesteckt haben, der so in ihren Körper gelangte, ist die Strahlenbelastung dadurch erheblich geringer als durch die natürliche Radioaktivität in der Atemluft.

BUND Wir müssen uns Sorgen um die Gesundheit der Kinder machen, weil diese eine höhere Strahlenempfindlichkeit aufweisen, die von der offiziellen Strahlenschutzkommission bei ihren Empfehlungen nicht berücksichtigt wurde. Die offizielle Strahlenschutzkommission hat für die gesamte Bevölkerung Milch bis zu einer maximalen Belastung von 500 Bq Jod-131 pro Liter zugelassen. Ein Kleinkind überschreitet bereits nach dem Genuß eines halben Liters dieser sogenannten unbedenklichen Milch den erlaubten Jahresgrenzwert von 90 mrem für die Schilddrüse. Während der Verzehr von einem Liter Milch mit der zulässigen Belastung von 500 Bq beim Erwachsenen eine Schilddrüsenbelastung von 26 mrem verursacht, bewirkt die gleiche Menge Milch beim Kleinkind eine Belastung von 216 mrem. Wäre der ›besonderen Empfindlichkeit des Kleinkinds‹ wirklich Rechnung getragen worden, so hätte eine Spezialmilch für Kinder (und ebenso für Schwangere und stillende Mütter) angeboten werden müssen, die maximal 1/8 der Aktivität der Erwachsenenmilch hätte haben dürfen.

In der Milch und anderen Lebensmitteln sind darüber hinaus Caesiumwerte festgestellt worden, die einen Verzehr für Kinder problematisch erscheinen lassen. So wurden z. B. vom bayerischen Staatsministerium für Landesentwicklung und Umweltfragen bei Blattgemüse Caesiumwerte bis zu 3930 Bq/kg, bei Kräutern bis zu 6770 Bq/kg gemessen. Anlaß zur Sorge besteht um so mehr, als der anfangs aufgestellte Grenzwert für die Caesiumbelastung bald wieder aufgehoben wurde.

Die BUND-Strahlenkommission findet es skandalös, daß die Politiker die Zukunft der kommenden Generationen in ihren Entscheidungen außer acht lassen und weiterhin auf derart bedrohliche Technologien wie die Atomenergie bauen.

14 Kann man Medikamente einnehmen, um sich vor Strahlen zu schützen?

Süssmuth Es gibt dafür keine Medikamente − mit Ausnahme der Jodtabletten. Diese schützen die Schilddrüse vor der Aufnahme von radioaktivem Jod. Die Strahlenschutzkommission hat allerdings schon gleich nach dem Reaktorunfall von Tschernobyl darauf hingewiesen, daß bei dieser niedrigen Strahlenbelastung kein Anlaß für die Einnahme von Jodtabletten besteht. Im Gegenteil: Unerwünschte

Nebenwirkungen sind nicht auszuschließen. Wer jedoch auf ärztlichen Rat bereits vor Tschernobyl jodhaltige Medikamente eingenommen hat, sollte das selbstverständlich beibehalten.

BUND Es gibt Medikamente, um sich vor Radioaktivität zu schützen. Die viel zitierten Jodtabletten können nur in einem kleinen Ausnahmefall helfen: Sie können die Aufnahme radioaktiven Jods in die Schilddrüse nur dann, wenn sie rechtzeitig vor einer Katastrophe eingenommen werden, vermindern! Bei den normalerweise im Handel erhältlichen Kaliumjodtabletten wird jedoch nur eine Verringerung der Aufnahme von radioaktivem Jod in die Schilddrüse erreicht, beileibe kein Schutz. Im übrigen wird Jod nicht nur in der Schilddrüse, sondern auch in anderen Organen, wie den Keimdrüsen gespeichert. Nur eine hochdosierte Jodbehandlung vor der Katastrophe könnte die Schilddrüse schützen. Eine derart hohe Dosierung wäre aber wegen möglicher gefährlicher Nebenwirkungen nur unter ärztlicher Kontrolle zu akzeptieren.

15 Welche vorbeugenden Maßnahmen sind getroffen worden?

Süssmuth Am 1. Mai wurde vom Bundesgesundheitsministerium für Frischprodukte wie Milch, Obst, Gemüse, Fleisch und Geflügel aus der Sowjetunion und aus Polen eine vorläufige Einfuhrbeschränkung verfügt, damit von dort keine strahlenbelasteten Lebensmittel zu uns gelangten. Diese Einfuhrbeschränkung wurde vom Bundesgesundheitsministerium entsprechend einer Empfehlung der Strahlenschutzkommission am 2. Mai auf weitere osteuropäische Länder ausgedehnt. Ebenfalls am 2. Mai setzte die Strahlenschutzkommission für Jod-131 einen Richtwert von 500 Becquerel je Liter Frischmilch und am 4. Mai einen Richtwert von 250 Becquerel je Kilogramm Blattgemüse fest.

BUND Am 1. Mai wurde zwar vom Bundesgesundheitsministerium der Import von Frischprodukten aus der Sowjetunion und Polen stark eingeschränkt, aber hochbelastete Lebensmittel aus dem Inland konnten weiter verkauft werden. Eine rechtzeitige Warnung vor der herannahenden radioaktiven Wolke unterblieb. Die von der Strahlenschutzkommission festgelegten Richtwerte für Jod-131 und Caesium-134 und -137 wurden unverantwortlich hoch festgelegt. Z.B.: Bereits nach dem Genuß eines halben Liter Milch mit dem Richtwert von 500 Bq Jod-131 pro Liter hat ein Kleinkind nach der Strahlenschutzverordnung die erlaubte Jahresdosis von 90 mrem für seine Schilddrüse überschritten. Die offizielle Warnung an Risikogruppen (Kleinkinder, Schwangere und stillende Mütter), diese Milch nicht zu trinken, unterblieb.

Einzelne Länderregierungen gaben Sport und Spiel im Freien sehr früh wieder frei, während in anderen Ländern Freiluftveranstaltungen noch verboten blieben. Nur selten wurde für ein rechtzeitiges Auswechseln des verstrahlten Sandes in den Sandkästen der Kinderspielplätze gesorgt. Die offizielle Strahlenschutzkommission hielt es selbst in den Tagen der hochbelasteten Niederschläge nicht für nötig, von der Verwendung gesammelten Regenwassers zum Gartengießen abzuraten. Damit wurden praktisch auch auf den Dächern niedergegangene radioaktive Niederschläge zusätzlich in die Gärten verfrachtet. Gleichermaßen falsch war die Empfehlung, verseuchtes Gemüse unterzupflügen. Denn ein Abernten und eine ordentliche Deponierung dieses Gemüses hätten zumindestens diejenigen radioaktiven Stoffe, die auf der Gemüseoberfläche waren, dem Boden ferngehalten.

Die Warnung der Landwirte vor dem Aufenthalt in Silos und Heulagern unterblieb. Ebenso wurde versäumt auf die hohe und zunehmend ansteigende Belastung des Klärschlammes hinzuweisen, um diesen von den Anbauflächen fernzuhalten. Versäumt wurde ebenfalls, der hohen Kontamination von Filteranlagen (z.B. in Krankenhäusern, Bürogebäuden etc.) Rechnung zu tragen. Nach Empfehlungen der Bundesregierung sollen diese nach einiger Zeit dem Müll bzw. der Müllverbrennung zugeführt werden. Damit wurde bewußt die Chance vertan, gebündelte Radioaktivität der Endlagerung zuzuführen, anstatt sie weiterhin im Naturkreislauf zu belassen. Radioaktivität läßt sich nicht verbrennen!

16 Waren die getroffenen Maßnahmen ausreichend?

Süssmuth Weil in den ersten Tagen vor allem von Jod-131 Strahlenbelastungen ausgingen, wurden sehr schnell dafür Richtwerte festgelegt. Ein Orientierungspunkt für die Strahlenschutzkommission war dabei der in der Strahlenschutzverordnung für einen Störfall in der Bundesrepublik Deutschland festgelegte Planungsrichtwert von 15 rem für die Schilddrüse. Wäre dieser Wert auch für die Folgen des Kernkraftwerksunglücks in Tschernobyl zugrundegelegt worden, dann hätte es einer Festlegung von Richtwerten nicht bedurft. Die Strahlenschutzkommission ist jedoch auch hier von dem in der Bundesrepublik geltenden Grundsatz ausgegangen, Strahlenbelastungen jeweils so gering wie möglich zu halten. Ein Fünftel des Wertes von 15 rem, also 3 rem, sollte als Höchstbelastung für die Schilddrüse des Kleinkindes auch bei einem Zusammentreffen ungünstiger Umstände nicht überschritten werden. Auch dann, wenn ein Kleinkind täglich einen Liter Milch trinken und ein Kilogramm Blattgemüse mit der höchstzulässigen Belastung essen würde, sollte seine Schilddrüse keiner höheren Belastung als 3 rem ausgesetzt sein.

Die Strahlenschutzkommission stützte sich bei ihrer Empfehlung auch auf die Ergebnisse von Untersuchungen über Spätwirkungen des Jod-131 in der Nuklearmedizin. Sowohl in der Diagnose als auch in der Therapie wird das radioaktive Spaltprodukt bereits seit vielen Jahren eingesetzt. Ergebnis: Auch bei Schilddrüsendosen von mindestens 50 rem und Beobachtungszeiten von mehr als 17 Jahren konnte keine erhöhte Zahl von Schilddrüsenkrebs-Erkrankungen festgestellt werden. Eine Untersuchung, die zur Zeit vom Institut für Strahlenhygiene des Bundesgesundheitsamtes durchgeführt wird, deutet das gleiche Ergebnis an. Die von der Strahlenschutzkommission vorgeschlagenen Richtwerte waren ›Vorsichtswerte‹. Sie sind erwartungsgemäß bei keinem der über 100 Kinder, deren Belastung bisher gemessen wurde, auch nur annähernd erreicht worden. Der bisher höchste festgestellte Wert bei einem Kind beträgt vielmehr 50 Millirem, das ist $1/60$ von 3 rem.

Inzwischen ist die Belastung durch Jod-131 erheblich zurückgegangen. Es wird in 10 Wochen fast ganz aus unserer Umwelt verschwunden sein.

BUND Die getroffenen Maßnahmen waren absolut unzureichend, zum Teil sogar falsch. Die offizielle Strahlenschutzkommission hat die von ihr selbst so hoch festgelegten Grenzwerte mit den Störfallgrenzwerten der Strahlenschutzverordnung zu rechtfertigen gesucht. Dies ist aber eine Fehlinterpretation der Strahlenschutzverordnung. Denn dort ist ausdrücklich festgelegt, daß die Grenzwerte (die diejenigen für den ordnungsgemäßen Betrieb von Kernanlagen zum Teil um mehr als das 150fache überschreiten) nur für eine geringe Personenzahl direkt am Kraftwerkzaun gelten sollen, die noch dazu all ihr Trinkwasser und ihre Nahrung aus dem Bereich vor dem Kraftwerkzaun bezieht. Die neu festgelegten Lebensmittelgrenzwerte sind weder medizinisch noch strahlenschutzrechtlich begründet. Diese hohen Werte für Störfälle waren nie dazu ausersehen, zur Grenzwertfindung für alle 60 Millionen Bundesbürger zu dienen.

Die Bundesregierung hätte viel niedrigere Grenzwerte für Milch und andere Lebensmittel festlegen müssen, wenn sie die Forderung der Strahlenschutzverordnung *»die Strahlenbelastungen jeweils so gering wie möglich zu halten«* hätte erfüllen wollen. Die Grenzwerte wurden aber nach marktpolitischen Gesichtspunkten und nicht nach Gesundheitsaspekten festgelegt.

17 Was hat die Strahlenschutzkommission zu dem langlebigen Caesium-137 gesagt?

Süssmuth Die Strahlenschutzkommission hatte sich bereits am 6. Mai mit der Frage beschäftigt, ob auch für Caesium-137 Richtwerte eingeführt werden sollten. Sie hat diese Frage auf der Grundlage der inzwischen hinzugekommenen Meßwerte erneut am 16. Mai geprüft. Das Ergebnis war, daß sich aufgrund des Caesium-137 — zusammen mit dem Caesium-134 — für dieses Jahr keine höhere Belastung als etwa 60 Millirem ergeben wird. Dabei ist die Strahlenschutzkommission von der Annahme ausgegangen, daß in den nächsten drei Monaten pro Kopf 10 Kilogramm Fleisch von

Wild- und Weidetieren, 30 Kilogramm Milch und Milchprodukte und 5 Kilogramm Blattgemüse aus Gebieten mit hoher Strahlenbelastung verzehrt werden. In den folgenden Jahren wird sich die Belastung verringern, insbesondere deshalb, weil infolge der festen Bindung von Caesium im Boden und der Bodenbearbeitung jeweils nur ein Bruchteil des auf den Boden gelangten Caesium-137 von den Pflanzen aufgenommen wird. Von Tieren, die Caesium mit dem Gras aufnehmen, wird dieses über den Stoffwechsel wieder ausgeschieden. Die biologische Halbwertszeit, innerhalb derer sich die Belastung auf diesem Wege halbiert, liegt weit unter 100 Tagen. Von dem radioaktiven Strontium, erst recht vom Plutonium sind nur geringe, kaum nachweisbare Mengen zu uns gelangt, so daß es deshalb eines Richtwertes für diese Stoffe nicht bedurfte.

BUND Die Strahlenschutzkommission hat das langlebige Caesium völlig unterschätzt. Zu hohe Grenzwerte galten auch nur für wenige Tage und wurden dann gänzlich aufgehoben. Ein kontinuierliches Verfolgen der Caesiumwerte, vor allem in Blattgemüse, Fleisch, Milch- und Milchprodukten, Wildfrüchten, Wildfleisch, Teichfischen, Honig, etc. unterblieb. Mehr durch Zufall kommen jetzt immer wieder sehr hohe Belastungswerte zum Vorschein. Auch die Futtermittel, z.B. zur Silage verwendete Blattmassen (Mais, Gräser, Klee) müssen systematisch gemessen werden. Die offizielle Strahlenschutzkommission hat hierzu bisher keine Empfehlungen gegeben. Bereits jetzt steigen die Caesium-137-Werte wieder an. Voraussichtlich wird es im Winter durch die Verfütterung von Heu und Grassilage zu einem Wiederansteigen der Belastung durch Caesium-137 in Fleisch, Milch und Milchprodukten kommen.

18   Was ist eigentlich die Strahlenschutzkommission und wer gehört ihr an?

Süssmuth Die Strahlenschutzkommission wurde im Jahre 1974 ins Leben gerufen. Sie berät den Bundesminister des Innern in allen Fragen des Schutzes vor den Gefahren ionisierender Strahlen. Die Mitgliedschaft ist ein persönliches Ehrenamt. Die Mitglieder sind Wissenschaftler mit besonderen Erfahrungen in folgenden Fachgebieten: Biophysik, Radiochemie, Radioökologie, Strahlenbiologie, Strahlengenetik, Strahlenphysik, Strahlenschutzmedizin, Strahlenschutzmeßtechnik, Strahlenschutztechnik. Der Bundesminister des Innern beruft die 16 Mitglieder im allgemeinen für die Dauer von drei Jahren. Sie sind nicht an Weisungen gebunden. Die Bundesregierung bedient sich der unabhängigen Experten, um in wissenschaftlichen Fragen eine fundierte, an keine Interessengruppe gebundene Entscheidungsgrundlage zu erhalten.

BUND Der Bundesinnenminister hat in der Vergangenheit stets darauf geachtet, daß nur Kernkraftbefürworter in die Strahlenschutzkommission aufgenommen werden. Es ist daher nicht verwunderlich, daß die Kommission ihre Entscheidungen und Empfehlungen stets als Kompromiß zwischen gesundheitlichen Anforderungen und wirtschaftlichen Überlegungen fällt. Zu letzterem gehört der Weiterbetrieb von Kernkraftwerken, die Planung und Errichtung einer Wiederaufarbeitungsanlage und eines Schnellen Brüters und jetzt, nach Tschernobyl, auch der Verkauf möglichst vieler landwirtschaftlicher Produkte. So ist nach über einem Jahrzehnt intensiver Diskussionen um die Kernkraft noch immer kein einziger Atomkraftkritiker Mitglied der Strahlenschutzkommission geworden. Wegen dieser Interessenabhängigkeit der meisten Mitglieder der Strahlenschutzkommission hat der BUND eine eigene Strahlenschutzkommission ins Leben gerufen, der unabhängige, bekannte Wissenschaftler aus den Bereichen der Strahlenbiologie, der Medizin, der Bodenkunde, der Chemie usw. angehören.

19   Warum wurde nicht eher informiert?

Süssmuth Seit dem 30. April, dem Tag also, an dem die Radioaktivität in der Luft anstieg, ist nicht eine einzige Entscheidung getroffen worden, die nicht umgehend den Bundesländern und − über die Medien − den Bürgern mitgeteilt worden wäre. So wurde die Öffentlichkeit am 1. Mai über die Einfuhrbeschränkungen gegenüber der UdSSR und Polen informiert. Am 2. Mai unterrichtete die Kommission die Öffentlichkeit darüber, daß für Säuglinge durch das Stillen mit der Muttermilch keine Gefahr besteht, empfahl, von der Einnahme von Jodtabletten abzusehen und gab den von ihr vorgeschlagenen Richtwert für Milch bekannt. Als nächstes folgte am 4. Mai die Information über die Festlegung eines Richtwertes für Blattgemüse.

Die Arbeit der Ministerien und der Strahlenschutzkommission wurde dadurch sehr erschwert, daß die UdSSR zunächst gar nicht, teilweise falsch und bis heute unzureichend informierte. Erst durch die laufend eingehenden eigenen Meßergebnisse wurden die Strahlenschutzkommission und die Verantwortlichen in Bund und Ländern in die Lage versetzt, die tatsächliche Situation einzuschätzen und auf dieser Grundlage sofort die erforderlichen Maßnahmen zu ergreifen. Ein umfassendes Bild zeichnete sich am 4. und 5. Mai ab. Am 6. Mai nahm ich als Bundesgesundheitsministerin vor der Presse ausführlich Stellung. Diese Unterrichtung wurde in der kommenden Zeit, zum Beispiel am 10. Mai fortgesetzt.

BUND Weil ein derartiger Unfall in der Sicherheitsphilosophie der Bundesregierung nicht vorgesehen ist und infolgedessen keine Vorbereitungen getroffen waren. Aus den gleichen Überlegungen wie die Regierung der Sowjetunion, der die Beschwichtigung wichtiger ist als die Aufklärung über die Risiken, hat die Bundesregierung mit Informationen über die Strahlenbelastung in den verschiedenen Regionen hinter dem Berg gehalten. Seit dem 28. April 1986 (d.h. den Meldungen aus Schweden) ist die immense Ausdehnung der radioaktiven Wolke von Tschernobyl bekannt. Dennoch traten die Minister Riesenhuber und Zimmermann vor die Fernsehkameras und behaupteten, eine Gefährdung der Bundesrepublik Deutschland sei ausgeschlossen. Sie hätten besser daran getan, die Bevölkerung rechtzeitig über Vorsichtsmaßnahmen zu informieren. Insbesondere wurde am 30. 4. und 1. 5. nicht rechtzeitig vor dem Herannahen der radioaktiven Wolke gewarnt und die Bevölkerung zum Aufsuchen der Wohnungen aufgefordert.

20 Warum gibt es bei uns so unterschiedliche Empfehlungen?

Süssmuth In den Tagen nach Tschernobyl gab es bei uns bestimmt nicht zu wenig, sondern eher ein Zuviel an Empfehlungen — was bei den Bürgern zu Irritationen und Unsicherheiten führte. Das lag nicht nur, aber auch an der politischen Struktur der Bundesrepublik: auf der einen Seite der Bund, auf der anderen die Bundesländer mit ihren eigenen Zuständigkeiten, wie zum Beispiel für die Gesundheitsfürsorge und die Lebensmittelkontrolle. Was auf Bundesebene zu geschehen hatte, ist jedenfalls geschehen. Sicher ist, daß alles getan werden muß, damit in Zukunft in ähnlichen Situationen ein einheitliches Vorgehen erfolgt. Die Bundesregierung hat entsprechende Schritte eingeleitet.

Sie hat ebenso alles unternommen, damit in Zukunft eine schnelle und intensive Abstimmung innerhalb der Europäischen Gemeinschaft sowie mit anderen Nachbarstaaten erfolgt, damit Gefahren aus Unglücksfällen mit grenzüberschreitender Wirkung besser als bisher vorgebeugt werden kann. Dazu gehört ein sofortiger Austausch aller verfügbaren Meßdaten und sonstigen Informationen.

BUND Für eine Unfallsituation wie Tschernobyl sieht das bundesdeutsche Atomgesetz weder Richtlinien noch Grenzwerte oder Verhaltensregeln vor. Katastrophenschutzpläne beschränken sich nur auf einen Umkreis von 30 Kilometern um den Unfallort. Die offizielle Strahlenschutzkommission der Bundesregierung füllte diese Gesetzeslücken mit eigenen Empfehlungen. Sie orientierte sich aber dabei eher an der Vermarktbarkeit der Produkte. Da für die Lebensmittelkontrolle die Länder zuständig sind, erließen diese eigene Grenzwerte. In Hessen z.B. durfte Milch nur bis zu einem Jod-131-Maximalwert von 20 Bq/l verkauft werden, während die Strahlenschutzkommission eine Freigrenze von 500 Bq/l festsetzte. Hierzu ein Beispiel: Ein Kleinkind darf zehn Liter hessischer Milch trinken, ehe es die erlaubte Jahresdosis von 90 mrem Schilddrüsenbelastung überschreitet. Es wäre besser gewesen, wenn auch andere Bundesländer mit der Festsetzung niederer Grenzwerte die Gesundheit der Bevölkerung geschützt hätten und nicht die Vermarktbarkeit der ›Lebensmittel‹.

Bezeichnenderweise führte die unverantwortlich hohe Grenzwertsetzung zu einer großen Verunsicherung in der Bevölkerung und zu einem anschließenden Kaufboykott. In Hessen jedoch, wo reinere Milch garantiert wurde, konnte man vergleichsweise beruhigt einkaufen.

Es ist nach Tschernobyl geradezu zynisch, wenn die Bundesgesundheitsministerin verspricht, die Bundesregierung werde alles unternehmen, daß bei zukünftigen Unglücksfällen *»ein sofortiger Austausch aller verfügbaren Meßdaten und sonstiger Informationen«* mit den Nachbarstaaten sichergestellt wird. In der Bundesrepublik darf es keine weitere Reaktorkatastrophe geben, auch nicht mit besseren Meßdaten. Die Bundesregierung sollte lieber alles unternehmen, daß es nie mehr zu einem solchen Unfall kommt. Das beginnt beim Verzicht auf Atomstrom in der Bundesrepublik und geht bis zu Verhandlungen mit den Staaten, die diesen Verzicht noch nicht geleistet haben (vgl. auch Frage 22). Einige Länder der Erde verzichten auf Kernenergie und andere sind auch aus der Atomwirtschaft bereits ausgestiegen. Die Bundesrepublik Deutschland sollte sich anschließen.

21   Was kann die Bundesgesundheitsministerin sonst noch nach Tschernobyl tun?

Süssmuth Es ist selbstverständlich, daß wir uns ein Bild darüber verschaffen müssen, wie sich die Strahlenbelastung weiter entwickelt. Das ist auch bereits in den 60er Jahren geschehen, als durch Atombombenversuche radioaktive Stoffe zu uns gekommen sind. Wie damals wird auch jetzt an mehreren Stellen in der Bundesrepublik Deutschland in kurzen zeitlichen Abständen über lange Jahre eine bestimmte Anzahl von Kindern und Erwachsenen untersucht werden. Dadurch werden wir erfahren, wie sich der Abbau der radioaktiven Stoffe entwickelt.

Ich halte es darüber hinaus für notwendig, in unterschiedlichst belasteten Gebieten der Bundesrepublik Deutschland auch epidemiologische Studien durchzuführen. Deshalb habe ich die in diesem Bereich in der Forschung tätigen Einrichtungen zu einem Gespräch zusammengerufen. Wir wollen hier gemeinsam klären, wo — auch unter Berücksichtigung der bereits vorliegenden Forschungsergebnisse aus der Vergangenheit — mit den neuen Untersuchungen angesetzt werden sollte, damit wir möglichst viele zusätzliche wissenschaftliche Erkenntnisse über die Wirkung von Strahlen auf den Menschen gewinnen.

BUND Inzwischen sind drei Monate seit dem Reaktorunfall von Tschernobyl verstrichen und noch immer wartet die Bevölkerung — sei es von der Gesundheitsministerin oder von den Länderbehörden — auf flächendeckende Angaben über Boden- und Lebensmittelbelastung. Gerade vielen Hobbygärtnern ist noch immer unklar, ob sie ihre Gartenfrüchte essen können oder nicht. Neben der fortlaufenden Boden- und Lebensmittelbelastung ist es auch angezeigt, die Futtermittel konsequent auf radioaktive Belastung zu überwachen, um rechtzeitig Anbau- oder Verwertungsrichtlinien zu erlassen.

Makabrerweise hat uns das Unglück in Tschernobyl die Versuchsbedingungen beschert, die nötig sind, um die stellenweise recht weitreichende Unkenntnis radiologischer Vorgänge etwas zu verringern (Bestimmung von Transferfaktoren) und den Weg radioaktiver Stoffe in der Natur zu verfolgen. Um eine möglichst umfangreiche Datenbasis zur Verfügung zu stellen, müssen auch hier Messungen schnell und zahlreich erfolgen.

Diese Messungen und die unten angeführten Maßnahmen müssen, um weitere Desinformation zu verhindern, mit *unabhängigen* Wissenschaftlern und Instituten durchgeführt werden. Weiterhin muß jede zusätzliche Strahlenbelastung verhindert werden. Maßnahmen dazu sind

1. sofortige Endlagerung von verseuchtem Heu und Grassilage, Filtern aus Filteranlagen und Klärschlämmen in Spezialdeponien,
2. sofortiges Verbot von Lebensmittelbestrahlung,

129

3. Reduzierung der zunehmenden medizinischen, wissenschaftlichen und industriellen Anwendung von Strahlung, z.B. Röntgen, Szintigraphie sowie radioaktiven Markierungen zu Diagnosezwecken auf ein sinnvolles Mindestmaß,
4. Einführung eines individuellen bundesweiten Strahlenpasses, in dem Häufigkeit und Dosis von Bestrahlungen (z.B. auch Röntgenuntersuchungen) eingetragen werden,
5. Ersetzen von technischen Untersuchungsverfahren, die mit Strahlen arbeiten, durch andere Techniken (Röntgenuntersuchungen z.B. durch Ultraschalldiagnose),
6. Erstellen von fortlaufenden regionenbezogenen Nahrungsplänen und Austausch von stark belasteter Nahrung mit geringer verseuchten Lebensmitteln. Dies ist vor allem dringend notwendig für Schwangere, Kleinkinder und Schwerkranke.

Ergänzungsfrage des BUND: Was spricht gegen den Ausstieg aus der Kernenergie?

Nichts. Die Energieversorgung der Bundesrepublik schwimmt im Überfluß. Der Ausstieg aus der Kernenergie und der Einstieg in eine umweltfreundliche Energieversorgung, die zwar seit zehn Jahren im Gespräch ist, aber von der staatlichen Energiepolitik bisher erfolgreich verhindert wurde, wäre die einzige denkbare positive Folge des Schocks von Tschernobyl.

Aus dieser Gegenüberstellung ergibt sich für mich folgendes Fazit:

Angesichts der schwerwiegenden Diskrepanzen zwischen den offenbar vornehmlich politisch bedingten Aussagen des Süssmuth-Papiers und den von uns dargelegten, dem neuesten Wissensstand entsprechenden tatsächlichen Zusammenhängen in der Betrachtung der ›friedlichen Nutzung der Kernenergie‹ (die sich alles andere als friedlich entpuppt hat), halte ich es gegenüber der Bevölkerung für unverantwortlich,

- nach wie vor die von Partikularinteressen diktierten Darstellungen der Kernenergielobby ungeprüft in offizielle Kommuniques zu übernehmen,
- sich weiterhin ausschließlich von Gremien beraten zu lassen, die wiederum jenen Interessen verpflichtet sind oder ihnen unkritisch gegenüberstehen, sozusagen den Bock zum Gärtner zu machen,
- das für eine funktionierende Demokratie so wichtige Vertrauen der Bevölkerung in ihre Behörden und politische Entscheidungsträger mit nur allzu durchsichtigen Vertuschungen und Entstellungen der Sachverhalte zu untergraben, und zu der ohnehin gegebenen Strahlen- und Umweltbelastung noch den Streß und die Angst vor totalitären Praktiken hinzuzufügen, das Gefühl, belogen, für dumm verkauft und einem bedrohlichen Druck auf die Pressefreiheit ausgeliefert zu sein.

Es ist zu hoffen, daß sich die Gesundheitsministerin aufgrund des Gegenpapiers des BUND neu orientiert und sich von ihren ursprünglichen 21 Antworten nachträglich distanziert. Würde dies nicht geschehen, müßte man annehmen, daß hier eine Gesundheitsministerin ihren eigentlichen Auftrag: Unsere Gesundheit und die unserer Kinder und Kindeskinder als oberste Aufgabe zu sehen, einem kurzsichtigen politischen Zweckdenken opfern zu müssen glaubt, und konsequenterweise ihren Rücktritt verlangen.

IX.   Ärzte und die Atomlobby

Mein Fazit zur Rolle der Gesundheitsministerin mag hart klingen. Aber auf welche speziellen Gremien und Berater sich ihr Ministerium offenbar in der Vergangenheit verlassen hat, sehen wir allein an drei Dokumenten:

1. An dem *Merkblatt für Ärzte,* welches von der Bayerischen Gesellschaft für Nuklearmedizin e. V. (!) herausgegeben ist, die natürlich kein Interesse daran hat, durch Berichte über Langzeitfolgen und Langzeitschäden kleinster Strahlendosen die Gefahrlosigkeit ihrer Behandlungsmethoden in Zweifel ziehen zu lassen.

2. Jenes Merkblatt für Ärzte muß bei gewissen Interessengruppen auf so große Gegenliebe gestoßen sein, daß es sogar die Ärztekammer zu einer unheiligen Allianz mit der Elektrizitätswirtschaft veranlaßt hat, wie sie sich in einer Großannonce in den Tageszeitungen vom 12. Juni 1986 manifestierte.

3. Ebenso scheint auch die Gesundheitsministerin nichts dagegen zu haben, daß ihr Faltblatt von den Werbemanagern der Atomindustrie vermarktet wird: In der vom ›Informationskreis Kernenergie‹ für Interessenten im kommunalen Bereich herausgegebenen Werbeschrift *Energie-Impulse* wurde ihr Faltblatt groß herausgestellt und als Beilage mitverschickt (siehe Abb. 11).

Welche Gefahr bestand für uns?

Die zahlreichen und oft unverständlichen Meldungen über die Strahlenbelastung in der Bundesrepublik Deutschland durch den Reaktorunfall in Tschernobyl haben in der Bevölkerung zu erheblicher Aufregung geführt. Die berechtigte Frage der Bundesbürger, »Welche Gefahr besteht für uns?«, ist nicht so einfach zu beantworten.

Tatsächlich lassen sich verläßliche Angaben lediglich über die radioaktive Belastung des Bodens, der Luft, des Wassers oder der Lebensmittel machen. Über die Gefährdung des Menschen sagen diese Zahlenwerte wenig aus. Hier ist nur ein Wert wirklich von Bedeutung: Die durch diese Radioaktivität bewirkte effektive Dosis für den Menschen, die in Millirem, d.h. in tausendstel Rem gemessen wird. Organdosen werden mit Hilfe von Wichtungsfaktoren, die die unterschiedliche Strahlungsempfindlichkeit der einzelnen Organe berücksichtigen, in Effektivdosen umgerechnet. So entsprechen zum Beispiel 3.000 mrem Schilddrüsendosis einer Effektivdosis von etwa 100 mrem. Dieser Wert, der mit der natürlichen radioaktiven Belastung des Menschen verglichen werden kann, läßt Aussagen über eine zusätzliche Gefährdung der Gesundheit durch Radioaktivität zu.

Radioaktivität und Strahlung im Alltag

Strahlendosis pro Jahr
(Einheit: mrem = Millirem)

Wohnen am Kernkraftwerk unter 1 mrem	
Farbfernsehen	1 mrem
Eine Flugreise	1 mrem
Betonhaus	14 mrem
Höhenstrahlung	30 mrem
Nahrung, Luft	30 mrem
Terrestrische Strahlung	50 mrem

Der Mensch ist im Alltag ständig der Strahlung aus unterschiedlichen Quellen ausgesetzt.

Die gesamte radioaktive Belastung durch den Reaktorunfall in Tschernobyl ist für einzelne Regionen unterschiedlich und liegt im Mittel bei etwa 25 Millirem in diesem Jahr. Diesen Wert hat die Kernforschungsanlage in Jülich ermittelt. Eine Aussage über die tatsächlichen Folgen dieses Wertes auf die Gesundheit des Menschen zu machen, liegt im Bereich der Spekulation. Aus der medizinischen Forschung wissen wir, daß erst bei Dosen ab etwa 50.000 mrem akute gesundheitliche Schäden zu befürchten sind. Spätwirkungen, die erst nach einer »Latenzzeit« von manchmal Jahrzehnten auftreten können, sind schwierig zu ermitteln. Auch bei sehr kleinen Dosen ist eine wenn auch geringe Erhöhung des Krebsrisikos – da nicht widerlegt – nicht mit Sicherheit auszuschließen. Allerdings sind Spätschäden durch eine so geringe Mehrbelastung, wie sie in der Bundesrepublik festgestellt wurde, nicht nachweisbar.

Da sich kein exakter Grenzwert der Strahlendosis angeben läßt, ab dem mit Spätschäden zu rechnen ist, geht die deutsche Strahlenschutzverordnung davon aus, daß die Belastung durch Radioaktivität so gering wie möglich sein sollte. Ausgehend vom Gebot der Minimierung der Strahlenbelastung, hat die Strahlenschutzkommission unterhalb der gesetzlichen Grenze gefordert, daß die Belastung der noch in der Entwicklung befindlichen Schilddrüse eines Kleinkindes 3.000 mrem nicht überschreiten soll. Auf dieser Grundlage haben die Kommission und die Bundesregierung *aus Vorsorgegründen* empfohlen, Milch, deren Aktivität 500 Bq/l, und Blattgemüse, dessen Aktivität 250 Bq/kg überschreitet, nicht zu verwenden. Wenn ein Kleinkind eine Woche lang täglich 1 Liter dieser Milch und 1 kg dieses Gemüses zu sich genommen hätte, so hätte dies zu einer Schilddrüsenbelastung von 3.000 mrem führen können. In der Bundesrepublik liegt die Belastung durch natürliche Strahlung zwischen 100 und 250 Millirem pro Jahr. In Indien oder Brasilien gibt es Regionen mit einer Belastung von bis zu 3000 Millirem pro Jahr. Die Wissenschaft hat bisher keine Anzeichen dafür gefunden, daß in solchen höher belasteten Gebieten hierdurch ein gesundheitliches Risiko besteht.

Die für die Bundesrepublik Deutschland ermittelte Mehrbelastung von 25 Millirem durch den Reaktorunfall in Tschernobyl liegt auch weit unter den von der Internationalen Strahlenschutzkommission vorgeschlagenen Grenzwerten der Strahlenexposition durch die Technik. Für die Bevölkerung gelten 500 Millirem pro Jahr als höchstzulässige Dosis, für beruflich strahlenexponierte Personen, wie zum Beispiel Röntgenpersonal, 5.000 Millirem pro Jahr.

NACH TSCHERNOBYL
Antworten auf 21 Fragen

Die Bundesgesundheitsministerin informiert

Die Bundeszentrale für gesundheitliche Aufklärung, Köln, hat im Auftrag des Bundesministers für Jugend, Familie und Gesundheit jetzt eine Informationsbroschüre über Tschernobyl herausgegeben.

Literatur zum Thema:

Münch, E.:
Tatsachen über Kernenergie
Verlag W. Giradet, Essen, 1980
Nach Tschernobyl
Antwort auf 21 Fragen
Hrsg. Bundeszentrale für gesundheitliche Aufklärung
Bonn, Juni 1986
Hans Kiefer/Winfried Koelzer:
Strahlen und Strahlenschutz
Springer-Verlag
Berlin/Heidelberg, Mai 1986
ICRP-26
Empfehlungen der Internationalen Strahlenschutzkommission
Hrsg. Bundesgesundheitsamt,
Verlag G. Fischer, Stuttgart, 1978
Fritz-Niggli, H.:
Strahlengefährdung, Strahlenschutz – ein Leitfaden für die Praxis
Verlag Huber, Bern, Stuttgart, Wien, 1975
Deutsches Atomforum:
Radioökologie Berichtsband der Fachtagung »Radioökologie« des Deutschen Atomforums vom 2. – 3.10.1979
Vulkan-Verlag, Essen 1979

Abbildung 11

Merkblatt über Strahlenwirkungen

München, 13. 05. 1986

Die natürliche Ganzkörper-Strahlenbelastung liegt in Bayern im Mittel bei 17 μrem/Std., entsprechend 150 mrem/Jahr. Diese Strahlung setzt sich etwa zur Hälfte aus terrestrischer Strahlung und zum Rest zu gleichen Teilen aus kosmischer Strahlung und Strahlung von inkorporierten radioaktiven Stoffen, vorzugsweise Kalium-40, zusammen.

Durch den Reaktorunfall in Tschernobyl wurden radioaktive Stoffe, die in die Atmosphäre ausgetreten waren, witterungsbedingt verschleppt. Durch Regenfälle wird die atmosphärische Radioaktivität ausgewaschen und reichert sich vorübergehend in der Bodenoberfläche an. Durch die Radioaktivität in der Luft und auf dem Erdboden hat die Bevölkerung eine einmalige, zusätzliche Strahlenexposition von 4 – 6 mrem erhalten. Diese kurzfristige Strahlenexposition wurde im wesentlichen durch kurzlebige Radioisotope, vorzugsweise Jod-131, hervorgerufen.

Außer Radiojod wurden auch längerlebige Radionuklide, z. B. Caesium-137 und in sehr geringen Mengen Strontium-90, freigesetzt, die über die Nahrungskette zu einer länger dauernden, zusätzlichen Strahlenexposition führen. Diese zusätzliche Strahlenexposition liegt nach den derzeit möglichen Abschätzungen für den Zeitraum von einigen Jahren bei etwa 5 mrem/Jahr.

Die natürlichen Strahlenexposition schwankt innerhalb Bayerns um 30 mrem/Jahr. Diese natürliche Schwankungsbreite ist somit beträchtlich höher als die durch den Reaktorunfall auf uns zukommende Strahlenexposition. Eine Beurteilung dieser zusätzlichen Exposition erleichtert ein Vergleich mit folgenden Werten: Durch einen Transatlantik-Flug werden die Fluggäste einer zusätzlichen Strahlenexposition von etwa 1 mrem ausgesetzt. Ein 14tägiger Aufenthalt in 2000 m Höhe ist mit einer zusätzlichen Strahlenexposition von etwa 3 mrem verbunden.

Die natürliche Strahlenbelastung beträgt aufgrund einer erhöhten terrestrischen Strahlung in der Schweiz 200 mrem/Jahr, in Nordindien sogar 2000 mrem/Jahr.

Neben der Ganzkörperstrahlenexposition ist die Strahlenexposition für verschiedene ausgewählte Organe von Bedeutung. Jod-131 wird vorzugsweise von der Schilddrüse aufgenommen. Unter der Annahme, daß ein Kleinkind 7 Tage lang täglich 1 l Milch mit der zulässigen Grenzaktivität von 500 Bq/l trinkt, errechnet sich im ungünstigsten Fall eine zusätzliche Strahlenexposition von 6 rem/g Schilddrüsengewebe. Zur Bewertung dieser zusätzlichen Strahlenexposition kann diejenige Strahlenexposition herangezogen werden, die erforderlich ist, um eine Schilddrüse mit Überfunktion in eine Schilddrüse mit Normalfunktion überzuführen. Dazu sind 6000 – 8000 rem erforderlich. Aus einer in Amerika durchgeführten Untersuchung an 18 400 Radiojod-therapierten Patienten geht hervor, daß für diese Patienten das Risiko, an einem Schilddrüsenmalignom zu erkranken, nicht erhöht war. Bei der früher üblichen diagnostischen Anwendung von Jod-131 (Radiojodtest) wurde die Schilddrüse einer Strahlenexposition von 60 – 100 rem ausgesetzt. Bei 10 000 Patienten, die im Mittel 17 Jahre kontrolliert werden konnten, wurde ebenfalls kein erhöhtes Schilddrüsenkarzinomrisiko nachgewiesen.

Für Caesium-137 gibt es kein kritisches Organ, Caesium verursacht eine gleichmäßige Ganzkörperstrahlenexposition. Caesium wird über die Nahrungskette dem Körper zugeführt und hat eine biologische (wirksame) Halbwertszeit von 120 Tagen. Die durch das Caesium verursachte zusätzliche Strahlenexposition ist in den oben genannten 5 mrem/Jahr bereits berücksichtigt.

Das dritte, strahlenhygienisch relevante Nuklid ist Strontium-90. Nach bisher vorliegenden Erkenntnissen beträgt die Menge an freigesetztem Strontium etwa 5 % der Menge von freigesetztem Caesium. Strontium reichert sich im Knochen an und schließt damit eine Bestrahlung des Knochenmarks ein.

Aufgrund dieser uns jetzt vorliegenden Daten besteht kein Risiko für die Bevölkerung; dies gilt auch für Embryonen und

Feten. Deshalb besteht keine Indikation für einen Schwangerschaftsabbruch. Ebenfalls gibt es für stillende Mütter keinen Grund, ihre Kinder abzustillen. Im Rahmen dieses Reaktorunfalls war zu keinem Zeitpunkt eine Jodprophylaxe der Schilddrüse mit Jodid-Tabletten indiziert, um dadurch die Radiojodaufnahme der Schilddrüse zu reduzieren. Hierdurch würden in bestimmten Fällen sogar gesundheitliche Risiken (Auslösung von Hyperthyreosen oder Allergien usw.) geschaffen. Dessen ungeachtet ist selbstverständlich jede laufende Schilddrüsentherapie mit Schilddrüsenhormon oder Jod-Substitution unverändert fortzuführen.

Durch den Reaktorunfall wurden kurzfristig bestimmte Grenzwerte bei uns überschritten. Diese Grenzwerte sind Normen, die in der Strahlenschutzverordnung festgelegt sind. Sie stellen keine kritische Schwelle dar, oberhalb derer mit biologischen Schäden zu rechnen ist. Diese niedrigen Grenzwerte müssen beim ordnungsgemäßen Umgang mit offenen radioaktiven Stoffen eingehalten werden. Mit einer Gefährdung der Bevölkerung ist erst dann zu rechnen, wenn die angegebenen Grenzwerte um mehrere Größenordnungen überschritten werden. Die bisher vorgeschlagenen Maßnahmen zur Reduktion einer unnötigen Strahlenexposition stellen zu den obigen Ausführungen keinen Widerspruch dar. Diese Maßnahmen sind im Sinn einer allgemeinen Umwelthygiene zu verstehen.

Einheiten:

Die Stärke einer radioaktiven Quelle (Aktivität) wird in Becquerel (Bq) (früher Curie (Ci)) gemessen. 1 Bq bezeichnet einen Atomkernzerfall pro Sekunde, $3,7 \times 10^{10}$ Bq entsprechen 1 Ci. Die Maßeinheit, die die Wirkung einer Strahlung auf Gewebe beschreibt, ist die Energiedosis, sie wird in Gray (Gy) gemessen. 1 Gy entspricht einer Absorption von 1 Joule (J) pro kg Gewebe, entsprechend 100 Rad (rd) (alte Einheit). Verschiedene Strahlungsarten führen zu einer unterschiedlich hohen Schädigung von biologischem Gewebe. Aus diesem Grund wurde die Äquivalenz-Dosis eingeführt, sie wird in Sievert (Sv) gemessen. 1 Sv entspricht 100 rem (alte Einheit) gleich 10^5 mrem oder 10^8 μrem. Für die hier interessierenden Beta- und Gamma-Strahlen sind Energiedosis und Äquivalenz-Dosis zahlenmäßig gleich. Aus Gründen der herkömmlichen Meßtechnik wird häufig die sogenannte Ionen-Dosis angegeben, deren bisher gebräuchliche Einheit das Röntgen (R) ist. Für Weichteilgewebe kann die in Röntgen angegebene Ionendosis etwa zahlenmäßig der Energiedosis in rad bzw. der Äquivalenz-Dosis in rem gleichgesetzt werden.

PD Dr. Dr. R. Bauer   Prof. Dr. G. Buttermann
Prof. Dr. K. Kempken   Prof. Dr. H. Kriegel
Dr. J. Kretschko   Prof. Dr. H. R. Langhammer
Dr. D. Nitz   Prof. Dr. H. W. Pabst

Das hier erkennbare Bestreben, die Gefahren von Strahlenspätschäden herunterzuspielen[59], hat – ganz abgesehen vom Fall Tschernobyl – wahrscheinlich noch eine andere Schutzfunktion, die mit dem schlechten Gewissen mancher allzu forsch bestrahlender Nuklearmediziner zu tun haben mag. Ich glaube – und dies ist meine persönliche Meinung über die Nuklearmedizin, die durch viele konkrete Erfahrungen gespeist wurde –, daß gerade was den Krebs betrifft durch die Strahlentherapie bei allen unumstrittenen Teilerfolgen (die mit weiter lokalisierter Tumorbestrahlung z.B. durch die neuen Elektronenbeschleuniger sicher noch verbessert werden können) möglicherweise doch insgesamt mehr Rezidive und Metastasen neu entstanden sind als Krebsfälle geheilt (wie dies z.B. auch in dem Buch *Die Krebsmafia* von Christian BACHMANN dargelegt wird)[60]. Aus dem Bestreben, diesen Vorwurf zu entkräften, könnte ich auch das Engagement mancher Nuklearmediziner verstehen, das Risiko langfristiger Strahlenschäden – und das betrifft dann auch die möglichen Spätschäden durch den Reaktorunfall – prinzipiell zu verharmlosen. Der weiter oben schon erwähnte Strahlenschutzphysiker K. Z. MORGAN sagte

137

Die Bundesärztekammer zu Tschernobyl

Die Bevölkerung wurde durch die Auswirkungen des Kernkraftwerkunfalls im russischen Tschernobyl berührt und beunruhigt. Sie stellt verständlicherweise die Frage nach den Folgen für die Gesundheit. Die Bundesärztekammer hat vor wenigen Tagen hierzu eine Stellungnahme abgegeben, die wir wegen ihrer grundsätzlichen Bedeutung allen Stromverbrauchern zur Kenntnis geben möchten:

"An die Bevölkerung der Bundesrepublik Deutschland und Berlin (West)

Das Unglück im Kernkraftwerk Tschernobyl/UdSSR hat uns als Bürger der Bundesrepublik Deutschland betroffen. Damit sind wir durch einen Kernkraftwerkunfall in einem anderen Land in Mitleidenschaft gezogen worden. Viele Bürger machen sich daher verständliche Sorgen um ihre Gesundheit.

Nach dem zuverlässigen Urteil von Experten, insbesondere Nuklearmedizinern, Strahlenschutzärzten, Strahlenbiologen und Kernphysikern, hat in unserem Lande durch die erhöhte Strahlenexposition kein Bürger gesundheitliche Schäden erlitten. Die Wahrscheinlichkeit, daß solche Schäden in den kommenden Jahren auftreten, wird aufgrund wissenschaftlicher Erkenntnisse und vorliegender Meßdaten als äußerst gering angesehen.

Die biologischen Auswirkungen der Radioaktivität auf den Menschen und seine Umwelt sind weitgehend bekannt. Aus ihnen wurden u. a. die Grenzwerte für eine Strahlenexposition abgeleitet. Bei Einhaltung dieser Grenzwerte kann nach derzeitigem Wissen eine Schädigung der Gesundheit ausgeschlossen werden. Die Strahlenschutzkommission beim Bundesminister des Innern, der auch in Gremien der Bundesärztekammer tätige Experten angehören, hat sich bei der Festsetzung der in den Medien bekanntgegebenen Richtwerte an diesen Erkenntnissen orientiert. Die aufgrund dieser Empfehlungen von der Bundesregierung vorgeschlagenen Maßnahmen entsprachen internationalen Sicherheitsstandard und waren der Situation angemessen. Die Bundesärztekammer begrüßt nachhaltig die vorsorglichen Empfehlungen der Strahlenschutzkommission, die dem Schutz des Lebens und der Gesundheit den eindeutigen Vorrang vor anderen Überlegungen geben.

Die Wirkungen ionisierender Strahlung sind dem Laien nur schwer verständlich zu machen. Da Auftreten und Wirkung einer solchen Strahlung mit den Sinnen zunächst nicht erfaßbar sind, stellt sich oft ein Gefühl der Hilflosigkeit und der Angst ein. Den mit der Kernforschung und der Nutzung der Kernenergie im weitesten Sinne befaßten Wissenschaftlern kommt deshalb besondere Verantwortung für eine sachkundige, angemessene Aufklärung der Bevölkerung zu. Die Ärzte in der Bundesrepublik Deutschland sollten ihre Patienten ausschließlich auf der Grundlage wissenschaftlicher Erkenntnisse aufklären, um unsinnigen Spekulationen, Unsicherheit der Bürger und Hysterie zu begegnen, zumal bei der Erkennung und Behandlung zahlreicher Erkrankungen die Anwendung ionisierender Strahlung unverzichtbar ist. Bei der Planung zukünftiger Maßnahmen zum Schutz gegen eine erhöhte Strahlenexposition muß die Sachkunde der Vorrang vor allen anderen Überlegungen, insbesondere kurzsichtigem Parteienstreit eingeräumt werden.

Die Strahlenschutzkommission beim Bundesminister des Innern hat wiederholt fundierte Beurteilungen der vorliegenden Fakten der Öffentlichkeit mitgeteilt. Ihre detaillierten Empfehlung vom 15. und 16. Mai 1986, die sich mit einzelnen Fragen befaßt, sollte in weitaus größerem Umfange als bisher beachtet werden, um die Diskussion über die gesundheitlichen Folgen von Tschernobyl/UdSSR zu versachlichen. Diese Empfehlung wird im Deutschen Ärzteblatt veröffentlicht, so daß alle Ärzte ihre Patienten nach dem Stand neuester Erkenntnisse beraten können.

Die Bundesärztekammer regt an, kritisch zu prüfen, wie in Zukunft die Beachtung der von der Strahlenschutzkommission festgelegten Richtwerte durch die politisch Verantwortlichen gewährleistet werden kann. Die in Bundesländern und Kommunen unterschiedliche Festsetzung von Grenzwerten und die sich teilweise widersprechenden Empfehlungen nach dem Kernkraftwerksunglück haben zu einer erheblichen Beunruhigung der Bevölkerung geführt. Gerade auf dem schwierigen Gebiet des Strahlenschutzes sind aber für die Bevölkerung klare Angaben und Aussagen unerläßlich.

Als wichtigste Konsequenz aus dem Kernkraftwerkunfall in der UdSSR ergibt sich die Forderung, die Sicherheitsvorkehrungen bei der Nutzung der Kernkraft sorgfältig zu überprüfen und – wo immer nötig und möglich – weiter zu verbessern. Die jetzt erfolgte Konzentration der Zuständigkeit in dem neugeschaffenen Bundesministerium für Umwelt, Naturschutz und Reaktorsicherheit ist dafür eine wichtige Voraussetzung in der Bundesrepublik Deutschland. Die Bundesärztekammer unterstützt ferner uneingeschränkt den Vorschlag des Bundeskanzlers, auf einer internationalen Konferenz aller kernkraftnutzenden Staaten die notwendigen Sicherungsmaßnahmen verbindlich zu vereinbaren.

Dr. med. Karsten Vilmar, Präsident."

Ihre Stromversorger
VDEW – Vereinigung Deutscher Elektrizitätswerke – e.V., Frankfurt

Abbildung 12

Ärzte zu Tschernobyl

Am 12. 6. 1986 erschien im Südkurier in einer Anzeige der „Vereinigung Deutscher Elektrizitätswerke" eine Stellungnahme der Bundesärztekammer zu dem Kernkraftwerksunfall in Tschernobyl.

Mit Empörung mußten wir Ärzte feststellen, daß dies im Rahmen einer Werbekampagne der „Vereinigung deutscher Elektrizitätswerke" geschah.

Obwohl die Ärztekammer die Vertretung aller Ärzte darstellt, möchten wir klarstellen, daß diese Stellungnahme bei weitem nicht die Meinung aller Ärzte wiedergibt.

Denn:

1. es ist keinesfalls wissenschaftlich erwiesen, daß radioaktive Niedrigstrahlung für Menschen unschädlich ist. Besonders der kindliche Organismus ist hochgradig strahlenempfindlich.

2. Grenzwerte – auch die von der Strahlenschutzkommission festgelegten – können nie Unbedenklichkeit garantieren.
Einerseits wurde Milch mit 500 Bequerel als unschädlich erklärt, andererseits hätte sie im technischen oder medizinischen Bereich als Sondermüll behandelt werden müssen.

3. es wird der Eindruck erweckt, daß eine längerdauernde Belastung der Umwelt nicht vorliegt; es ist jedoch mit einer Anreicherung von langlebigen Isotopen in unserer Nahrung in den nächsten Jahren zu rechnen.

Wir unterzeichnenden Ärzte distanzieren uns von Form und Inhalt dieser Anzeige.

Wir verurteilen die Verbindung unserer ärztlichen Standesvertretung mit der „Vereinigung Deutscher Elektrizitätswerke" zum Zwecke der Werbung.

Reichenau
Dr. T. Alberts
Dr. J. Backe
Dr. H. Faulstich
Dr. G. Freeman
Dr. M. Göpfert
Dr. P. Hezler
Dr. W. Höcker
Dr. A. Rösske
Dr. J. Rusch
Dr. J. Schmidt
Dr. S. Schulz
Dr. T. Steinhilber
Dr. V. Steinhilber-Rössk
Dr. W. Walz
Dr. S. Wöhler
Dr. S. Wolf

Radolfzell
Dr. M. Baier
Dr. S. Förster
Dr. W.-D. Förster
M. Habermann
Dr. M. Hager
R. Herzog
G. Hohn
R. Klare
Dr. K. Krekosch
Dr. R. Krüger
Dr. L. Mehl
Dr. B. Möck
Dr. K. Müsch
B. Reinhardt
Dr. E. Simma
B. Stanjek
Dr. R. Steinhilber
Dr. N. Walther
Dr. C. Zipp

Singen
Dr. H. Erichsen
Dr. B. Gaiser
Dr. U. Kreis-Bierich
G. Mehringer
Dr. H. Spies
Dr. E. Spies-Kohlbecker
Dr. G. Thieme
Dr. G. Thieme-Küttemeyer

Allensbach
Dr. Bösken-Miltenberger
Dr. B. Brass
Dr. M. Heidegger
Dr. W. Mend.
Dr. G. Miltenberger
Dr. P. Müller
Dr. G. Roth-Spanknebel
Dr. B. Venedey
Dr. C. Venedey
H. J. Waldmann

Überlingen
Dr. U. Bohnacker
Dr. M. Braun
H. Bühler
Dr. I. Egle-Weber
Dr. B. Hillebrandt
Dr. J. F. Jung
Dr. C. Kuhn
Dr. I. Ohm-Hillebrandt
Dr. E. Schultz
Dr. L. Walther
Dr. T. Weber

Konstanz
Dr. K. Amann
Dr. K. Andrees
Dr. J. Baumgartner
Dr. H.-J. Beermann
Dr. J. Bierich
Dr. H. Binsfeld
Dr. B. Bonorden
Dr. M. Boos
Dr. H. Braig
Dr. H. Brinkmann
Dr. Bulczak-Tüehn
M. Camerer
Dr. C. Certain
Dr. L. Deeg
Dr. L. Deggeller
Dr. U. Dieterle
Dr. D. Eisenlohr
C. Förster
Dr. J. Frick
Dr. E. Friedrich
Dr. F. Fröhle
Dr. W. Gempp-Friedrich
Dr. R. Graf
Dr. G. Haagen
Dr. D. Hardt
Dr. S. Heim
Dr. M. Heisenberg
Dr. H. Heisenberg
Prof. Dr. V. Hempel
Dr. R. Hermann
Dr. H. Held
G. Hitziger
Dr. J. Hohage
Dr. W. Holländer
Dr. F. Hornek
A. Jung
Dr. M. Kern
Dr. J. Klehn
Dr. W. Kratzer

Dr. C. Kuhn
Dr. M. Kumm
Dr. D. Lang
A. Leiteritz
Dr. I. Locquenghien
Dr. B. Mai
Dr. U. Maier
Dr. M. Mensebach
A. Pias-Mauelshagen
Dr. R. Pottstock
Dr. T. Reiber
R. Reichel
Dr. R. Richter
Prof. Dr. H. U. Schwenk
Dr. I. Schwenk-Szabados
Dr. T. Seiler
G. Six
Dr. H. Sohni
G. Vörg
M. Vogel
Dr. C. Walter
Dr. C. Weiss
Dr. E. Weisschedel
S. Wild
Dr. F. Wolff
Dr. W. Wünsch
A. Zeller
W. Zwanzer

Übrige
Dr. U. Friedrich
Dr. D. Hanschke
Dr. S. Hofmann
Dr. M. L. Jessen
R. Miehe-Hanschke
Dr. Ulrich Riedel
Dr. Ulrike Riedel
Dr. K. W. Schubach

(Abb. 13: Faksimilie des Ärzteprotests)

Diese im Konstanzer Südkurier *vom 5. Juli 86 erschienene Anzeige war unterzeichnet von 16 Ärzten aus Reichenau, 18 aus Radolfszell, 8 aus Singen, 9 aus Allensbach, 12 aus Überlingen, 67 aus Konstanz und 8 aus übrigen Gemeinden.*

hierzu Ende der 70er Jahre sogar einmal im Hinblick auf die Festsetzung der Höchstwerte: »Der eigentliche Sündenbock bei den unnötigen Belastungen der Bevölkerung ist nicht die Atomindustrie, sondern die medizinische Radiologie«[53].

Die unglückliche Einlassung der *Gesellschaft für Nuklearmedizin* auf die Argumentationsebene der Atomlobby in ihrem Merkblatt für Ärzte gipfelte dann schließlich in der gemeinsamen Werbekampagnen von Ärztekammer und Elektrizitätswirtschaft[61] (siehe Abbildung 12).

Daß gerade dieser, offenbar einer Kurzschlußhandlung entstammende Vorstoß den Protest großer Teile der Ärzteschaft hervorrief, ist auf diesen Seiten an zwei Beispielen dokumentiert.

Eine andere Form des Protests waren offene Briefe von Ärztegruppen aus Hamburg, Berlin, Frankfurt und Kiel.

Auch davon ein typisches Beispiel – aus *Die Tageszeitung (taz),* Berlin, vom 24. Juni 1986:

Verharmlosung

Offener Brief an den Präsidenten der Bundesärztekammer, Herrn Dr. med. Karsten Vilmar[62]

Mit Beschämung haben wir Ärztinnen und Ärzte die heutige Anzeige der Vereinigung Deutscher Elektrizitätswerke mit dem Text ihrer Stellungnahme zum Atomunfall in Tschernobyl gelesen.

Die Bundesärztekammer sollte sich nicht in den Chor der Industrie- und Regierungsabhängigen Verharmloser einreihen und Öffentlichkeitsarbeit nicht in gewerblichen Anzeigen betreiben. Ferner sollte sie eine Stellungnahme, die mehrfach eine Regierung und die zu ihren Diensten stehende Strahlenschutzkommission lobend erwähnt, nicht zeitgerecht vor entscheidenden Landtagswahlen placieren.

Wir hätten uns eine zeitgerechte, von unabhängigen Experten ausgearbeitete, fundierte Information über Verhaltensmaßnahmen für Landwirte und die Bevölkerung zur rechtzeitigen weitmöglichen Vorbeugung und eine ernsthafte Einschätzung der Spätschäden gewünscht. Mit dieser Anzeige gerät auch die unabhängige Mehrzahl der Ärzte, die die Verharmlosung für wissenschaftlich unredlich und voreilig halten, in den Ruch der Liebedienerei gegenüber Großindustrie und Regierung.

Gerade die Ärzte sollten Interessenwahrer der Bevölkerung in Bezug auf Gesundheit sein und schon den Verdacht der Spendenanfälligkeit vermeiden.

Frankfurter Ärzte/innen

Trotz dieser massiven Gegenreaktion rechtfertigte Ärztekammerpräsident Vilmar weiterhin seine gemeinsame Werbekampagne und behauptet, daß nicht einmal hundert Ärzte ihren Widerspruch geäußert hätten.

X. Wie berechnet man Unfälle so, daß sie nicht passieren können?

Die der aufgezeigten Beschwichtigungsstrategie entgegenkommenden *gesundheitlichen* Risikoberechnungen, die für den Einzelfall ohnehin wertlos sind, da es sich um rein statistische Größen handelt, bergen auch aus volkswirtschaftlicher Sicht genügend Schwächen. Allein schon durch die Nichtberücksichtigung der relativ weit höheren Wirkung schwacher Dosen, wie ich sie bereits beschrieben habe, und auch wegen der Außerachtlassung von Alter, Geschlecht, Konstitution, Gesundheitszustand und bisherige Strahlenbelastung sind sie für eine Abschätzung der auf uns zukommenden Spätschäden und populationsgenetischen Auswirkungen der Tschernobyl-Katastrophe wahrscheinlich völlig unbrauchbar.

Darin zeigen sie eine erschreckende Parallele zu den Risikoberechnungen möglicher *Kernkraftunfälle.* Auch diese sind weder in den Fragen des Schadensausmaßes (den man auf einen Umkreis von 20 km um den Reaktor beschränkt annahm) noch in ihrer Methodik (die schließlich mit ›allen denkbaren‹ Fehlermöglichkeiten nur jene einbezieht, an die man eben zu jenem Zeitpunkt denkt) und schon gar nicht vom *Wesen* der Wahrscheinlichkeitsberechnung her als Prognose brauchbar und im Sinne einer wolkswirtschaftlichen Risikoabschätzung von zweifelhaftem Wert – wie der in Ausmaß, Art und Folgeerscheinungen völlig unerwartete Unfall von Tschernobyl zeigt.

Kernkraftbefürworter halten sich für Realisten und werden nicht müde, dies zu wiederholen. Aber das, was sie wollen, setzt etwas voraus, was man nicht anders als Utopie bezeichnen kann: die perfekt arbeitende Technik mit dem damit perfekt hantierenden, perfekten Menschen und ein perfektes Material, das weder Ermüdungs- noch Zerfallserscheinungen zeigt, sowie eine auf zehntausende von Jahren perfekt abgedichtete Endlagerstätte und eine perfekte soziale Kontrolle für die gleiche Zeit. Drei große NASA-Unglücke, das Challenger-Desaster, die abgestürzte Ariane und schließlich Tschernobyl – insgesamt sechs nach den Expertenberechnungen gar nicht mögliche Unglücke in wenigen Monaten – haben gezeigt, was man von Versicherungen dieser Art zu halten hat. Und ausgerechnet diejenigen Kritiker, die nach hunderten von Pannen bis hin zum Super-GAU in der Ukraine an dieser Perfektion zweifeln, sollen nun Utopisten sein? Solange es sich um ein paar technische Pioniere und technische Abenteurer mit individuellem Risiko handelt, wie bei der Raumfahrt – selbst wenn es eine Menge Geld koste – mögen sich die daran Interessierten mit solchen Berechnungen beruhigen und halt ihr Russisch-Roulette spielen. Wenn jedoch von der Anwendung einer solchen Technik die gesamte Bevölkerung betroffen ist – bis hin zu den Embryonen im Mutterleib – und das ist bei der Kernenergie der Fall, dann kann die Konsequenz doch wohl nur eine grundsätzliche Absage an eine solche Technik sein.

Wie solche Risikoberechnungen zustande kommen und wie sehr man mit ihnen schon aufgrund der methodischen Schwächen schiefliegen muß, wenn sie als Entscheidungshilfe dienen, erklärt der folgende Aufsatz von Professor Jochen BENECKE[63] aus der Zeitschrift *natur,* der selber im Auftrag des Forschungsministeriums eine Riskikostudie über den schnellen Brüter erstellte und darin deutlich auf auf die methodischen Mängel hinwies. Daran anschließend wird aufgezeigt, wie die aus solchen Risiko-Überlegungen hervorgegangenen Katastrophenpläne für den Fall eines Reaktorunglücks aussehen.

Jochen Benecke

Atom: Tödliche Energie[64]

Hätte man einen Tag vor der Katastrophe von Tschernobyl
die Frage gestellt, wie sicher die ›friedliche Nutzung der Kernenergie‹ sei, wäre man von offiziellen Stellen mit einer Stan-
dardantwort beschieden worden. Sie hätte gelautet: Weil die
Kernenergie mit hohen Gefahren behaftet ist, wurde ihre
Nutzung mit einem ausgeklügelten System von Sicherheitsvorkehrungen verbunden, daß das Eintreten theoretisch
denkbarer schwerer Unfälle praktisch ausgeschlossen werden
kann. Denkbar sei ein solcher Unfall einmal in der unvorstell-
baren Zeit von vielleicht einer Million Jahren pro Reaktor.
Schließlich habe der Störfall von Harrisburg gezeigt, daß man
die Kerntechnik im Griff habe: Es kam in der Praxis nicht zu
der theoretisch denkbaren Katastrophe.

Die Wahrheit ist, daß es bei Großtechniken wie der Kernenergie keine zureichend verläßliche Risiko-Berechnung und
-einschätzung gibt; die Wahrheit ist, daß es sie prinzipiell gar
nicht geben kann.

Das läßt sich am Beispiel des Schnellen Brüters in Kalkar
zeigen, über den ich im Auftrag des Forschungsministers in
den Jahren 1981/82 eine Risikostudie zu erstellen hatte. Der
Forschungsminister hatte schon einige Monate früher Adolf
BIRKHOFER, den Geschäftsführer der ›Gesellschaft für Reaktorsicherheit‹ in München, beauftragt, eine Risikostudie vor-
zulegen.

Das Kernstück jeder solchen Risikoabschätzung ist die Frage, mit welcher Wahrscheinlichkeit es im Falle einer Kern-
schmelze zur Zerstörung des Reaktorgefäßes und des Con-
tainments kommen kann. Dann nämlich tritt Radioaktivität
aus. Da die empirischen Daten, die in die Rechenprogramme
eingespeist wurden, unzureichend waren, führte BIRKHOFERS
›Gesellschaft für Reaktorsicherheit‹ zusammen mit dem
Kernforschungszentrum Karlsruhe eine Meinungsumfrage
bei den 18 führenden Experten der westlichen Welt durch.

Auf seitenlangen Fragebögen hatten sie genau die Daten zu schätzen, die mit physikalischen Methoden nicht bestimmt werden konnten. Die Ergebnisse wurden statistisch ausgewertet, und das statistische Mittel ging als Faktor in die Berechnung der Gesamtwahrscheinlichkeit ein, ganz so, als wäre es ein objektiver Tatbestand.

Die Tatsache, daß niemand die Wahrscheinlichkeit des schlimmstmöglichen Reaktorunfalls genau angeben kann, wurde pauschal mit einem Unsicherheitsfaktor 10 berücksichtigt. Das heißt: Wenn man eine Katastrophe, wie sie in Tschernobyl geschehen ist, pro Reaktor einmal in einer Million Betriebsjahren für möglich hält, so kann man statt der Million Jahre ebenso gut von 10 Millionen — oder von 100 000 Jahren ausgehen.

Weil es in wichtigen Fragen keine realen Erfahrungswerte gibt, die man der Risikoabschätzung zugrunde legen könnte, werden Computersimulationen durchgeführt, die auf vereinfachten Modellen beruhen. Abgesehen von Programmierfehlern, die nicht auszuschließen sind, ist dieses Verfahren keineswegs unangreifbar. Denn bei der Vielzahl der Faktoren, die zu berücksichtigen sind, kann man nicht mit nur einem Programm arbeiten, sondern man muß die Ergebnisse sehr vieler Computersimulationen zusammenbringen. An den Nahtstellen schleichen sich häufig subjektive Einschätzungen, wenn nicht gar objektive Fehler ein. Die Risikostudie zum Schnellen Brüter in Kalkar, die von meiner Arbeitsgruppe vorgelegt wurde, kam zu dem Ergebnis, daß die Risiken von Kernreaktoren nur mit einer Ungenauigkeit von zwei bis drei Zehnerpotenzen angegeben werden können. Konkret: Die Wahrscheinlichkeit einer Reaktorkatastrophe, bei der Radioaktivität in die Umwelt gelangt, kann sich bei einem Unsicherheitsfaktor 100 von 1:1 000 000 pro Betriebsjahr eines Reaktors auf 1:10 000, bei einem Unsicherheitsfaktor 1000 auf 1:1000 vergrößern. Dabei sagt keine dieser Zahlen etwas darüber aus, ob die Katastrophe am ersten oder am letzten Tag des für wahrscheinlich gehaltenen Zeitraums eintritt. Solche Ungenauigkeiten reichen für politische Entscheidungen nicht aus. Dennoch hat sich die Mehrheit der Enquête-Kommission ›Zukünftige Kernenergiepolitik‹ und danach das Plenum des Deutschen Bundestages für die angeblich so sichere Brütertechnik entschieden. Selbst der von der Birkhofer-Gruppe und dem Kernforschungszentrum Karlsruhe angenommene Unsicherheitsfaktor 10 verweist politische Entscheidungen, die sich darauf gründen, in den Bereich des Irrationalen.

Die Methodenkritik, die wir damals an den Risikorechnungen für den Schnellen Brüter in Kalkar geübt haben, gilt prinzipiell auch für alle anderen Reaktortypen. Es gibt keine Methoden, das Sicherheitsrisiko eines Kernreaktors zu berechnen.

Dazu trägt natürlich bei, daß die Auswirkungen menschlicher Eingriffe nicht vorhersehbar und nicht quantifizierbar sind. In abgeschwächter Form gilt dies auch für die Auswirkungen von Reparaturen an der Anlage. Beides, menschliche Eingriffe und Reparaturen, gibt es nicht nur an russischen, sondern auch an bundesdeutschen Reaktoren.

Unsere bisherigen Erfahrungen mit Kernreaktoren erstrekken sich über maximal rund 3000 Reaktorbetriebsjahre. Um auf diese Zahl zu kommen, addiert man die Betriebszeiten aller Reaktoren der Erde. Die unterschiedslose Addition ist nicht gerechtfertigt, aber sie ergibt eben die immerhin beeindruckende Spanne von 3000 Reaktorjahren, in denen es bis zum 26. April 1986 keine Katastrophe gegeben hat. Selbst dann, wenn sich die Katastrophe nicht ereignet hätte, wäre es nicht möglich gewesen, im statistischen Sinn auf die 100 000 oder gar eine Million Jahre zu schließen, in denen man keine Katastrophe in dem Ausmaß von Tschernobyl haben möchte.

Da sich — auch dies hat Tschernobyl gezeigt — Reaktorkatastrophen nicht lokal begrenzen lassen, erhöht sich das Sicherheitsrisiko, das man für einen Reaktor glaubt berechnen zu können, um den Faktor, der sich aus der Anzahl der Kernreaktoren ergibt. Das sind etwa 300 — und damit ein dreihundertfach erhöhtes Risiko.

Machen wir die Rechnung: Wenn wir eine Reaktorkatastrophe bei *einem* Reaktor nur einmal während einer Million

Betriebsjahre des Reaktors für wahrscheinlich halten, so erhöht sich diese Wahrscheinlichkeit bei weltweit rund 300 Kernreaktoren auf einmal in 3000 Jahren. Doch es geschah viel früher: Schon nach 30 Jahren Atomkraft kam es einmal zur Katastrophe. Zufällig war es in Tschernobyl. Nach der Statistik hätte es überall stattfinden können.

Alle Sicherheitsberechnungen für Kernreaktoren sind indessen mit einem so hohen Grad an Ungenauigkeit behaftet, daß man sie in der soeben vorgeführten Form gar nicht anstellen sollte. Viel wichtiger scheint mir der Hinweis darauf, welcher Unfug mit Wahrscheinlichkeitsberechnungen getrieben wird. Man spricht da zum Beispiel von ›Auslegungsstörfällen‹ — das sind Störfälle, die bei der Planung durch entsprechende Gegenmaßnahmen berücksichtigt werden — und von Störfällen, gegen die ein Kernkraftwerk nicht ausgelegt werden kann. Nun macht man mit Hilfe der Wahrscheinlichkeitsrechnung einen sehr einfachen Kunstgriff: Die denkbaren Fälle mit katastrophalen Folgen, aber geringer Eintrittswahrscheinlichkeit, werden eben der geringen Wahrscheinlichkeit wegen bei der Auslegung der Anlage gegen denkbare Störfälle nicht berücksichtigt. Mit anderen Worten: Ein großes Ausmaß an Schäden, multipliziert mit einer geringen Wahrscheinlichkeit ihres Eintretens, ergibt ein kleines Risiko.

Irgendwann hat man dann das Risiko so weit heruntergerechnet, daß es aus der Rechnung herausfallen kann und die Reaktoranlage dagegen nicht mehr ausgelegt werden muß. Das geht so weit, daß die Bundesrepublik Deutschland, in der die Bestimmungen zur Reaktorsicherheit besonders scharf sind, Reaktoren mit Sicherheits-Sparversionen an das Ausland verkaufen kann, weil das vermeintliche Sicherheitsrisiko rechnerisch überhaupt nicht besteht.

Spätestens Tschernobyl hat gezeigt, wie unsinnig es ist, den Risikofaktor, dieses Produkt aus Schadensausmaß und Eintrittswahrscheinlichkeit des Schadens, als Kriterium heranzuziehen. Die Zeitschrift *Atomwirtschaft* hatte den Reaktortyp von Tschernobyl als einen sehr verläßlichen Reaktortyp charakterisiert.

Sicher wird es die Reaktorkatastrophe von Tschernobyl in der Bundesrepublik Deutschland nicht aus den gleichen Gründen geben, die dort ausschlaggebend waren. Schon deswegen nicht, weil es diesen Reaktortyp in der Bundesrepublik Deutschland nicht gibt. Doch Reaktorkatastrophen mit gleichen Folgen sind in der Bundesrepublik Deutschland sehr wohl denkbar. Und weil sie denkbar sind, kann es nicht beruhigen, daß für die Eintrittswahrscheinlichkeit angenommen wird, sie sei aufgrund der hohen Sicherheitsbestimmungen um einen unbekannten Faktor kleiner als in der Sowjetunion.

Machen wir uns einmal sehr deutlich bewußt, was die absehbaren Folgen eines ›Störfalles‹ sind, wie wir ihn seit Tschernobyl kennen. Ich kann mir vorstellen, daß vielleicht 50 oder gar 100 Menschen, die auf dem Reaktorgelände beschäftigt waren, sofort oder in einigen Wochen sterben. Die Zahl von tausend Toten, die im Zusammenhang mit Tschernobyl genannt wurde, halte ich nur dann für realistisch, wenn man den Zeitraum einiger weniger Jahre zugrunde legt. Auf viele Jahre gesehen muß man allerdings davon ausgehen, daß mehrere 10 000 Menschen an den Spätfolgen — zum Beispiel Leukämie und andere Formen von Krebs — sterben werden. Erste Abschätzungen von Physikern der *Gesellschaft für Strahlen- und Umweltforschung* (GSF) in Neuherberg bei München besagen, daß allein in der Bundesrepublik Deutschland mehrere tausend oder sogar zehntausend Krebstote der Zukunft der Katastrophe von Tschernobyl anzulasten sein werden. Nur: Wer kann den Beweis führen, daß ein ursächlicher Zusammenhang zwischen der Reaktorkatastrophe von Tschernobyl und den Krebstoten der Zukunft besteht?

Wenige Tage nach der Reaktorkatastrophe von Tschernobyl, es war der 30. April 1986, fiel bei Ostwinden in München Regen. Die in der Luft vorhandene Radioaktivität wurde auf den Boden abgeregnet (vgl. Abb. 14). Die GSF maß am nächsten Tag einen Meter über dem Boden das nahezu Zwanzigfa-

Abbildung 14 ▶

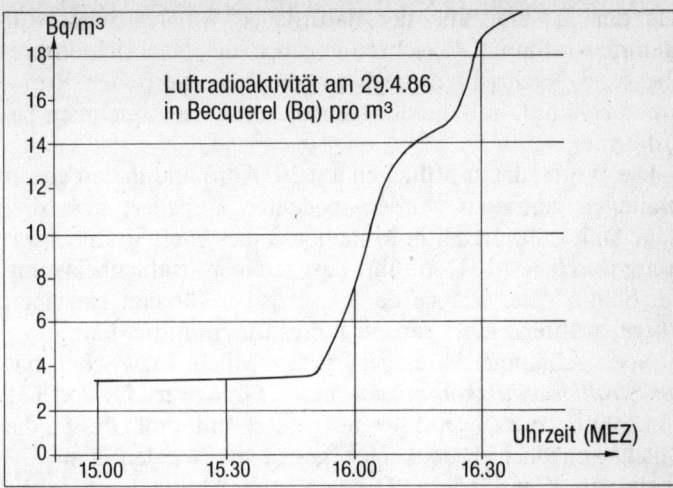

Luftradioaktivität am 29.4.86
in Becquerel (Bq) pro m³

Bq/m³

Uhrzeit (MEZ)

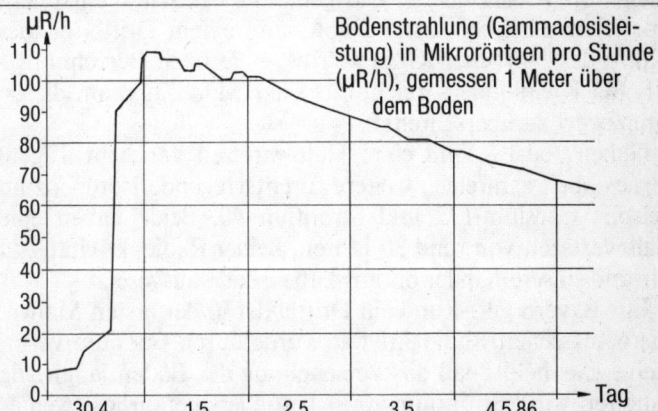

Bodenstrahlung (Gammadosisleistung) in Mikroröntgen pro Stunde
(µR/h), gemessen 1 Meter über
dem Boden

µR/h

Tag

Drei Tage nach der Katastrophe in Tschernobyl haben radioaktive Wolken Bayern erreicht. Der Anstieg der Luftradioaktivität erfolgt am 29.4.86 kurz vor 16.00 Uhr innerhalb von Minuten (siehe obere Kurve)*. Am Abend des 30.4.86 schnellt auch die Bodenstrahlung in München steil nach oben (siehe untere Kurve)**. Sie sinkt nur langsam, ein Teil wird Jahrzehnte bleiben.

* Nach Meßwerten des Phys. Inst. der Uni Erlangen-Nürnberg
** Nach Meßwerten der GSF, München-Neuherberg

che der Dosisleistung der natürlichen Radioaktivität (für Gammastrahlung). Gleichzeitig gaben die Nachrichtensprecher und Nachrichtensprecherinnen des bayerischen Rundfunks bekannt, daß die Strahlenbelastung im Abnehmen begriffen sei.

Die Werte, die in München am 30. April und in den ersten Maitagen gemessen wurden, bedeuten: Inhaliert man drei Tage lang Luft mit der in München gemessenen Strahlenbelastung durch Jod-131, so führt dies zu einer Strahlenbelastung der Schilddrüse, wie sie der Gesetzgeber für den einzelnen Bürger während eines ganzen Jahres für zumutbar hält.

Noch schlimmer ist es bei frischer Milch. Inzwischen hat die *Strahlenschutzkommission* einen Grenzwert für Jod-131 von 500 Becquerel pro Liter festgesetzt, unterhalb dessen die Milch angeblich bedenkenlos getrunken werden kann — auch von Kleinkindern. Die genannte Aktivität entspricht einer Schilddrüsenbelastung von rund einem Drittel bis der Hälfte des jährlichen Grenzwertes — je nach Berechnungsart. Bei Kleinkindern reicht ein Liter Milch aus, um diesen Grenzwert zu überschreiten.

Neben Jod-131 (mit einer Halbwertszeit von acht Tagen) gibt es noch zahlreiche weitere furchterregende Isotope, zum Beispiel Caesium-137 und Strontium-90. Beide haben eine Halbwertszeit von rund 30 Jahren. Beider Radioaktivität sind wir und unsere Kinder bis ans Lebensende ausgesetzt.

Für Bayern gilt: Rund ein Drittel der in der ersten Maiwoche gemessenen Radioaktivität wurde durch Caesium verursacht. Das heißt, daß die Verseuchung der Böden langfristig anhalten wird. Strontium-90 ist besonders gefährlich, weil es in die Knochen des menschlichen Körpers eingelagert wird. Es ist schwierig zu messen. Wir wissen heute noch nicht, was da auf uns zukommen wird.

Wir sind keine Zuschauer des Dramas mehr. Wir sind Teilnehmer, wir alle sind Geiseln.

Man will uns von der Gefahr in Form einer Wiederaufarbeitungsanlage in Wackersdorf ›entsorgen‹. Sehen wir doch einmal, was da geschieht.

Für Wiederaufarbeitungsanlagen dieser Art gibt es keine Risikostudien, wie sie für Kernreaktoren in Auftrag gegeben wurden. Es sind auch keine detaillierten Störfallanalysen publiziert worden.

Das ist um so bedenklicher, als das radioaktive Inventar in der geplanten Wiederaufarbeitungsanlage um ein Vielfaches größer als in einem Kernkraftwerk ist. Zwar ist die Energiedichte ungleich geringer als in einem Kernkraftwerk, doch kann die Wackersdorfer Anlage von Bränden und chemischen Explosionen heimgesucht werden, so daß jedenfalls vergleichbare Mengen an Radioaktivität wie in Tschernobyl freigesetzt werden können. Schon im ›Normalbetrieb‹ geht von der Wackersdorfer Anlage eine fünfzehnmal höhere Radioaktivitätsbelastung für die Bevölkerung aus, die in der Umgebung lebt, als dies bei einem ›normalen‹ Kernreaktor der Fall ist.

Die radioaktiven Materialien müssen in einer Wiederaufarbeitungsanlage hantiert werden: Man muß sie zerkleinern. Dabei fallen radioaktive Substanzen an, die man nach dem gegenwärtigen Stand der Technik nicht zurückhalten kann. Dazu zählen zum Beispiel Tritium und Krypton-85. Beide Nuklide werden über den Kamin abgegeben. Außerdem fallen im Jahr etwa 1000 Kubikmeter tritiumhaltiges Wasser an. Wohin mit diesem radioaktiven Wasser? Man kennt bisher nur zwei Möglichkeiten: es ins Meer zu versenken oder es in den Boden zu verpressen. Beide Möglichkeiten sind für Wackersdorf vorgesehen. Priorität hat das Verpressen. Ob das dann irgendwann Auswirkungen auf das Grundwasser hat, kann niemand zuverlässig sagen.

Das Tritium birgt die Gefahr, daß es mit dem Wasser in den menschlichen Körper und sogar in seine Zellen gelangen kann. Dort bombardiert es dann die Zellkerne.

Ich erwähnte das radioaktive Krypton, das laut Genehmigungsantrag an die Luft abgegeben werden soll. Das Edelgas Krypton geht zwar keine chemischen Verbindungen ein. Aber es lagert sich über die Einatmung in den Fett- und Nervenzellen des Menschen ab. Man hat dann — wie beim Tritium — die Strahlung nicht außerhalb des menschlichen Körpers, sondern in ihm selbst. Noch einmal: Das findet nicht mit fünfzehnmal höherer *Wahrscheinlichkeit,* sondern mit fünfzehnmal höherer *Sicherheit* statt.

Hinzu kommt, daß Wiederaufarbeitungsanlagen von Kernbrennstoffen nicht einmal wirtschaftlich zu vertreten sind. Was man an brennbarem Material wiedergewinnen kann, ist unter dem Gesichtspunkt des dafür notwendigen Kapitaleinsatzes ein Witz. Wenn die Kosten der Urangewinnung steigen, kann man das Uran abbauen, das weltweit, nur eben in sehr viel geringeren Konzentrationen, vorhanden ist. Da gibt es nicht mehr die geographischen Beschränkungen, die aus Wirtschaftlichkeitsgründen gegenwärtig vorhanden sind. Bei steigenden Uranpreisen gibt es rund um die Welt abbauwürdige Vorkommen. Diese Vorkommen sind so groß, daß das Uran für sehr lange Zeit reichen würde und auch kaum die Gefahr von OPEC-ähnlichen Kartellen bestünde.

Indessen: All solche Fragen halte ich für falsche Fragen. Wir haben doch heute nicht danach zu fragen, ob die Risikoberechnungen richtig oder falsch seien. Wir haben auch nicht danach zu fragen, wie unwirtschaftlich die Wiederaufarbeitung im Vergleich zur direkten Endlagerung ist. Wir haben danach zu fragen, was wir politisch tun und verantworten können.

Nach meiner Erkenntnis ist Kernenergie aufgrund der hohen Unbestimmbarkeit katastrophaler Folgen nicht zu verantworten. Mir erscheinen der Schnelle Brüter von Kalkar und die Wiederaufarbeitungsanlage von Wackersdorf als die letzten Ausgeburten der Nukleartechnik. Da hat die Technik einen Grad von Komplexität erreicht, die von den Menschen, die mit dieser Technik umgehen, offenbar nicht mehr beherrscht werden kann.

Das Seltsame ist, daß wir diese Technik auch gar nicht brauchen. In der Bundesrepublik Deutschland wird etwas über 30 Prozent des Elektrizitätsbedarfs durch Kernenergie gedeckt. Nimmt man den Wärmeenergiebedarf hinzu, so deckt die Kernenergie nur rund fünf Prozent der benötigten

Energien. Gleichzeitig ist durch viele Studien erwiesen, daß ohne Einbuße an Lebensstandard der Energiebedarf um mindestens fünfzig Prozent ›zurückgefahren‹ werden kann, wo immer nur der politische Wille dazu vorhanden ist.

Für mich ist es eine Form von Unsinn, mit Hilfe der Kenenergie Energiekapazitäten bereitzustellen, für die dann aus Wirtschaftlichkeitsgründen Abnehmer gefunden werden müssen. Das Energieversorgungsunternehmen *Tennessee Valley Authority* ist da ganz andere und vorbildliche Wege gegangen. Das Unternehmen hat die im Bau befindlichen Kernkraftwerke storniert und mit dem dann wieder verfügbaren Kapital Kredite an die Stromabnehmer vergeben. Die Auflage für die Gewährung des Kredits: Energieeinsparungsmaßnahmen im eigenen Haushalt vorzunehmen.

Für das Unternehmen rechnet sich das ungewöhnliche Vorgehen: Bei geringeren Kapitalkosten können mehr Stromkunden angeschlossen werden. In der Bundesrepublik Deutschland werden immer noch die Stromkunden bevorzugt, die möglichst viel Strom verbrauchen.

Im Unterschied zur Gentechnik, zu der wir noch ›Nein‹ sagen können, sind wir in der Kerntechnik schon so weit drin, daß ein Ausstieg schwerfällt. Wir befinden uns in einem Grad der Abhängigkeit, wo man nicht einmal die Wissenschaftler, die uns in diese Abhängigkeit gebracht haben, zur Rechenschaft heranziehen kann. Diese Wissenschaftler hatten ja einmal ein wünschenswertes Ziel verfolgt: Aus wenig Masse ein großes Potential an Energie zu schaffen. Kann man ihnen diesen Traum der Menschheit verübeln?

Ich setze dem allerdings die Überlegung entgegen, daß eine Demokratie nichts taugt, bei der nicht die Mitsprache und Mitbestimmung aller betroffenen Menschen gewährleistet ist. Wenn eine Technik so undurchsichtig geworden ist, daß man die Entscheidung über ihre Umweltverträglichkeit an irgendwelche Experten delegieren muß, dann ist diese Technik mindestens im sozialen Sinne nicht umweltverträglich.

Wir müssen einfach anerkennen, daß wir bei all den uns bekannten Großtechniken — sei es die Chemie, die industrialisierte Landwirtschaft oder die Kerntechnik — an die Grenzen unserer Erkenntnismöglichkeiten gekommen sind. Tschernobyl hat uns gezeigt, daß jeder von uns mit einer Gefahr konfrontiert ist, die viele Wissenschaftler vor Tschernobyl glaubten, ausschließen zu können.

Ich selbst fühle mich angesichts dieser Gefahr völlig hilflos. Ich weiß nicht, was ich machen und was ich raten soll. Soll eine schwangere Frau Jodtabletten einnehmen, die ihre Schilddrüse zublocken und dem Embryo vielleicht schädliche Nebenwirkungen bescheren? Was hilft ein Regenschirm gegen den Fallout des Jod-Isotops-131? Ich kann, weil ich da selbst hilflos bin, niemandem einen verläßlichen Rat geben.

Eines aber weiß ich mit Sicherheit: Eine Technik, die mich in diese Unsicherheit zwingt, ist nicht nach menschlichem Maß gemacht.

Soweit die Überlegungen eines Insiders zur Aussagekraft solcher Risikostudien.

Ich selbst erinnere mich noch gut daran, wie zu Beginn der Entwicklung kaum jemand von radioaktiven Abfällen sprach. In der ersten Euphorie hatte man diesen kleinen Pferdefuß — so wie jetzt bei der als ›sauber‹ bezeichneten, in Wirklichkeit noch viel problematischeren Fusionsenergie — glatt übersehen bzw. bewußt verschwiegen. Hierzu paßt auch, daß man für den Fall eines größeren Unfalls (der jedoch, wie man nie versäumte schnell hinzuzufügen, rein hypothetisch sei) *Katastrophenpläne* ausarbeitete, um eine ›geordnete Evakuierung und Versorgung‹ zu regeln, die von völlig naiven Prämissen ausgingen und sich angesichts der Realität nun auch als unbrauchbar, wenn nicht töricht erwiesen haben. In der Tat basieren alle Katastrophenpläne (und zwar auch in anderen Ländern wie Frankreich, Italien und der Schweiz) auf der Annahme, daß die bei einem schweren Reaktorunglück austretende Radioaktivität innerhalb eines Radius von höchstens 20 km verbleibt. Selbst der Präsident der

154

Eidgenössischen Kommission für AC-Schutz, Professor Otto HUBER, bekannte öffentlich, nie geglaubt zu haben, daß ein Reaktorunfall in so großer Entfernung zur Schweiz die Radioaktivität so stark ansteigen ließe.

Natürlich war man hilflos, da nun alles anders kam. Man hätte es zugeben und die Schuld den falschen Beteuerungen der Atomlobby zuweisen sollen, statt ihr weiterhin hörig zu sein und dafür die Bevölkerung mit falschen Beschwichtigungen und Vertuschungen und der Versicherung, daß selbstverständlich für einen ›Ernstfall‹ (als ob dies keiner gewesen wäre!) wohlüberlegte Katastrophenpläne zur Verfügung stünden, weiterhin hinters Licht zu führen.

Dazu nur eine kleine Kostprobe: Eine französische Zeitung[65] veröffentlichte am 18. Mai einen geheimen Katastrophenplan für das Kernkraftwerk Paluelle am Atlantik. Der Plan geht ähnlich wie derjenige für Cattenom bei einem Reaktorunglück von einer Evakuierung von 17000 Personen in einem Radius von 10 km um das Kernkraftwerk aus. Zur Zeit des Tschernobyl-Unglücks war dort aber gerade Saison und die umliegenden Zeltplätze und Bungalows mit 50000 Menschen bevölkert. Der Plan sieht vor, daß je nach Windrichtung die Einwohner entweder die Küste entlang nach Westen oder nach Osten gegen den Wind evakuiert werden. Die Feuerwehr soll dann die Strahlenmessungen organisieren, Busse, Militärfahrzeuge und Privatfahrzeuge in die richtige Richtung dirigieren. Daß der Wind dabei vielleicht drehen könnte, ist offenbar ebensowenig vorgesehen, wie verstopfte Straßen und überlastete Tankstellen. Laut Katastrophenplan sollen zwei Mediziner und zwei Assistenten für ein reibungsloses Funktionieren der ärztlichen Versorgung ausreichen. Eine Evakuierung über 40 km vom Kernreaktor hinaus ist nicht vorgesehen.

Interessant auch die Vorstellung einer räumlichen Begrenzung einer radioaktiven Verseuchung im Falle einer Reaktorkatastrophe in der Bundesrepublik. Hier ist der

Landkreis Freising, weil der außerhalb der 10-km-Zone um das Kernkraftwerk OHU liegt, bereits ausgeklammert. Ein spezieller Katastrophenplan existiert ohnehin nicht. Und ebensowenig wird an die erforderliche Kapazität in den Krankenhäusern gedacht. Hier müssen dann halt die herkömmlichen Katastrophenschutzpläne auch bei kerntechnischen Unfällen greifen, wie es beruhigend vom Innenministerium verlautet[66].

XI. Juristen und die Atomenergie

Es verwundert nicht, daß der Druck der durch all diese unerwarteten Ereignisse verunsicherten Atomlobby auch vor der Justizbehörde nicht halt machte. Ähnlich wie die Ärzte auf den Alleingang der Ärztekammer zeigten auch Bayerns Richter und Staatsanwälte eine scharfe Reaktion als ihnen die ministerielle ›Warnung‹ zugestellt wurde, sich in Sachen Atomenergie nicht kritisch zu äußern, ›weil dies einer politischen Einmischung gleichkäme‹. Auch hier – und das stimmt mich für die Zukunft unserer Demokratie optimistisch – ließ der Protest gegen die ja genau damit erfolgte Einmischung des Justizministers in das demokratische Recht der freien Meinungsäußerung unserer beamteten Juristen nicht auf sich warten. Am 13. Juni 1986 gaben sie eine Großannonce in den Tageszeitungen auf, die von 130 Richtern und Staatsanwälten unterschrieben war (siehe Abbildung 15).

Daß sich dieser Erklärung am 19./20. Juli auch nochmal eine Gruppe von 187 bayerischen Rechtsanwälten und Rechtsanwältinnen in einer gleichlautenden Anzeige anschloß und aus ihrem Rechtsverständnis und der damit verbundenen Verantwortung heraus den zügigen Ausstieg aus der Kernenergie forderte, zeigt nicht nur die generell gesunkene Akzeptanz der bisherigen Energiepolitik in allen Schichten unserer Bevölkerung, sondern auch einen hoffnungsvollen Mut zum Bekenntnis der persönlichen Meinung.

XII. Kernenergie ist ja so ökonomisch!

Man kann sich des Eindrucks nicht erwehren, daß die Kernenergielobby und die von ihr mit großem PR-Aufwand instruierten Politiker die entwickelten Katastrophenszenarien (die letztlich immer als mit besonders großer Sicherheitsmarge versehen und daher als rein hypothetisch in die Betrachtungen einflossen) nur dazu benutzten, den Kopf um so tiefer in den Sand zu stecken. Während also auf dieser Seite der Medaille extrem beschwichtigt wurde (wie man nun sieht, zu unrecht – und wie man in einigen Jahrzehnten sehen wird, auch im Hinblick auf die Strahlenschäden zu unrecht), so hat man auf der anderen Seite der Medaille um so dicker das doppelköpfige Schreckgespenst von Arbeitslosigkeit und Energie-Blackout aufgetragen.

Daß die Kernenergielinie trotz laufender Rückschläge immer weiter verfolgt wurde, liegt in der Tat auch an einer zweiten großen Desinformationspolitik, nämlich diejenigen über die volkswirtschaftlichen Belange, unter anderem im Zusammenhang mit der Arbeitsplatzbeschaffung. Selbst wenn gelegentlich der Versuch gemacht wurde, die ökonomischen Fakten auf den Tisch zu legen, wie etwa in der Serie *Atomkraft – Ende einer Illusion?* der *Wirtschaftswoche,* so wurde ein solcher Vorstoß zur objektiven Berichterstattung schnell wieder abgewürgt, wie das daraus entstandene Buch des Autors Heinz Georg WOLF *Der Schrott von morgen* nur allzu deutlich zeigt[67].

Für wie wenig stichhaltig ich gerade die Argumente der Arbeitsplatzfrage im Zusammenhang mit Atomkraftwerken halte, will ich wieder dokumentarisch anhand zweier Auszüge aus entsprechenden Artikeln und den von mir dazu geschriebenen Leserbriefen aufzeigen. Der erste Leserbrief zu dem 1984 durch den Rechtsanspruch einer Bäuerin erreichten vorübergehenden Baustop von Ohu II erschien am 27. Januar 1984 in der *Süddeutschen Zeitung*. Der zweite, der sich mit dem ökonomischen Fehlschluß des Schweizer Verwaltungsratspräsidents Michael KOHN zu Kaiseraugst in der *Schweizerischen Handelszeitung* vom 17. Oktober 1985 beschäftigte, ist bezeichnenderweise nie erschienen.

Leserbrief an die *Süddeutsche Zeitung*

Mit großer Freude habe ich zur Kenntnis genommen, daß es einer Bäuerin aus Landshut gelungen ist, unserer Volkswirtschaft ein großes Verlustgeschäft zu ersparen und die Summe von 5,4 Mrd. DM zu retten. Da dieser Betrag, wäre er in den Bau des Atomkraftwerks Isar II bei Ohu geflossen, ohnehin auf die Strompreise hätte abgewälzt werden müssen — von den späteren Entsorgungskosten ganz zu schweigen — (wir haben bekanntlich, ähnlich wie Frankreich mit seiner hochverschuldeten EDF, längst überzogene Reservekapazitäten), kann man die 5,4 Mrd. nun auch gleich bei der Elektrizitätswirtschaft belassen (wodurch sich für den Verbraucher finanziell nichts ändern würde), um dort eine weit wichtigere Investition zu tätigen. Denn nach Berechnungen von Fachleuten reicht der eingesparte Betrag gerade aus, um sämtliche fossilen Kraftwerke der Bundesrepublik mit den nötigen Entschwefelungsanlagen auszurüsten und dabei noch ein Mehrfaches an Arbeitsplätzen als beim Bau von Isar II zu gewinnen.

Mit dem Urteil des Regensburger Verwaltungsgerichts ist uns ein kostenloser Ansatzhebel in den Schoß gefallen, um die immer prekärer werdende Umweltsituation radikal zu verbessern. Ein Geschenk des Himmels, welches alle Argumente unserer politischen und wirtschaftlichen Entscheidungsträger hinwegfegt, die die Nicht-Inangriffnahme solcher Schutzmaßnahmen für unsere sterbenden Wälder, unsere Gewässer und unsere Gesundheit auf die schwierige Finanzierung zurückführen. Wenn sie bei dieser Gelegenheit zugreifen und über ihren eigenen Schatten springen, dürfte das für sie einen gewaltigen Imagegewinn und erneutes Vertrauen bedeuten. Sollte dagegen der freigewordene Betrag, der praktisch im gleichen Topf bleiben kann, wieder für etwas anderes zweckentfremdet werden oder gar doch noch durch massives Betreiben der Lobby in den unsinnigen Reaktorbau fließen, verlieren die Verantwortlichen in meinen Augen endgültig ihre Glaubwürdigkeit, wenn sie von ihrem Engagement für den Schutz der Umwelt und die Sicherung der Lebensgrundlagen unseres Volkes reden.

Prof. Dr. Frederic Vester
Studiengruppe für Biologie und Umwelt GmbH

Die hier kritisierten Denkstrukturen der Kernenergiebefürworter und damit auch ihre bewundernswerte Fähigkeit, sich gegen störende Schlußfolgerungen abzukapseln, sozusagen eine spezielle Logik herauszufiltern, sind wohl in allen Ländern die gleichen. So vollführte der Verwaltungsrat-Präsident Michael KOHN in seinem Interview *Mit ›njet‹ macht man keine Energiepolitik* ganz ähnliche wirtschaftspolitische Kapriolen im Hinblick auf die ›ökonomische Notwendigkeit‹ des Kernkraftwerks Kaiseraugst wie man sie auch im Falle Ohu II anwandte.
So sagte KOHN in diesem Interview z. B.:

»Wohl haben sich kürzlich drei große Schweizer Überlandwerke mit einer Einkaufssumme von 1 Mrd. Fr. namhafte Bezugsrechte für Strom aus dem französischen Kernkraftwerk Cattenom gesichert, doch ist die Lieferung befristet. Sie soll helfen, *in den neunziger Jahren den wachsenden Bedarf zu decken* und die Zeit bis zur Fertigstellung des verspäteten KKW Kaiseraugst zu überbrücken.«

Und später dann:

»Wenn der Strom fehlt, fehlt er am Arbeitsplatz. Und schließlich finanziert die Schweiz mit der Milliarde Schweizer Franken ein Kernkraftwerk, das unsere Industrie ebensogut hier bauen könnte. Das ist doch ein schlechter Witz.«

Oder auch:

»Handkehrum fließen zur Sicherung der Stromversorgung Milliardenbeträge ins Ausland ab und gefährden bestehende Arbeitsplätze, weil der Kraftwerkbau in der Schweiz blockiert wird.«

Hier mein Kommentar zu seiner Argumentation:

Leserbrief an die *Schweizerische Handelszeitung*

Ich wundere mich, wie in der Schweiz mit einem enormen Publicity-Aufwand die Nachteile eines Verzichts auf eigene Kernenergieproduktion vorgeführt werden. Besonders verblüfft hat mich der genannte Artikel, in dem doch tatsächlich steht, daß man zur Zeit den Franzosen mit dem Abkauf ihres Atomstroms ihre Kernkraftwerke finanziere, statt mit dem Geld ein eigenes Kernkraftwerk zu bauen. Eine Logik, bei der ich nicht ganz mitkomme.

Oder ist man in der Schweiz wirklich so ungenügend über die Energiesituation in Frankreich informiert, daß man sich bei der (nicht zuletzt durch die ehrgeizige Kernenergiepolitik verursachten) exorbitanten Verschuldung der EDF mit über 200 Mrd. Francs nichts denkt? Daß man nicht weiß, daß der Stromüberschuß praktisch ins Ausland verschenkt wird, d. h. zu einem Betrag, der dem tatsächlichen Preis des Atomstroms nicht im entferntesten entspricht?

Die Abnahme des französischen Stroms durch die Schweiz müßte also genau umgekehrt kommentiert werden, als es Präsident Kohn tut. Etwa: »Zur Zeit subventioniert der französische Staat den an die Schweiz gelieferten ›billigen‹ Atomstrom. Wenn wir ein eigenes Kraftwerk bauen, müssen wir dann allerdings die hohen Kosten dieser unwirtschaftlichen Technik (und noch viele Folgekosten für Entsorgung, spätere Abwrackung etc.) selber tragen.«

Verblüffend ist außerdem, mit welcher Bestimmtheit für die 90er Jahre ein wachsender Energiebedarf (der Druckfehlerteufel machte draus sogar einen ›wachsenden wachsenden‹ Bedarf) als gegeben hingenommen wird, obwohl die Tendenz in eine ganz andere Richtung weist. Hat man diesen Bedarf einfach so beschlossen oder wie kommt er zustande? Hier wäre nicht die erste Pleite durch Überkapazitäten aufgrund falscher Prognosen vorprogrammiert. Etwas mehr Weitsicht in dieser Hinsicht sollte man unseren Wirtschaftsführern nach den Erfahrungen der letzten Jahre schon zutrauen.

Prof. Dr. Frederic Vester   München, den 26. 5. 85

Der fehlende Systemansatz

Aus meinen zahlreichen Systemstudien zu einer kybernetischen Wirtschaftsweise geht hervor, daß unsere üblichen Planungs- und Entscheidungsprozesse eine deutliche Schwäche zeigen, wenn es sich um den Umgang mit komplexen Systemen handelt – was sich übrigens mit den bekannten Simulationsexperimenten (etwa über Tanaland und Lohausen) des Bamberger Systempsychologen Dietrich DÖRNER[68] völlig deckt.

Angefangen von Planungsvorhaben für Großstauwerke, wie den Assuandamm oder Hainburg, über die sozioökonomischen Aspekte zum Bau von Großflughäfen bis zu den Standortuntersuchungen einer Wiederaufbereitungsanlage war all diesen Planungsvorhaben gemeinsam, daß sie sich auf das Einzelprojekt konzentrierten, zwar gewisse Randbedingungen betrachteten, aber jegliche Wechselwirkung mit den übrigen Lebensbereichen wie auch dem übrigen sozialen und wirtschaftlichen Umfeld unberücksichtigt ließen.

Wie naiv allein mit der Argumentation des Schreckgespenstes ›Arbeitslosigkeit‹ umgegangen wird, ist kaum zu fassen, zumal sich hier sogar die Gewerkschaften noch bis vor kurzem mit ausgesprochenen Milchmädchenrechnungen für die Zustimmung solcher Großprojekte einspannen ließen und erst in allerletzter Zeit gemerkt haben, daß schon bei einem kleinen Schritt weiteren Nachdenkens die Argumentation in ihr absolutes Gegenteil umschlägt. Die neuesten Überlegungen des DGB weisen in der Tat in eine für Arbeitnehmer wie Unternehmer sinnvollere Richtung, wobei endlich auch die Bedeutung einer Änderung der Energiewirtschaftsgesetze erkannt wurde[69].

Daß Überlegungen zur Arbeitsplatzfrage, wie sie weiter oben schon für den Bau von Kernkraftwerken angestellt wurden, bei einer Wiederaufbereitungsanlage genauso ins Gewicht fallen, ist leicht auszurechnen. Nach den Zahlen einer Studie des Ökoplan-Instituts Bayreuth[70] entspricht der Versuch, durch die WAA Wackersdorf einem strukturschwachen Gebiet unter die Arme zu greifen, keineswegs einer Arbeitsplatz*beschaffungs*- sondern einer ausgesprochenen Arbeitsplatz*vernichtungs*politik. Wenn nämlich mit einer Investition von 6 Milliarden DM vielleicht 5000 Dauerarbeitsplätze geschaffen werden, so ist das ähnlich, wie wenn für den Preis eines ganzen Wohnblocks lediglich ein Klo mit goldener Wasserspülung gebaut wird. Denn realistische Ausrechnungen zeigen, daß mit der gleichen Investitionssumme etwa im Bereich dezentraler Energietechnologien nicht 5000, sondern 112000 Arbeitsplätze geschaffen werden könnten. Die Verschwendung des immer knapper werdenden Investitionskapitals in das Abenteuer Wackersdorf bedeutet also im Grunde die Vernichtung von 107000 potentiellen Arbeitsplätzen. Wer hier nicht für eine sinnvolle Umschichtung dieses Kapitaleinsatzes plädiert, ist an Kurzsichtigkeit nicht zu überbieten.

XIII. Ein Statement zu Wackersdorf

Unter Berücksichtigung eines größeren Systemzusammenhangs, soweit er auf der Basis der zugänglichen Fakten zu erkennen war, entstand das folgende Statement über die geplante WAA im Hinblick auf ihre Umweltverträglichkeit und ihre technische und sozioökonomische Plausibilität, welches ich im Juli 1985 als Mitglied des Sachverständigenkreises beim bayerischen Umweltministerium den übrigen Teilnehmern unterbreitete.

Statement

zur Sitzung des Sachverständigenkreises beim Bayerischen Staatsministerium für Landesentwicklung und Umweltfragen am 11. Juli 85 zum Thema *Medizinische Beweissicherungs- und Kontrollprogramme im Zusammenhang mit der WAA Wackersdorf.*

An die Kollegen des Sachverständigenkreises

Neben der engeren wissenschaftlichen Diskussion der in unserem Sachverständigenkreis anstehenden Fragen ist von Fall zu Fall auch eine Diskussion über den Sinngehalt, die Relevanz und natürlich auch die gesellschaftlichen Implikationen der zu untersuchenden Thematik angebracht. Zu diesem Bereich möchte ich den Kollegen des Sachverständigen-Kreises folgende Bemerkungen zu bedenken geben:

Wiederaufbereitungsanlagen (WAA) sind bekanntlich keine Lösung, sondern nur eine Verlagerung des radioaktiven Entsorgungsproblems und daher, insbesondere auch aufgrund ihrer selbst im Normalbetrieb um mehrere Zehnerpotenzen größeren Umweltbelastung (etwa durch Krypton-85 und Tritium) als die von Kernkraftwerken selbst verursachten, sehr umstritten. Meßergebnisse im Umkreis der kleinen Wiederaufbereitungsanlage WAK am KfK Karlsruhe deuten darauf hin, daß die Ansage zeitweise enormen Mengen an Jod-129 an die Umwelt abgegeben hat. Nicht umsonst liegen bereits die *beantragten* Emissionswerte für Wackersdorf gegenüber normalen KKW extrem hoch: z.B. für Kr-85 bei 4300000 Curie (statt 50000), für Tritium bei 40000 Curie (statt 0 bis 10 Curie)[71]. Mit der beabsichtigten Hochkaminpolitik (200m) wird zudem eine ähnliche Verschleierung angestrebt, wie wir sie eigentlich nach den Erfahrungen mit dem Waldsterben überwunden haben sollten. So viel als kurze Vorinformation.

Den Befürwortern und den mit ihnen kooperierenden Interessengruppen solcher umstrittener Projekte ist daher von vornherein größte Skepsis im Hinblick auf ihre Argumentation entgegenzubringen, insbesondere wenn im Vorgriff auf noch gar nicht ausgestandene Genehmigungen bereits medizinische Untersuchungen zur Absicherung der Bevölkerung und der Umwelt gegen Belastungen angestrebt werden. Denn diese können dann nur allzuleicht das Syndrom wiederholen, welches wir in großem Maße im 2. Weltkrieg mit den Luftschutzmaßnahmen erlebt haben. So läßt eine Scheinsicherheit, im englischen Sprachgebrauch als ›unqualified reassurence‹ bekannt, die Wachsamkeit der Bevölkerung wie auch der Wissenschaft einschlafen, im Glauben, man sei gegen eventuelle ›Angriffe‹ geschützt und könne nun beruhigt den Dingen ihren Lauf lassen.

Die Gefahr ist demnach, daß sich auch der Sachverständigenkreis auf diese Weise mit irrelevanten Themen beschäftigt und dadurch mitschuldig wird, finanzielle Mittel von sinnvollen, d.h. konstruktiven Forschungen abzuziehen. Durch die längst in der Wissenschaft bekannte Tatsache, daß Radioaktivität nicht beseitigt, sondern nur ihrem nach physikalischen Gesetzen ablaufendem Abklingen unterliegt (und daß etwa die Vergabe von Jodpillen oder bestimmten Chelatbildnern zur Ausdünnung inkorporierter radioaktiver Nuklide nur ganz speziell und auch dort nur sehr unvollkommen funktio-

166

niert), erinnert das Vorhaben – und wahrscheinlich auch sein Ausgang – nur zu sehr an die etwas peinliche Empfehlung der sozialliberalen Bundesregierung, im Falle eines radioaktiven Fallout möglichst eine Aktentasche über den Kopf zu halten, um sich vor der Einstrahlung zu schützen.

Zur Irrelevanz sei weiterhin nur am Rande bemerkt, daß von vielen Fachleuten die Wiederaufbereitungsanlagen als technischer Bluff betrachtet werden, die letztlich nur Kosten verursachen und nur davon ablenken, daß das Problem der Entsorgung und Endlagerung überhaupt nicht gelöst ist. Die ›Leistung‹ der WAA besteht lediglich darin, die Abklingzeit eines kg Atommüll von 20 Mio. Jahren auf 6 Mio. Jahre zu reduzieren. Fürwahr eine einleuchtende Verbesserung!

Auch die Recyclierung durch eine WAA, die theoretisch 25 bis 40% des Rohstoffs wiedergewinnen soll, verblaßt gegenüber dem gewaltigen finanziellen Einsatz und natürlich auch gegenüber dem hohen Energieeinsatz gemessen an dem geringen Wirkungsgrad der Stromerzeugung. Hier wird uns gewissermaßen ein Kuckucksei ins Nest gelegt, bei dem noch so gründliche medizinische Untersuchungen nicht darüber hinwegtäuschen können, daß man in der Entsorgung damit keinen Schritt weiterkommt. Denn bekanntlich kommt man nicht einmal mit dem Problem der Abwrackung der nun zunehmend stillgelegten Kernkraftwerke (das erste ist Niederaichbach) zurecht.

Nicht nur das britische Sorgenkind Windscale, auch die französische WAA auf Cap de la Hague arbeitet keineswegs zufriedenstellend, sondern dient nach Auskunft von Insidern hauptsächlich der Versicherung der Bevölkerung, daß die Probleme der Atomenergie gelöst seien. Daß sie in Wirklichkeit alles andere als gelöst sind, verdeutlicht schon die exponierte Lage der Atomfabrik auf dem Cap, wo sie im wesentlichen vom Meer umgeben ist. Die Anlage könnte gar nicht betrieben werden, wenn nicht Wind und Meerwasser große Mengen an Radioaktivität forttragen würden. Darüber hinaus belegen die langen Ausfallzeiten der Anlage, daß die Wiederaufbereitung hochabgebrannten Brennstoffs im industriellen Maßstab noch immer ungelöste technische Probleme birgt — selbst in Frankreich, dem Land mit der größten Erfahrung in ziviler Wiederaufbereitung.

Es fragt sich daher in der Tat, ob sich der Sachverständigenkreis dazu hergeben soll, einer Interessengruppe, der inzwischen die Felle wegschwimmen, mit einem lediglich der Scheinsicherheit dienenden Forschungsprogramm unter die Arme zu greifen, zumal die Zukunft der Atomkraftwerke praktisch zu Ende ist. Atomstrom wird zunehmend teuerer, weshalb auch in der Bundesrepublik seit 1979, als die letzte Baugenehmigung für ein Kernkraftwerk erteilt wurde, selbst von Seiten der Elektrizitätswirtschaft kein neuer Antrag mehr gestellt wurde. Bei uns scheinen z. B. Blockheizkraftwerke und andere dezentrale Lösungen nach mehreren Gutachten, deren neuestes aus dem Batelle-Institut stammt, größere Zukunft zu haben und auch für die Arbeitsplatzsicherung weitaus interessanter zu sein.

In den USA sind noch 33 Kernkraftwerke im Bau, ob jemals eines davon in Betrieb geht, ist fraglich. Die Ruinen sind dort unzählig. Auch in der Bundesrepublik werden in den nächsten Jahren von den 20 sich in Betrieb befindlichen KKW eine Reihe abgewrackt werden, und ob die sieben in Bau befindlichen in Betrieb gehen, ist ebenfalls fraglich, insbesondere da Kohlekraftwerke, selbst mit dem höchsten Umweltstandard, dort den Strom zum halben Preis liefern können. Der Brüter hat sich als Irrweg erwiesen, auch der Harrisburg-Block TMI 1 (der selber vom damaligen Unfall nicht direkt betroffen war) bleibt abgeschaltet, da schon wieder eine analoge Panne in einem anderen US-AKW aufgetreten ist. Auch Brasilien, welches ursprünglich für acht deutsche Kernkraftwerke gezeichnet hat, hat lediglich eines davon im Bau, die Verträge für die sieben übrigen wurden vor einigen Tagen annulliert. Auf der ganzen Linie also eine Kette von Problemen, zu denen eine Wiederaufbereitungsanlage nicht das geringste beiträgt, im Gegenteil, sie fügt nur neue Probleme hinzu.

Ich habe mir erlaubt diese kurze Hintergrunddarstellung zu geben, die selbstverständlich von Seiten der Betreiber nicht unwidersprochen bleiben wird, glaube aber, daß gerade im Hinblick auf die Akzeptanz der Bevölkerung gegenüber den Themen, mit denen sich der Sachverständigenkreis beschäftigt diese Überlegungen nicht unbeachtet bleiben oder gar einfach vom Tisch gefegt werden dürfen.

Mit freundlichen Grüßen   München, den 11. 07. 85

gez. Prof. Dr. Frederic Vester
Leiter der Studiengruppe für Biologie und Umwelt
Ordinarius für Interdependenz von technischem und sozialem Wandel an der Universität der Bundeswehr, München.

XIV. Gigantomanie und Monostrukturen

Meine immer wieder geäußerte Kritik an der Kernenergie-politik baut letztlich auf einem Systemverständnis auf, das sich an den Organisationsprinzipien überlebensfähiger Systeme orientiert und welches im Rahmen marktwirtschaftlicher Möglichkeiten die Bedingungen einer gesteigerten Überlebensfähigkeit untersucht. Dabei wurden einige kybernetische Grundregeln entdeckt, die auch Strukturfragen und solche von Diversität und Größe in einem neuen Licht erscheinen lassen.[72] Daß dabei zentralistische Tendenzen im Gegensatz zu den Überlebenstechniken der vorwiegend dezentral arbeitenden Natur stehen, ist nicht verwunderlich.

Wie sehr im Grunde jede Gigantomanie und jede größere Monostruktur (und damit natürlich auch ganz abgesehen von ihrem Sicherheitsaspekt die gesamte Kernenergiepolitik) den Prinzipien eines überlebensfähigen Systems widersprechen, versuchte ich in einem Vortrag auf der ›Landeskonferenz Umweltpolitik‹ der Jungen Union am 27. April 1985 in Beilngries darzulegen. Die folgenden Passagen sind Auszüge aus diesem Vortrag nebst einigen Ergänzungen. Vielleicht zeigen sie ein wenig die Widersprüchlichkeit in der Philosophie gerade derjenigen auf, die sich durch die Versprechungen der falschen Propheten einer prestigesüchtigen Wissenschaft zur Unterstützung ihres monomanen Weltbildes verleiten ließen.

In den letzten Jahren habe ich mich zunehmend mit den Gesetzmäßigkeiten überlebensfähiger Systeme und ihrer Übertragung auf sozio-ökonomische und technische Systeme beschäftigt. Ich möchte daher zunächst einige grundlegende Bemerkungen zur Notwendigkeit eines systembezogenen Ansatzes für das zukünftige menschliche Handeln machen. Damit meine ich einen Ansatz, der nicht länger auf möglichst beeindruckende isolierte Einzelprojekte gerichtet vorgeht, sondern aus dem Systemzusammenhang heraus möglichst lebensfähige Strukturen anstrebt, wo sich die Ökonomie durch ein Zusammenspiel mit der Umwelt und nicht gegen sie entwickelt.

Die Chancen zu einem entsprechenden Umdenken sind nicht gering, geht doch aus den Stellungnahmen von immer mehr Gruppierungen — bis hin zum Umwelt-Positionspapier der Jungen Union vom Sommer 1985 — das ökologisch begrüßenswerte Bekenntnis zur Kleinräumigkeit, zur dezentralen Wirtschaftsweise und damit eine Absage an die so gefährliche Automatik des Gigantismus eindeutig hervor. Man beginnt wenigstens stellenweise, aber eben noch nicht allgemein, einzusehen, daß man — will man von den Möglichkeiten eines komplexen Systems profitieren — dieses System nicht vergewaltigen darf (auch wenn man die Mittel dazu hätte), sondern daß man dessen Fähigkeiten zur Selbstregulation, zur Mehrfachnutzung, zum Recycling und zur Symbiose offenlegen muß. Organisationsformen wie sie die Biosphäre seit mehreren Milliarden Jahren anwendet, sonst wäre sie längst pleite.

Will man diese Organisationsformen nutzen — und anders können wir nicht überleben, dann muß man konsequent sein und einsehen, daß nicht nur aus Umweltverträglichkeitsgründen, sondern auch aus solchen einer neuen, wieder rentablen Ökonomie so beliebte Prestigeprojekte wie Großflughäfen oder gigantische Wasserstraßen wie der Rhein-Main-Donau-Kanal, Riesenklärwerke oder Müllverbrennungsanlagen, Großwindanlagen wie der GROWIAN oder Großstauwerke wie in Hainburg, Atomkraftwerke oder ebenso riesige Solarstromfarmen, Schnelle Brüter und Wiederaufbereitungsanlagen, Massentierhaltung und Trabantenschlafstädte — daß solche Strukturen nun einmal nicht in eine zukunftsträchtige Wirtschaft hineinpassen.

Denn sie alle können von jenen effizienten Organisationsformen nicht profitieren, sind daher entsprechend teuer und anfällig, brauchen einen unverhältnismäßig hohen Input an Rohstoffen, Energie, Transport, Überwachung und Kontrolle und haben einen ebenso unverhältnismäßig hohen Output an Umweltbelastung, Lebensraumzerstörung, sozialem Streß und Abfällen.

Sie torpedieren die Marktwirtschaft durch ihre Monopolstellung und öffnen die Möglichkeit zur Erpressung von Subventionen. Sie sind viel zu schwerfällig, um sich der technischen Weiterentwicklung laufend anpassen zu können, ja, oft bei ihrer Fertigstellung bereits veraltet. Sie legen gewaltige Kapitalmengen auf lange Zeit fest und sind generell teurer als kleinräumige Lösungen. Allerdings passen sie als zentralistisch zu verwaltende Großeinheiten hervorragend in das Konzept totalitärer Staaten, da sie mit einer zentralen Kontrolle einhergehen und die Staatsmacht deutlich vor Augen führen können.

Soweit sich große Monostrukturen gebildet haben, sei es in der Landwirtschaft, sei es in der Montanunion, sei es im Energiebereich, blieb die Marktwirtschaft auf der Strecke, und wir haben prompt ähnliche Probleme wie man sie im Ostblock hat — bis hin zur alles erstickenden Bürokratie: Die EG diktiert mit unsinnigen Mechanismen die Agrarpolitik, die Monopolstellung der Energieversorgungsunternehmen verhindert kleinräumige Verbundlösungen, Rückspeisungen ins Netz und die Nutzung von Industrieabwärme, und in der Stahlindustrie verhindern unwirtschaftliche Subventionen eine Metamorphose und zementieren den kranken Zustand.

Auch die Größe eines Vorhabens hat ihr Optimum. Es liegt weit unter dem, was wir heute in den meisten Bereichen anstreben. Tausend Megawatt mit vielen kleinen Blockheizkraftwerken unter Nutzung von Biogas und anderen Treibstoffen zu erzeugen, verlangt nur ein Viertel der Investitionen eines Kernkraftwerks — Wiederaufbereitung, Endlagerung oder gar spätere Abwrackung gar nicht gerechnet. Tausend kleine Windanlagen zu je drei Kilowatt kosten zusammen nur ein zwanzigstel einer zentralen 3-Megawattanlage vom Typ GROWIAN, der inzwischen als Fehlplanung erkannt und außer Dienst gestellt wurde. Und an dem Irrglauben, daß größer immer auch rationeller sei, rutschte die amerikanische Landwirtschaft in einen Teufelskreis, an dem inzwischen Woche für Woche zweitausend große Farmer ›out of business‹ gehen, nachdem, wie bei uns, zunächst mal die kleinen Bauern dran glauben mußten.

Mit all dem haben wir keine lebensfähigen Ökosysteme der Wirtschaft gestaltet, sondern Mißgeburten und Leichname. Die kann man zwar auf Intensivstationen künstlich am Leben erhalten; wir haben jedoch heute längst die sehr viel bessere Möglichkeit, solche Leichname durch eine systemgerechte Planung zu vermeiden, und dazu sind nicht einmal Opfer und Verzicht nötig. Vieles geht durch Umdisponieren, Umorientieren, Umorganisieren, durch Ersetzen (oft durch besseres) und durch Umstellen von Verfahren, immer vorausgesetzt, daß der Gesetzgeber mitspielt und nicht blockiert.

Dies gilt auch für die alternativen Technologien selbst. Wie das Beispiel GROWIAN, aber auch die bisherigen Versuche einer zentralen Energiegewinnung durch große Solarkraftwerke zeigen, sind Großtechniken für eine ökologisch und ökonomisch sinnvolle Energieversorgung, die immer dezentral und im Verbund verschiedener Verfahren arbeiten muß, überhaupt nicht geeignet. Entsprechende Prototypen können daher — da sie aus diesem Grunde nicht funktionieren — höchstens zum Beweis dafür herhalten, daß alternative Technologien nichts bringen. Vielleicht ist auch das der Grund, warum wiederum gerne Forschungsgelder für alternative *Groß*projekte, aber praktisch nicht für *Klein*technologien ausgegeben werden. Sie könnten ja funktionieren.

An all dem erkennen wir, daß der technische Wandel zur Zeit offenbar mehrere Stadien gleichzeitig durchläuft. In vielen Bereichen herrscht noch die bisherige Phase einer aggressiven Technologie und Wirtschaftsweise (Kernenergie, Großstaudämme, Intensivanbau, Massentierhaltungen). In anderen Bereichen ist sie bereits durch eine reparierende Phase abgelöst worden (Entschwefelungsanlagen, Klärwerke, Katalysator). Doch auch diese kann wiederum nur ein Übergangsstadium sein zu der unabdinglichen Phase einer biokybernetischen Technologie und Wirtschaftsweise wie ich sie u.a. in meinem Buch *Neuland des Denkens*[21] anhand zahlreicher Beispiele aus den verschiedensten Gebieten beschrieben habe. Das heißt zu einer Stufe, die den Gesamtzusammenhang mit all den Bedingungen berücksichtigt, denen wir Lebewesen und unsere künstlichen Systeme nun mal unterliegen.

Ich möchte mit einem Zitat des englischen Philosophen Francis Bacon schließen: Wer die Natur beherrschen will, muß ihr gehorchen. Wenn wir es nicht tun, wird sie uns die Quittung präsentieren. Um die Natur selber, und dies sage ich bewußt als Ökologe, habe ich keine Angst. Dafür aber um eines ihrer Glieder, um das am weitesten entwickelte und damit störanfälligste Glied: um die Überlebensfähigkeit des Menschen.

XV. Fakten zum Ausstieg aus der Kernenergie

Ein Ausstieg aus der Kernenergie ist früher oder später jedenfalls unvermeidlich. Was also ist zu tun?

Zunächst ein Wort zum ›ständig steigenden Stromverbrauch‹. Bei der Argumentation um die zukünftige Energieversorgung arbeitet man im allgemeinen mit den üblichen deterministischen Prognosen, entstanden aus Hochrechnungen bzw. hochgerechneten Szenarien. Es ist längst erwiesen, daß in einem komplexen System, wie es unsere Zivilisationsgesellschaft ist, solche Prognosen ab einem bestimmten Zeithorizont purer Nonsens sind und daher willkürlich für die eine oder andere Argumentationsseite benutzt werden können. Zur Zeit dienen sie insbesondere den Schreckensvisionen eines ›Volk ohne Energie‹ (in makabrer Analogie zu dem wohlbekannten und ebenso haltlosen ›Volk ohne Raum‹ der Nazizeit). In der Vergangenheit dienten sie als Beleg für einen gewaltig steigenden Energie- und insbesondere Stromverbrauch und damit als Argument für einen entsprechenden Boom im Kraftwerksbau.

Mit der folgenden Abbildung soll nur gezeigt werden, wie sehr jene Prognosen immer wieder von der Realität abwichen, Jahr für Jahr korrigiert werden mußten und trotzdem immer noch zu hoch lagen[73].

Ähnlich verhält es sich mit der Schreckensmeldung, daß ohne Kernenergie die Lichter ausgingen. Dazu ein kleiner Vergleich. Wir verbrauchen heute pro Kopf das Doppelte wie vor zwanzig Jahren und lebten damals auch nicht schlecht. Andererseits liegt der Pro-Kopf-Verbrauch in den Vereinigten Staaten noch einmal doppelt so hoch wie der unsere und gar dreimal so hoch wie der von

175

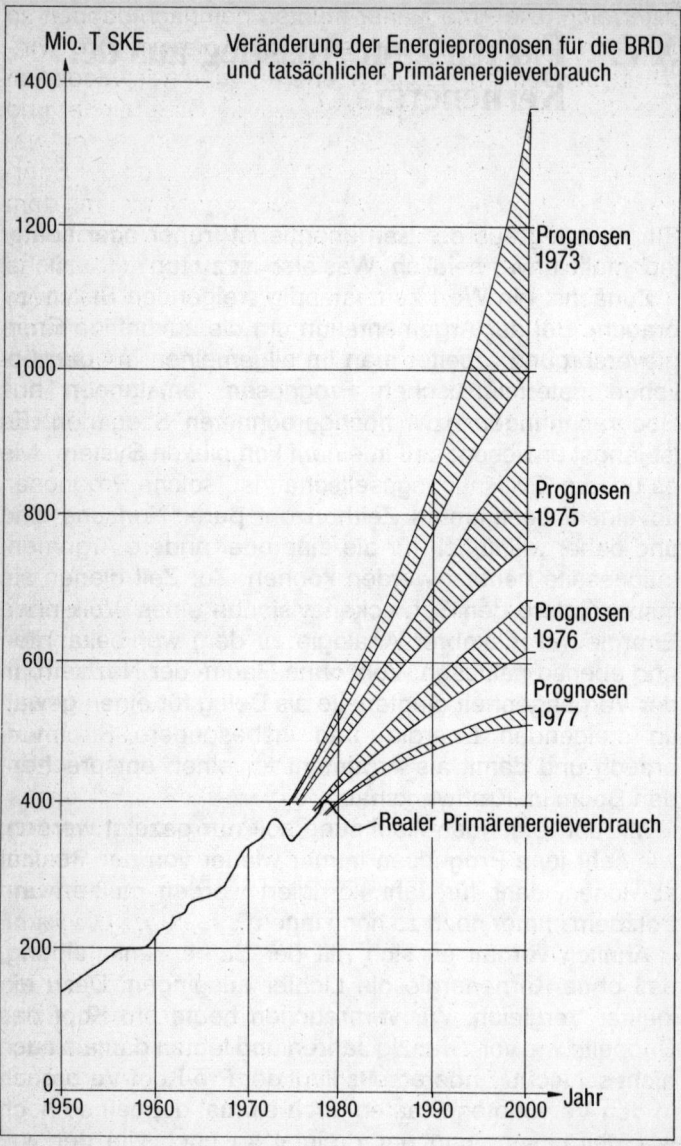

Mio. T SKE

Veränderung der Energieprognosen für die BRD und tatsächlicher Primärenergieverbrauch

Prognosen 1973

Prognosen 1975

Prognosen 1976

Prognosen 1977

Realer Primärenergieverbrauch

Jahr

Österreich. Die Amerikaner müßten demnach doppelt so glücklich, gesund und zufrieden sein wie wir, ihre Wirtschaft doppelt so gut prosperieren, und wir wiederum weit glücklicher und zufriedener als die Österreicher und erst recht, als wir es vor zehn oder zwanzig Jahren waren. Nichts davon ist der Fall. Im Gegenteil: von der Energiekrise und ihren Auswirkungen sind die Länder mit dem höchsten Verbrauch in der Regel am meisten betroffen.

Offenbar sind es wohl eher Strukturfragen und solche der Organisation, die darüber entscheiden, mit welchem Energiedurchsatz man bei einem bestimmten Komfort und einer angemessenen Lebensqualität auskommt. Dazu der folgende Auszug aus meinem Vortrag zum Thema *Jetzt: Alternative Energien?*, den ich am 22. Juli 1986 vor der Jungen Union Bayern in München gehalten habe.

Wo liegt der Fortschritt?

Können wir nun wirklich ohne Kernkraftwerke auskommen? Selbst der Vorstandsvorsitzende der Bayernwerke, Dr. Holzer, hat dies bestätigt. Ja, wir können! Und wenn der Strom dadurch tatsächlich um 30 Prozent teurer würde, wie er sagt, dann dürfte es nicht schwer fallen, den Stromverbrauch um genau jene 30 Prozent zu senken. Denn die Alternative besteht ja nicht in weiteren Kohlekraftwerken, wie es immer heißt – obgleich hier mit weit geringerem Kapitaleinsatz praktisch abgasfreie Wirbelschichtanlagen gebaut werden könnten, die zudem als mittlere Heizkraftwerke mit Nahwärmeversorgung noch zusätzlich einen Großteil der Ölheizungen ersetzen können.

Es ist auch hier wieder bezeichnend, wie die zwei Seiten der Medaille verschieden bewertet werden: Ungebremster Fortschrittsglaube, was die Begleiterscheinungen des Kernenergieweges inklusive Endlagerung betrifft, größte Skepsis gegen-

◀ Abbildung 16

über der Machbarkeit in den Prognosen über den zukünftigen Beitrag der Alternativenergien. Wo bleibt also der Fortschrittsglaube unserer Technokraten, die auf der einen Seite selbst die gefahrlose Endlagerung für lösbar halten und daraufhin getrost ein Kernkraftwerk nach dem andern bauen, wenn es um Fortschritte in der regenerativen oder dezentralen Energiegewinnung geht? Bei diesen sehr viel weiter gediehenen technischen Möglichkeiten sprechen sie dann von ›Spinnerei‹ und ›Träumereien‹ und halten auf einmal nichts mehr für machbar, ja, sehen als einzige Alternative den vermehrten Bau von Kohlekraftwerken.

Wird hier nicht vielleicht versucht, mit dem Beelzebub vor der Austreibung des Teufels zu schrecken? Kohlekraft ist gewiß nicht *die* Alternative für Kernkraft. Nein, die Alternative zum derzeitig 36prozentigen Anteil der Kernkraft an unserer Stromversorgung, der in der Gesamtenergiebilanz ja nur bei 6% liegt, ist nicht in erster Linie in neuen Kraftwerken, sondern in einer Dezentralisierung der Energienutzung, in einer anderen Organisationsform zu suchen. Sie liegt in Koppelungs- und Verbundsystemen, in der Verhinderung von Verschwendung, in der Rückspeisung ins Netz, in cleveren Produktionsverfahren und in der Fülle regenerativer Energiequellen, deren längst möglicher Einsatz durch mangelnde Förderung und ein innovationsfeindliches Energiewirtschaftsgesetz künstlich verhindert wird.

Damit meine ich die aktive und passive Solarenergienutzung, den Ausbau der Biogasherstellung unter gleichzeitiger Entsorgung von Mist und Gülle und der energielosen Bereitstellung hochwertigen Düngers, den Rückgang der energieverschlingenden Kunststoffverpackungen, die ja gleichzeitig ein großes Abfallproblem sind, und hundert andere kleinere und große Verfahren, die nicht nur ohne Komfortverlust und mit weit weniger Primärenergie als heute auskämen (so wie es in vielen Einzelprojekten und auch von manchen Gemeinden — ich nenne nur Heidenheim, Rottweil, Flensburg, Saarbrücken, Erlangen — in Ansätzen praktiziert wird), sondern die auch für das Handwerk und das mittelständische Unterneh-

mertum einen Boom bedeuten könnten und mancher Zuliefe-
rungsindustrie neuen Auftrieb gäben. Von den Exportchancen solcher Technologien ganz zu schweigen.

Wenn daher von Ausstieg oder Umstieg die Rede ist, dann
höre ich allerdings auch von der alternativen Seite oft nur einen *Teil* der wirklich unendlich vielen Möglichkeiten, unseren Energiehaushalt für die Zukunft zu sichern. Und hier ist
in der Tat die vorrangigste Aufgabe eine Änderung jenes aus
den 30er Jahren stammenden Energiewirtschaftsgesetzes, das
derzeit eine wirklich grundlegende Neuorientierung verhindert. Allein die dann mögliche Rückspeisung von Industrieenergie ins Netz mit wahrscheinlich über 20 000 Megawatt
daraus bezogener Stromleistung würde die derzeitige Leistung
der Kernkraftwerke von 17 000 Megawatt glatt in den Schatten stellen, den zusätzlichen Beitrag der vorher genannten regenerativen Energien und cleveren Sparmöglichkeiten gar
nicht gerechnet.

Was meine ich damit? Ich nenne nur ein Beispiel, die kybernetische Bauweise, die den Energiebedarf eines Hauses
von vorneherein um 60% senken kann. (Ich habe in meiner
Wanderausstellung ›Unsere Welt, ein vernetztes System‹ das
Modell eines solchen Hauses stehen, ein Teil davon ist z. B. in
einer Ebersberger Wohnanlage verwirklicht.) Oder auch die
Umstellung auf energie- und gleichzeitig abfallsparende Verfahren — von der Baustoffherstellung bis zum Ligninrecyc-
ling — und nicht zuletzt eine neue Verkehrspolitik, gekoppelt
mit umweltfreundlicher Energieerzeugung.

All diese Dinge sind nicht etwa ausgeschöpft, wie es immer
heißt, sie sind überhaupt noch nicht in Angriff genommen!
Hier fehlen noch der politische Wille, der sich dem Druck
einiger Starrköpfe der Großindustrie beugen zu müssen
glaubt. Dabei ist diesen Kreisen offenbar nicht klar, daß sie
sich beim Fortfahren auf dieser Schiene selbst ins Fleisch
schneiden. Denn wir alle sitzen im selben Boot, das ist das Fatale — *und* auch wieder das Gute an der Situation.

Wenn wir unseren Primärenergieverbrauch reduzieren
wollen, ohne unseren Komfort und unsere Lebensqualität da-

bei zu verringern, dann kann man so ein komplexes Problem jedenfalls kaum mit der Holzhammermethode lösen, sondern weit besser mit ebenso komplexen Lösungen. Ganz gleich, ob es sich um Energieeinsparungen handelt oder um die Anwendung neuer Alternativtechnologien: Die besten Lösungen sind immer standortbezogen, dezentral, divers und damit Lösungen im Verbund. Gerade für solche sind jedoch vor allem Phantasie, Intelligenz und Flexibilität vonnöten.

Denn auf Energielösungen im Verbund − z.B. gibt es funktionierende Modelle, wo Erdwärmegewinnung, Kompostierung, Wasserreinigung, Biogasproduktion und Abfallbeseitigung in einem gemeinsamen System integriert sind − auf solche Lösungen können wir ja gar nicht erst kommen, wenn wir in der bisherigen technokratischen Manier nur *dann* eine Lösung akzeptieren, wenn diese ein Problem zu hundert Prozent löst. In vielen Fällen liegt das Heil in der Kombination mehrerer Teillösungen, so wie es die Natur macht. Warum? Nicht zuletzt, damit bei Störungen oder Ausfällen nicht gleich die ganze Funktion zusammenbricht, sondern durch die nicht betroffenen Komponenten ein großer Teil noch aufrechterhalten wird: ein Prinzip der *Multistabilität,* das von dem absolutistischen Fachdenken der meisten unserer Ingenieure in eigenartiger Weise ignoriert wird.

Wenn wir Probleme wie die Energieversorgung eines Hauses, die Verwertung von Abfällen oder das steigende Verkehrschaos immer nur mit *einer* Methode − und mit dieser dann hundertprozentig lösen wollen, so spricht hieraus in der Tat ein simples Ursache-Wirkungs-Denken, welches für komplexe Systeme noch keine Antenne hat. Vielleicht ist es das uns schon in der Schule eingepflanzte fachspezifische Vorgehen, das uns den Zugang zu Kombinationslösungen so schwer macht. Die Grundlagen und offenstehenden Möglichkeiten zur Nutzung des gewaltigen Potentials, das lediglich in einem Stop weiterer Verschwendung liegt, sind jedenfalls gegeben. Sie werden lediglich blockiert: durch Fehlinformation der Öffentlichkeit, durch fachspezifisches Denken und stures Festhalten an eingefahrenen Strukturen.

Versuchen wir also zwei große Verirrungen zu überwinden:

- unseren ›Hundertprozentfimmel‹, der profitable Teillösungen links liegen läßt — auch wenn sie zusammen genommen längst mehr als 100 Prozent ergeben.
- unseren ›Standardisierungsfimmel‹, der eine Lösung schon deshalb nicht akzeptiert, weil sie nicht ›überall‹ anwendbar ist.[21]

XVI. Ein Blick in die Praxis: Blockheizkraft, Biogas und Energiegesetze

Damit nicht der Eindruck entsteht, die angesprochenen Möglichkeiten seien nur so dahingesagt, sollen im folgenden wenigstens zwei dieser Alternativen mit ein paar weiteren Fakten ausgeführt werden, die bereits jede für sich einen zügigen Ausstieg aus dem Beitrag der Kernenergie zu unserem Gesamtenergieverbrauch leisten könnten.

Interview des Battelle-Instituts mit Prof. Dr. rer. nat. Frederic Vester[74]

Battelle: Wie ist Ihre Meinung zur Ergänzung der Fernwärmeerzeugung in großen Heizkraftwerken durch kleinere dezentrale Kraft-Wärme-Kopplungsanlagen, die sogenannten Blockheizkraftwerke, wobei es um die volkswirtschaftliche Nutzung geht wie Primärenergieeinsparung, Umweltschutz, Strom- und Wärmeerzeugungskosten?

Prof. Vester: Zunächst ein paar Worte über das Umfeld: Von der gesamten Primärenergie, die in der Bundesrepublik eingesetzt wird, geht ja zur Zeit mehr als die Hälfte ungenutzt in die Umwelt. Diese Abwärme stellt einen Energieverlust dar, den man auf rund 100 Milliarden DM errechnen kann. Das sind interessanterweise etwa gerade so viel wie der jährliche Umsatz auf dem bundesdeutschen Heizwärmemarkt. Diese Abwärmemenge stellt nun nicht nur eine Energieverschwendung, sondern auch eine Belastung der Umwelt dar, sie verursacht damit zusätzliche ökologische Kosten.

Sowohl große Heizkraftwerke wie auch die kleineren dezentralen Blockheizkraftwerke bis hin zu den Energiebox-Modulen mit kleinen Otto-Motoren basieren demgegenüber auf dem Prinzip der Kraft-Wärme-Kopplung, d.h. sie erzeugen sowohl Strom als auch Heizwärme, und damit bewirken alle drei Anlagentypen eine Verminderung der Abwärmeverluste. Das würde eine Einsparung von jährlich 15 Mio. Tonnen Öl entsprechen, das sind ungefähr 14 Prozent des Öls, das überhaupt gegenwärtig in der Bundesrepublik pro Jahr verbraucht wird[75]. Diese Einsparung von Öl würde natürlich gleichzeitig eine Verminderung der Abgasemission um den gleichen Prozentsatz bedeuten, auch hier also ein Mehrfachnutzen.

Battelle: Halten Sie den Ausbau von Fernwärmenetzen für sinnvoll?

Prof. Vester: Ein auf ein Großkraftwerk zugeschnittenes Fernwärmenetz ist sehr teuer. Deshalb sollte man überlegen, ob man da nicht groß und klein mischen kann: Kleine ›Nahwärmeinseln‹ (sozusagen als Fernwärmekristallisationspunkte) könnten durchaus mit Blockheizkraftwerken versorgt werden, die natürlich gegenüber den großen weder Vorfinanzierungsprobleme noch Subventionsprobleme haben. Mehrere solcher Nahwärmeinseln könnte man dann untereinander verbinden und sie z.T. auch von größeren Heizkraftwerken versorgen lassen. Später können dann solche Systeme vernetzt und da und dort von noch größeren bereits existierenden Kraftwerken gespeist werden. Die vorhandenen Klein-Aggregate könnten dann Reserve- oder Spitzenlastfunktionen übernehmen.

Man hätte damit eine Art von hierarchischem Aufbau innerhalb eines solchen Netzes geschaffen, der mir, wenn schon Großkraftwerke vorhanden sind, alleine vernünftig erscheint. Eine solche flexible Hierarchie entspricht übrigens auch dem Aufbau von Ökosystemen in der Natur, die sich ja in ihrem Energiehaushalt als sehr wirkungsvoll erwiesen haben.

Battelle: Wie stehen Ihrer Meinung nach die Blockheizkraftwerke in der Gesamtbilanz da?

Prof. Vester: Insgesamt gibt es bisher noch wenige Blockheizkraftwerke, ich glaube, rund 100 in der Bundesrepublik. Das Paradebeispiel ist vielleicht dasjenige in Heidenheim an der Brenz. Über die Wirkungsgrade braucht man eigentlich kein Wort mehr zu verlieren, das zeigen die positiven Bilanzen der betreffenden Stadtwerke.

Ein paar weitere vorteilhafte Merkmale der Versorgung über Blockheizkraftwerk möchte ich noch nennen:

1. Unmittelbare Installation neben den Wärmeabnehmern, d.h. also keine Wärmetransportverluste, keine aufwendige Leitungen.

2. Niedrige Bau- und Planungskosten, kurze Bauzeiten, einfache und billige Anpassung an den momentanen und zu erwartenden Wärmebedarf durch die Modulbauweise. Man kann also erst mal eines bauen und hat dann später vielleicht fünf nebeneinander stehen.

3. Minimaler Platzbedarf, gemessen an der getrennten Strom- und Wärmeerzeugung und praktisch fehlender Aufwand für die Abwärmeentsorgung (Kühltürme).

4. Direkte Einspeisung des erzeugten Stromes in das Niederspannungsnetz, also gar nicht mehr über Hochspannung! Denn bei der lokalen Versorgung können direkt 380/320 Volt abgegeben werden, wobei Transformierungsverluste wie auch Leitungsverluste entfallen und auch keine Anlagekosten zur Stromtransformation entstehen.

5. Die Entlastung der öffentlichen Stromversorgung, insbesondere beim Auftreten von Stromspitzen (evtl. auch als Tageswärmespeicher), die ja sehr, sehr kurz sind (selbst in diesem Winter war die bestehende Kraftwerksleistung mehr als ausreichend). Damit den Bau weiterer Großkraftwerke zu motivieren, wäre also ein Unding.

6. Blockheizkraftwerke sind nicht auf einen Brennstoff fixiert. Eine Umstellung von Erdgas auf Klärgas, Biogas, Flüssiggas oder Dieselkraftstoff ist möglich. Die Emissionsrate kann dadurch sehr gering gehalten werden. Selbst bei Erdgas wird nur etwas NO_2 emittiert, bei Biogas praktisch überhaupt nichts.

7. Die Standzeit eines Blockheizkraftwerks ist beträchtlich.

Das Minimum sind Laufzeiten von 30 000 – 40 000 Stunden, also über 15 Jahre. Der Stadtdirektor von Heidenheim, Karl HEIN, hat jedenfalls Erfahrungen mit Motoren, die schon 150 000 Stunden gelaufen sind.

Battelle: Wie beurteilen Sie die Zukunftschancen dieser Technologie?

Prof. Vester: Dazu möchte ich eines der wesentlichen Merkmale hervorheben, nämlich daß Blockheizkraftwerke auch regenerative Energiequellen benutzen können, und einfach mal ein handfestes Beispiel durchrechnen. Nehmen wir die Daten einer existierenden kleinen Biogasanlage, die zufriedenstellend läuft, z.B. in Wiesloch bei Heidelberg, und die pro Tag 25 Tonnen organischen Abfall umsetzt. Dieser stammt von etwa 700 Großvieheinheiten und ergibt täglich 800 m³ Biogas. Dieses Biogas wird u.a. in einem kleinen Blockheizkraft, bestehend aus 6 Modulen à 15 kW, umgewandelt in 1440 kWh Strom plus 3040 kWh nutzbare Wärme. Also insgesamt in rund 4500 kWh Mischenergie. Eine Tagesproduktion, die rund 550 Litern Öl entspricht. Gehen wir jetzt zurück auf *ein* Modul. Es leistet 15 kW, kann also am Tag ca. 360 kWh Strom bringen und verbraucht dabei 65 m³ Biogas im Gegenwert von 45 Litern Heizöl. Gehen wir jetzt noch den Schritt vom Modul zurück zur Kuh. Eine Kuh produziert soviel Mist und Gülle, daß daraus pro Tag 1 – 2 m³ Biogas gewonnen werden können. Ein Modul, welches maximal 65 m³ verbraucht, kann man daher rund um die Uhr mit dem Abfall von 28 Großvieheinheiten betreiben. Das gibt dann 360 kWh Strom + 720 kWh Heizenergie pro Tag.

Nun der Vergleich zu einem Großkraftwerk: Ein Kernkraftwerk von 1000 Megawatt kostet heute rund 5 Milliarden DM (ohne Endlagerung, ohne Abwrackung, ohne Wiederaufbereitung). 1000 Megawatt entsprechen 67 000 solcher Energiebox-Module von 15 kW. Da kriegt man es zunächst mal mit der Angst zu tun und meint, das sei ja gar nicht machbar. Was kosten 67 000 Module? Eines kostet komplett rund 18 000 DM, alle zusammen also 67 000 × DM 18 000 = 1206 Millionen. Das heißt, mit 1,2 Milliarden DM wird praktisch dieselbe Leistung erzielt wie mit einem Kernkraftwerk. Für ¼ der Kosten die gleiche Stromerzeugung — ohne die unmittelbare, weil dezentral nutzbare Heizwärme von weiteren 2000 MW zu rechnen.

Battelle: Kann die Landwirtschaft für 67 000 Module überhaupt genügend Biogas liefern?

Prof. Vester: Ein Modul, sagte ich, arbeitet im günstigen Fall mit dem Biogas von 28 Kühen rund um die Uhr. 67 000 Module arbeiten also mit dem Abfall von $67 000 \times 28$ Kühen. Das sind rund 1,9 Mio. Kühe. Wieviel gibt es davon in der Bundesrepublik? Mit einem Bestand von 15 Mio. Kühen und 22 Mio. Schweinen (das wären 15 Mio. Großvieheinheiten, was die Kühe betrifft, und etwa 4,5 Mio. Großvieheinheiten, was die Schweine betrifft), also bei insgesamt 18.5 Mio. Großvieheinheiten haben wir zehnmal soviel als wir brauchten! Somit entspricht allein dieser Weg einer dezentralen Energieversorgung über Biogas und eine florierende Blockheizkraftindustrie der Leistung von mehr als 10 Kernkraftwerken — und dies für ein Viertel der Investitionskosten. Das ganze jedoch unter Hinterlassung folgender acht Vorteile (statt, wie sonst, steigender Folgelasten):

1. Vorteil: Einsparung von 75% der Kosten gegenüber einer Energieversorgung mit Kernenergie. Also eine gewaltige Kapitalersparnis.
2. Vorteil: Einsparung von zusätzlich noch einmal der doppelten Leistung an Heizenergie, die dezentral zur Verfügung steht. Eine gewaltige Ersparnis an Betriebskosten.
3. Vorteil: Schaffung einer großen Zahl von Dauerarbeitsplätzen für Produktion und Installation von 670 000 Modulen alle 15 bis 20 Jahre = 35 – 45 000 Einheiten jährlich als ›appropriate technology‹ große Exportchancen.
4. Vorteil: Die Energieerzeugung verläuft regenerativ, d.h. ohne Rohstoffverbrauch und somit auch ohne Fremdabhängigkeit.
5. Vorteil: Die Energieerzeugung verläuft abgasfrei und abwärmefrei. Selbst das produzierte CO_2 stammt aus dem

186

natürlichen oberirdischen Kohlenstoffkreislauf und erhöht nicht den Kohlendioxydgehalt der Atmosphäre.

6. Vorteil: Darüber hinaus ist der Prozeß umweltentlastend durch Abfall- und Abwasserbeseitigung. Denn die Gülle (und das Nitrat), die sonst in den Boden oder die Abwässer liefe, geht ja jetzt in die Biogasanlage und bringt als Rückstand einen weiteren Gewinn.

7. Vorteil: Der Rückstand liefert einen vorzüglichen, wohlriechenden und giftfreien Naturkompost, der unmittelbar in der Landwirtschaft (auch zur Kopfdüngung) anstelle von dem immer mehr umstrittenen Industriedünger verwendet werden kann.

8. Vorteil: Dadurch wirkt das Verfahren indirekt bodenverbessernd und Erosionen vorbeugend.

Also insgesamt eine ganz interessante Geschichte, die meiner Ansicht nach enorme Zukunftschancen hätte und uns natürlich auch am Exportmarkt Vorteile verschaffen könnte, während, wie man ja sieht, das Anbieten von Großkraftwerken im Ausland immer schwieriger wird. Die Zukunftschancen einer kleinräumigen Technologie sind natürlich, insbesondere in Art der beschriebenen Verbundwirtschaft beträchtlich. Die in dem Buch von ROTH *Wechselwirkungen zwischen Siedlungsstruktur und Wärmeversorgungssystemen*[75] (Schriftenreihe des Bundesministeriums für Raumordnung, Bauwesen und Städtebau, 1980) angegebenen 9% des Heizwärmebedarfs, die in Abstimmung mit der Elektrizitätswirtschaft als Versorgungsanteil der Blockheizkraftwerke errechnet wurden, dürften dann wahrscheinlich weit überschritten werden. Insbesondere, wenn man, wie in meinem Beispiel gezeigt, regenerative Energiequellen nutzt, die uns z.B. als Mist und Gülle zur Verfügung stehen und uns derzeit durch die Abfälle der Massentierhaltungen einen Riesenärger machen und große Umweltprobleme aufwerfen, die man dadurch gleichzeitig beseitigen könnte.

Battelle: Welche Schwierigkeiten und Hemmnisse sehen Sie bei der Durchsetzung dieser Technologie?

Prof. Vester: Ich sehe wiederum schlechte Zukunftschancen, solange unsere Entscheidungsträger sich von dem Interessenklüngel verschiedener Gruppen für dumm verkaufen lassen und auf den absolut irrigen Glauben reinfallen, daß größere Einheiten immer am rationellsten und profitabelsten wären. Eigeninitiativen von Stadtwerken gegenüber den überregionalen EVUs sind daher unbedingt notwendig. Aber zunächst einmal scheint Aufklärung notwendig, unabhängige Information und vor allem richtiges Rechnen. Die Entscheidungsträger können im Grunde alle nicht mehr rechnen. Heidenheim und Saarbrücken bilden da eine Ausnahme.

So sind z. B: die Stadtwerke Saarbrücken von einem Stromversorgungsunternehmen zu einem Energieunternehmen geworden und prompt stehen sie fast als einzige Stadtwerke mit schwarzen Zahlen da. Saarbrücken hat ein örtliches Energieversorgungskonzept. Die Stadt bietet einen Beratungsdienst an, Wirtschaftlichkeitsberechnungen bei der Wärmedämmung, sie hilft mit Finanzierungsplanungen bei der energetischen Modernisierung, sie macht für die Bürger die Berechnung und Nutzung lokaler und erneuerbarer Energiequellen, insbesondere von Abwärmequellen.

Kurz, hier geht man endlich einen Weg, den einige große amerikanische Elektrizitätswerke schon vor Jahren gegangen sind, wie etwa die TVA (Tennessee Valley Authority) oder die Pacific Power and Light Company (PP&L), die sechs Staaten im Westen der USA versorgt. Dort baut man schon längst kein Großkraftwerk mehr, sondern bietet seinen Kunden, wenn man so will, ›Energiesparpakete‹ und Energieberatung an, damit diese mit *weniger* Energie auskommen. Dadurch behalten die Energieversorgungsunternehmen ihre Kunden und haben nicht die gewaltigen Kapitalfestlegungen am Hals wie bei uns. Mit anderen Worten: Sie können offenbar besser rechnen.

Um die Zukunft zu meistern, brauchen wir daher vor allem bessere Information über Energiesparmaßnahmen und deren Zusammenhang mit der Schaffung von Arbeitsplätzen. Je effizienter und umweltfreundlicher Energie genutzt wird, desto sinnvoller und wirtschaftlicher sind dezentrale Versorgungsanlagen. Und zwar in drei Stufen: mittlere Blockheizkraftwerke für Stadtteile, kleinere für Wohnanlagen und schließlich ganz kleine für Einzelgebäude, die statt einer Heizung Energieboxen im Keller stehen haben und einen Haushalt, eine Werkstatt oder einen Bauernhof auf zukunftsträchtige Weise mit der Menge elektrischer und Wärme-Energie versorgen, die neben einer wirksamen passiven Sonnenenergienutzung dann noch nötig ist. Die Durchsetzbarkeit ist nur eine Frage der Einsicht (die sich u. a. auch in einer Änderung der monopolitischen Energiewirtschaftsgesetze niederschlagen muß) — jedoch nicht mehr der Technik selbst oder gar der Wirtschaftlichkeit.

Ein unzeitgemäßes Energiewirtschaftsgesetz

Daß nicht nur diese, sondern viele andere Umstiegsmöglichkeiten nicht in Angriff genommen werden, liegt, wie schon mehrfach betont, in erster Linie an dem noch aus der Hitlerzeit stammenden Energiewirtschaftsgesetz, dessen Monopolcharakter seinerzeit verankert wurde, um im Rahmen der Kriegsvorbereitung die Bereitstellung der für die Rüstungsindustrie nötigen Energie zu garantieren.

Die 1981 gegründete Deutsche Energiegesellschaft (DEG)[76] hatte als einen ihrer ersten Vorstöße schon 1981 das folgende Papier zur Änderung des Energiewirtschaftsgesetzes an unsere politischen Entscheidungsträger gesandt. Dieses von Anfang an betriebene Bemühen auf der gesetzgeberischen Seite trifft sich mit praktischen Vorschlägen, wie z. B. der kürzlich ausgearbeiteten Empfehlung für die Einführung einer ›Energiekennzahl‹ für Wohnhäuser. Energiekennzahlen für weitere Bereiche bis hin zu Haushaltsgeräten werden folgen.

Aktion: ›Entschwendet die Energiewirtschaft‹!

Presseinformation vom 23. November 1981

In einem offenen Brief hat der Präsident der Deutschen Energie-Gesellschaft, der Umweltexperte Frederic Vester, an Parlamentarier appelliert, die geltenden Energiewirtschaftsgesetze zu ändern. Unter dem Motto ›Entschwendet die Energiewirtschaft‹ hat die Gesellschaft eine aus fünf Punkten bestehende parlamentarische Anfrage vorgeschlagen.

Den Energieversorgungsunternehmen werden heute kraft Gesetz eine Monopolstellung zugebilligt, die es ihnen erlaube, ›sich um einen konsequenten Weg des Energiesparens zu drücken‹. Ein Mißbrauch der Energiegesetze liegt nach Meinung der Deutschen Energie-Gesellschaft vor, wenn Strom, der aus industriellen Produktionsprozessen gewonnen wird oder noch gewonnen werden kann, bei der Einspeisung in öffentliche Versorgungsnetze nur mit ›lächerlich niedrigen Sätzen‹ entschädigt werde. Indem die Stromerzeuger auf diese Weise jeden Anreiz zur Verwertung vorhandener und überschüssiger Energie aus Produktionsprozessen zunichte machen, würden sie in Wirklichkeit die Energieverschwendung anheizen. Dabei handelt es sich nach Meinung des Präsidenten der Deutschen Energie-Gesellschaft um Energiemengen, die einer Leistung von zwanzig großen Kernkraftwerken entsprechen würden. Schon der Dampf einer einzigen Papierfabrik reiche aus, um über Turbinen geleitet, eine Kleinstadt mit Strom zu versorgen.

Muster eines Schreibens an Bundes- und Landtagsabgeordnete

Sehr geehrte...

Die Deutsche Energie-Gesellschaft hat sich zur Aufgabe gemacht, die gewaltigen Hindernisse, die einer effizienten Energienutzung immer noch entgegenstehen, öffentlich be wußt zu machen und beseitigen zu helfen. Wir wenden uns mit diesem Brief an eine Reihe von Abgeordneten mit der dringenden Bitte, die weiter unten aufgeführten 5 Punkte als parlamentarische Anfrage vorzubringen. Dazu möchten wir folgendes vorausschicken:

Der Überzeugung, daß Energieeinsparung die Hauptenergiequelle der Zukunft ist, sind nicht nur die Experten hierzulande. Welch gewaltiges Energiepotential in einer rationelleren Energienutzung brach liegt, wurde in einer Reihe von internationalen Untersuchungen, nicht zuletzt auch in dem renommierten ›Energy Future Report‹ der Harward Business School nachgewiesen.

Die Deutsche Energie-Gesellschaft ist jedoch besorgt, daß ausgerechnet die Stromproduzenten in der Bundesrepublik sich um einen konsequenten Weg des Energiesparens drücken. Wir finden es unredlich, wenn von den Versorgungsunternehmen mit Millionenaufwand und in umfangreichen Werbekampagnen Sparparolen unters Volk gestreut werden, die Tarife aber derart verwirrend gestaltet sind, daß davon kein wirksamer Spareffekt ausgelöst wird. Darüber hinaus halten wir es im Sinne einer umwelt- und menschengerechten Energieverwendung für unvertretbar, daß diese Tarife letztlich den Großabnehmer begünstigen.

Wir sind der Auffassung, daß das bestehende Energiewirtschaftsrecht den Energieversorgungsunternehmen eine wirtschaftliche Sonderstellung erlaubt, die dem Wesen unserer Wirtschaftordnung, der freien Marktwirtschaft, nicht entspricht. Das mag historische Ursachen haben, zeitigt aber heute zunehmend Nachteile, insbesondere wenn diese Monopolstellung mißbraucht wird. Solch ein Mißbrauch liegt nach Meinung der Deutschen Energiegesellschaft vor, wenn Strom, der aus industriellen Produktionsprozessen gewonnen wird bzw. gewonnen werden kann, bei der Einspeisung in die öffentlichen Versorgungsnetze nur mit lächerlich niedrigen Sätzen entschädigt wird.

Indem die Energieversorgungsunternehmen auf diese Weise jeden Anreiz zur Verwertung vorhandener und überschüssiger Energie aus industriellen Produktionsprozessen zunichte machen, heizen sie in Wirklichkeit die Energieverschwendung an. Daß es sich dabei um Energiemengen handelt, die allein auf diese Weise einer zusätzlichen Stromleistung von 27 000 Megawatt — dem Gegenwert von 20 großen Kernkraftwerken — entsprechen, ist in der Öffentlichkeit kaum bekannt. So würde der Dampf einer einzigen Papierfabrik, statt ihn nutzlos in die Luft zu blasen und die Umwelt mit Abwärme zu belasten, schon ausreichen, um — über Turbinen geleitet — eine Kleinstadt mit Strom zu versorgen.

Ein weiterer Mißbrauch des in den unzeitgemäßen Energiewirtschaftsgesetzen verankerten Monopols liegt in der Macht der Energieversorgungsunternehmen, ihren Kleinkunden (kleinere und mittlere Gewerbebetriebe, Wohnanlagen) die Installation energiesparender Wärmekraftmaschinen zu verbieten, obgleich dadurch nachweislich ebenfalls wieder ein mit einfachen Mitteln zu schaffender Energienutzeffekt ähnlichen Ausmaßes erreicht würde sowie eine weitere Senkung unserer Rohstoffabhängigkeit.

Die Deutsche Energie-Gesellschaft fordert dazu auf, dieser gewaltigen, lediglich in einem veralteten Recht begründeten Verschwendung ein Ende zu bereiten und der unnötigen Belastung unserer Energiewirtschaft (und Volkswirtschaft) mit einer konsequenten ›Entschwendung‹ zu begegnen.

Wir appellieren an Sie, sehr geehrte…
dieser unserer Forderung Nachdruck zu verleihen und bitten Sie, an die -regierung folgende parlamentarische Anfrage zu richten:

1. Liegen der -regierung Erkenntnisse vor, in welchem meßbaren Umfang die Absichtserklärung der deutschen Wirtschaft (›Energiepolitische Einigungserklärung‹ zwischen dem Verband deutscher Elektrizitätswerke, dem Bundesverband der deutschen Industrie und der Vereinigung Industrielle Kraftwirtschaft vom 1. 8. 79) in die Tat umgesetzt worden ist? Bekanntlich sollten ja nach dem Willen dieser Erklärung die ›Voraussetzungen für eine sinnvolle

Ausschöpfung des Energieerzeugungspotentials der Industrie, insbesondere auf der Basis der Kraft-Wärme-Kopplung verbessert‹ werden, wobei an gleicher Stelle die Verbände beteuert haben, sie gingen ›davon aus, daß die vereinbarten Grundsätze in der Praxis angewandt werden‹.

2. Was kann und will die -regierung unternehmen, daß die Entschädigungssätze für die Rückeinspeisung von Energie aus industriellen Produktionsprozessen angehoben werden, um die vorliegenden Kapazitäten zu mobilisieren und damit die Verschwendung eines gewaltigen ungenutzten Energiepotentials zu drosseln?

3. Was gedenkt die Bundesregierung zu tun, die Energieversorgungsunternehmen zu einer für den Verbraucher übersichtlichen und verständlichen Tarifgestaltung zu bewegen, die dem Bedürfnis der Zeit entspricht, indem sie z.B. einen — der technischen Innovation der deutschen Wirtschaft gewiß nicht abträglichen — am Status-quo-Verbrauch der unterschiedlichen Branchen orientierten progressiven Energiepreis ins Auge faßt?

4. Ist die -regierung bereit, die unzeitgemäße Form des derzeitigen Energiewirtschaftsrechts zur Kenntnis zu nehmen und entsprechende Änderungen einzuleiten, um das gewaltige, Jahr für Jahr verschwendete Energiepotential der Volkswirtschaft ohne große Kapitalfestlegung und weiteren Rohstoffverbrauch nutzbar zu machen?

5. Wie beurteilt die -regierung die Einstellung amerikanischer Stromversorgungsunternehmen (wie der PP&L — Pacific Power and Light Company und inzwischen einer Reihe anderer), die, anstatt Geld für neue Kraftwerke auszugeben, ihren Abnehmern zu billigen Krediten für Energiesparinvestitionen verhelfen, bzw. Stromsparpakete verkaufen und auf diese Weise auch bei steigender Kundenzahl mit der bestehenden Stromleistung auskommen.

Ist die -regierung bereit, sich dafür einzusetzen, daß eine solche Geschäftspolitik auch von den hiesigen Energieversorgungsunternehmen betrieben wird?

Die Deutsche Energie-Gesellschaft ist überzeugt, daß in den hier vorgeschlagenen Maßnahmen Energiegewinnungsmöglichkeiten liegen, die mit zu

- den wirksamsten
- an Umfang beträchtlichsten
- die Volkswirtschaft am wenigsten belastenden
- die Umwelt sogar entlastenden
- wirtschaftlich am einträglichsten
- zukunftsträchtigsten
- unmittelbar anzapfbaren

und damit insgesamt wohl unproblematischsten zählen, die wir kennen.

Eine Negierung dieser Wege und die Nicht-Inangriffnahme entsprechender Maßnahmen durch unsere Entscheidungsträger in Politik und Wirtschaft kann unseres Erachtens von der Bevölkerung nicht mehr länger hingenommen werden und läßt sämtliche Beteuerungen, alle Anstrengungen zu unternehmen, um die Energiesituation zu entlasten, unglaubwürdig erscheinen.

Die Deutsche Energie-Gesellschaft hofft auf Ihre Mitarbeit.

Mit freundlichen Grüßen
Ihr

gez. Priv. Doz. Dr. F. Vester   im November 1981
Präsident der Deutschen
Energie-Gesellschaft e.V.

Insbesondere das Öko-Institut in Freiburg, das IFEU-Institut in Heidelberg, die Gesellschaft für Dezentrale Energiewirtschaft in Augsburg, die Stiftung Mittlere Technologie in Kaiserslautern, die Fritz-Schumacher-Gesellschaft in München und eine Reihe anderer Institutionen arbeiten neben der DEG zielstrebig in dieser Richtung[77]. Dennoch wird ihr Bemühen erst dann zu einem wirklichen Durchbruch verhelfen, wenn jenes Energiewirtschaftsgesetz geändert ist. In diesem Augenblick wird jeder, der heute noch den Ausstieg aus der Kernenergie in eine ferne Zukunft versetzt, wohl nicht mehr gerne an sein ›dummes Geschwätz von gestern‹ erinnert werden. Ähnlich wie heute all diejenigen, die die Einführung des Katalysators oder des bleifreien Benzins als völlig illusorisch, nie durchführbar oder unbezahlbar apostrophiert hatten. Wenige Monate, ja Wochen später waren bleifreies Benzin und Kat-Autos auf dem Markt.

Es ist schon auffallend, wie stark der Fortschrittsglaube unserer Technokraten ist, wenn es um Illusionen geht. Da halten sie selbst die Fusionsenergie oder eine sichere Endlagerung eines Tages für machbar. Doch wenn es darum geht, ein kleines Kraft-Wärme-Modul in den Keller zu stellen, ein Flachdach zu begrünen, aus organischen Abfällen Kompost und Biogas zu gewinnen, mit Photovoltaic zu kühlen oder eine Windpumpe zur Bewässerung zu installieren – was alles längst funktioniert – dann halten diese großartigen Ingenieure auf einmal nichts mehr für möglich.

XVII. Tschernobyl und die Angst der Deutschen

Die starke und anhaltende Reaktion der Bevölkerung auf den Tschernobyl-Unfall und insbesondere auf die damit verbundene Informationspolitik hat gezeigt, daß die vergangenen 40 Jahre im Sinne einer politischen Reifung nicht vertan waren. Wir haben ein Demokratieverständnis entwickelt, das in dieser Situation – der vielleicht ersten realen Bewährungsprobe nach dem Zweiten Weltkrieg – ein Gespür und eine Sensibilität gegenüber totalitären Ansätzen erkennen läßt, die in der Lage sind, diesmal anders als in den dreißiger Jahren bereits den Anfängen zu wehren.

Die nicht zu leugnende spezielle Angst gegenüber einer – gemessen an anderen akuten Gefahren in der Tat weit geringeren – radioaktiven Belastung zeigt darüber hinaus, daß gegenüber dieser mit keinem Sinnesorgan wahrnehmbaren, und erst langfristig wirksamen Gefahr eine besondere psychische Reaktion angesprochen ist, daß hier offenbar etwas ganz anders vorliegt als bei allen anderen – sichtbaren und unmittelbar erlebbaren – Unfällen.

Angst, Empörung und Wut sind offenbar dann am größten, wenn uns eine Gefahr oder ein Risiko aufoktroyiert wird, wir sozusagen zur Ohnmacht verdammt sind. Auch dann, wenn diese Gefahr und ihr Risiko um vieles geringer sind als Gefahren, denen wir tagtäglich zwar ausgesetzt sind, sie aber dennoch *im Prinzip* vermeiden können. Denn da entscheiden letztenendes noch immer wir selbst. Hier dagegen entscheidet eine anonyme – im Fall Tschernobyl sogar weit entfernte fremde – Macht.

Zu diesem Thema ein weiterer Auszug aus meinem Passauer Vortrag am 5. Juli 1986.

Die jährlich weit über zehntausend Toten und hunderttausende Verletzten durch Verkehrsunfälle müssen — wenn wir absolut nicht wollen — uns auch nicht treffen. Wenn man sich weder in ein Flugzeug noch in ein Auto setzt noch auf die Straße geht, kann man dies vermeiden. Die vielen Herzinfakte und Lungenkrebse durch Rauchen — selbst durch Mitrauchen — kann der Einzelne *im Prinzip* vermeiden, indem er nicht raucht, sich in keine Wirtschaft setzt.

Einer Strahlenverseuchung kann sich dagegen niemand entziehen, sie mit keinem Sinnesorgan erfassen, ja, da es eine langfristige Schädigung ist, sie nicht einmal rechtzeitig bemerken. Man ist ihr, ohne sie wahrnehmen zu können, als Einzelner unkontrollierbar ausgeliefert. Selbst die Verseuchung mit einem Virus oder mit Dioxin reicht nicht an jene Hilflosigkeit heran. Denn auch hier ist *im Prinzip* ein Schutz durch ein Gegenmittel oder eine chemische Umwandlung in einen harmloseren Stoff oder ein Verlassen des verseuchten Standorts möglich — was alles drei gegenüber radioaktiven Strahlen nicht funktioniert.

Da diese spezielle Angst gegenüber einer nicht wahrnehmbaren, heimtückischen Gefahr, und der damit zusammenhängende Streßmechanismus dem Menschen angeboren, inhärent und damit ein Faktum ist, baut jede Politik, die dieses Faktum ignoriert, auf Illusionen auf.

Auf der anderen Seite fragt man sich, ob wir in der Tat hier besonders ängstlich reagieren. Wieso gibt es Stimmen aus dem Ausland, die sich wundern, warum ausgerechnet die Deutschen auf den dort kaum registrierten Fallout so hysterisch reagieren. In anderen Ländern hätte man sich nach der Katastrophe doch sehr viel gelassener verhalten. Was ist an einem solchen Urteil dran? Gehen wir die Länder durch: Österreich hat kein Kernkraftwerk in Betrieb. In den USA liegt die Atomindustrie seit Harrisburg danieder. Selbst fertige Atomkraftwerke sind seither nicht mehr ans Netz gegangen, geschweige denn neue bestellt. In Holland hat man beschlossen, zügig auszusteigen. In Dänemark und Norwegen hat es nie Kernenergie gegeben. In Italien existieren drei Kernkraftwerke mit einem unbedeutenden Stromanteil von 4 Prozent an der Gesamtenergie von vielleicht 0,5 Prozent. Jugoslawien möchte nach Tschernobyl auf den Bau seines zweiten Atomkraftwerkes verzichten. Und Schweden hat bereits eine Gesetzesvorlage erarbeitet, die die Errichtung weiterer Atomkraftwerke verbietet.

Daraus wird eines deutlich: die Bevölkerung dieser Länder *braucht* sich nicht aufzuregen. Sie anerkennt das ehrliche Bemühen ihrer Entscheidungsträger, aus einer energiepolitischen Sackgasse herauszukommen. Ergebnis: die Angst ist dort weg. Sie wäre es auch bei uns, obgleich wir mit am meisten von der radioaktiven Wolke abgekriegt haben. Denn wenn wir ehrlich darüber unterrichtet würden, welche Gefahren anstehen, wie man sie vermindern kann und vor allem was man in den ersten Tagen hätte tun können, wüßten wir, wo wir dran wären und könnten die Konsequenzen ziehen. Weit größer als vor der Radioaktivität selber ist inzwischen die Angst, bei diesem Geschehen (und erst recht bei einem vielleicht noch weit schlimmeren Desaster im eigenen Lande) von den von uns gewählten Politikern und Behörden hintergangen zu werden, unsere Bewegungsfreiheit, unsere Meinungsfreiheit, die Pressefreiheit und auch eine freie wirtschaftliche Entfaltung durch die Monopolansprüche einer kleinen Clique abgewürgt zu bekommen.

Bleiben noch die Franzosen. Warum zeigen sie, zugepflastert mit 45 Kernkraftwerken, auf Tschernobyl praktisch keine Reaktion? Dafür gibt es zwei Erklärungen. Erstens, weil es in Frankreich aus historischen Gründen nie eine Atom-Opposition gegeben hat und es hier von den Kommunisten bis zu Le Pen eine heilige Allianz gibt, die die Stromversorgung als zentralistisches Machtmittel mit dieser Technik am ehesten garantiert sieht und Frankreich ja auch als militärische Atommacht seinen Traum von der ›Grande Nation‹ am ehesten nahekommt, wenn seiner Plutoniumherstellung nichts im Wege steht.

Zweitens steht es dementsprechend schlecht um eine informative Aufklärung der Bevölkerung. In punkto Atomenergie sind die Medien bis hin zur Provinzpresse weitgehend gleichgeschaltet. Die Franzosen sind also auch deshalb so ruhig, weil sie einfach nichts wissen — genau wie die Einwohner der Ostblockländer. Das kommt daher, daß anders als bei uns die staatliche Strahlenschutzkommission aus einer militärischen Behörde hervorgegangen ist. Sie unterliegt immer noch der Geheimhaltungspflicht und konnte daher ohne Rechtsverletzung nach der Reaktorkatastrophe alle Informationen unterdrücken. So konnte auch die ganzen Jahre über das Märchen von dem billigen französischen Atomstrom aufrechterhalten werden, das eine glatte Lüge ist.

Erst 14 Tage nach Tschernobyl — und dann nicht wieder — erschienen erste kurze Notizen in den Zeitungen. Dann griffen lediglich *Paris Match*[78] und *L'Express*[79] das Thema auf. Diese Artikel waren allerdings überraschend kritisch. Sie wiesen erstmalig auf die langjährige Täuschung der Bevölkerung über die miserablen ökonomischen Aspekte des französischen Kernenergieabenteuers hin, diskutierten die unzureichende Sicherheit und die zunehmende Abhängigkeit von dieser einen Technik, in die man blind hineingerutscht sei.

Denn weder haben ja die 45 französischen Reaktoren (und die 18 weiteren im Bau) die Arbeitslosigkeit verringert — sie liegt mit 12 Prozent weit höher als bei uns —, noch ist die Energieerzeugung durch den Atomstrom wirtschaftlicher geworden. Die EDF ist vielmehr mit 220 Milliarden Francs verschuldet und ihre riesigen Überkapazitäten zwingen sie, den Strom zu Schleuderpreisen weit unter dem Entstehungspreis abzugeben. So schaut es aus im Atomwunderland Frankreich.

Doch zurück zu den ›hysterischen‹ Deutschen. Da sich hier der Widerstand schon früh formiert hatte, hat man sich mit der Kernenergie und ihren gewaltigen Nachteilen ebenso wie mit Möglichkeiten einer alternativen Energiegewinnung intensiver befaßt als in manchen anderen Ländern. Mit dieser Vorbildung ›belastet‹, haben sich uns auch die Folgen des Reaktorunfalls in einer weit realistischeren Dimension dargestellt als etwa den uninformiert gebliebenen Franzosen. Die deutschen Kernenergiegegner sind also alles andere als hysterisch, sie sind ganz im Gegenteil Realisten, wie ja nicht zuletzt der durchaus reale Reaktorunfall von Tschernobyl gezeigt hat.

Hier weiß man seit langem, daß die Kernenergie — offenbar geboren aus einer lebensfeindlichen Technologie — jeden Bereich unseres Lebens beeinflußt: die Gesundheit, die Lebensweise, die Wirtschaft, die Landwirtschaft, den Staat, Sicherheit und Kontrolle, die Umwelt und darüber hinaus die nach uns folgenden Generationen beeinflußt und all diesen Bereichen ihren Stempel aufdrückt. Ja, so sehr aufdrückt, daß, wie wir jetzt gesehen haben, bereits unsere Demokratie, die Pressefreiheit, die Meinungsfreiheit, die Unabhängigkeit der Medien in Gefahr sind und man Menschen, die gegen diese Vergewaltigung protestieren, brandmarkt, ihnen Stempel in die Pässe drückt, sie als Volksverhetzer und Panikmacher denunziert, nur um sich jener aufkommenden Diktatur der Elektroggiganten zu beugen.

Es ist nicht zu leugnen, daß Großtechnologien mit ihrer scheinbaren Macht (auch wenn sie noch so verwundbar sind) ihre Faszination auf den Menschen ausüben, vor allem auf solche Menschen, die hoffen, dadurch ihr eigenes Ego über sich selbst herausheben zu können. Und immer wenn mit Euphorie rosigste Aussichten auf ›endgültige‹ Problemlösungen — von den Goldmachern des Mittelalters bis zur Kernfusion und SDI — versprochen und Kritiker als Defaitisten gegenüber dem ›Fortschritt‹ verschrieen werden, ist das ein Zeichen dafür, daß wir wieder einmal dem Prometheus-Syndrom verfallen sind.

XVIII. Die Widerspenstigkeit des Lebens

Wenige Stunden, bevor dieses Buch in Druck ging, stieß ich auf einen Artikel des Augsburger Psychologen Dieter ULICH[80] über die mehrfach von mir angeschnittenen Fragen nach unserem Verhältnis zur Technik und seiner zunehmenden Perversion. Selten war ich von einem Aufsatz so angerührt. Denn ULICH drückt hier von einer anderen Warte vieles treffender und intensiver aus als ich es vermochte, und so entstand der spontane – und von ihm ebenso spontan erfüllte – Wunsch, diesen Aufsatz noch in mein Buch aufzunehmen, ja dieses damit ausklingen zu lassen.

Dieter Ulich
Die Atomfalle und die Widerspenstigkeit des Lebens

Einige Anmerkungen zur gegenwärtigen ›Fortschritts‹-Krise aus psychologischer Sicht[81]

Keinem Tier würde es einfallen, in eine selbstgebaute Falle zu laufen. Hat die Liebe zum Leben nachgelassen bei den Menschen?

Ein Minister zeigte sich besorgt darüber, daß die Atomkatastrophe von Tschernobyl den Kernkraftgegnern in diesem Land Auftrieb geben könnte. Man klärt uns auf über die Nicht-Gefahren der Katastrophe. Ein anderer meint, die Kritik an Atomkraftwerken gefährde den technischen Fortschritt. *Es scheint, als seien nicht wir gefährdet, sondern unsere Maschinen.* Haben die Maschinen bzw. die ›Sachzwänge‹ Vorrang? Die Verleugnung und Verdrängung von Gefahr dient ja wirklich nicht der Rettung der Menschen, sondern allenfalls der Rettung der Maschinen. Sehr neu und sehr originell ist dies alles nicht. Vor genau dreißig Jahren hat Günther Anders in seinem Buch ›Die Antiquiertheit des Menschen‹ die These entwickelt, daß sich die Menschen aufgrund ihrer Unvollkommenheit und Sterblichkeit in eine immer größer werdende Unterlegenheit gegenüber ihren immer perfekter werdenden Produkten begeben. Daher wird der Druck der Anpassung immer größer und die Gefahr der Fehlanpassung leider auch.

Wenn man also z. B. Schutzräume hat und die Menschen da hineinschickt, dann braucht man die Atomkraftwerke nicht abzuschalten. Wir schützen die AKW vor der Unvollkommenheit des Menschen, indem wir die Menschen einsperren. (In den Schutzräumen können sie dann übrigens den billigen Atomstrom genießen, den sie nicht hätten, wenn sie draußen frei herumlaufen würden.) Auch die ›Grenzwerte‹ werden vielleicht einmal denselben Zweck erfüllen; sie drücken das Maß aus, in dem wir uns an die Strahlen anpassen müssen. Sogar die höchst fragwürdigen Risiko-Wahrscheinlichkeitsberechnungen oder auch internationale Warnsysteme, Abteilungen für Strahlenkranke in Krankenhäusern u. ä. m. erfüllen letztlich denselben Zweck: Schutz der Maschinen vor dem Lebenswillen und der Angst der Menschen. Sachzwänge sind die Zwänge, die die Sachen über uns ausüben. Wenn der Fortschritt also an die Maschinen und nur an sie gekoppelt ist: Wird Lebenswille dann fortschrittsfeindlich, sind wir zum Sicherheitsrisiko für unsere Maschinen geworden?

Veraltet sind in der Tat nicht unsere Maschinen — der Reaktor von Tschernobyl galt noch vor drei Jahren auch im Westen als zuverlässig —, veraltet sind wir selbst. Ein ganzes Heer von technischen und menschlichen Ingenieuren (auch Psychologen!) ist täglich damit beschäftigt, den Menschen an seine Geräte anzupassen, festzustellen, wie weit man die Zerreißprobe treiben kann, welche Zumutungen der Leib aushalten kann, wie die Schwellen gerade noch verschoben werden könnten. Während für die AKW und ihre Protagonisten die

Unvollkommenheit des Menschen eher ein Ärgernis, ein Störfaktor ist, macht sich die Bombe die ›leichte Verderblichkeit‹ des Menschen zunutze.

Wenn aber Gesundheit nicht nur von Pillen abhängig ist, die wir uns kaufen können, sondern auch vom Wind, den wir uns nicht kaufen können, der aber unser Leben in Gefahr bringt, dann stürzt die Fortschrittsgläubigkeit (zumindest vorübergehend) in eine Krise. Kontrolle hat sich als Illusion erwiesen, die Grenzen der Machbarkeit sind deutlich geworden. Gewußt haben wir schon immer um die Gefahren ›friedlicher‹ Kernspaltung — einem Höllenfeuer können schließlich keine Engel entsteigen —, aber jetzt haben wir sie auch erfahren. Es ist keine Krise der Rationalität, was uns jetzt beschäftigt, sondern die Irrationalität, der Fortschrittsglaube und der Größenwahn sind in eine Krise geraten. Dies ist übrigens auch der einzige Anlaß zur Hoffnung.

Da man die Windrichtung nicht auf Jahrtausende festlegen kann und da die Erde, wie wir aus den Meldungen über den Weg der Atomwolke wieder erfahren konnten, bedauerlicherweise rund ist, müssen jetzt wohl auch alle Träume von Erst-, Präventiv-, Vergeltungs- und sonstigen atomaren Schlägen begraben werden. Aber werden sie das wirklich? Schon erhalten wir weitere Kostproben der Erfindungsgabe der Atom-Protagonisten, wenn es darum gehen soll, neue Kontrollillusionen zu schaffen. Der Fortschrittsglaube braucht die Kontrollillusion. Das Problem liegt weniger darin, daß diese Illusion (so sichtbar!) zerplatzt ist, sondern darin, daß wir sie aufgebaut haben, und daß schon wieder einige Eifrige dabei sind, die beschädigten Illusionen zu reparieren. Werden wir schon in einem Jahr erkennen müssen, daß der Fortschritt nur vorübergehend ins Stolpern geraten ist? Daß dieselbe ›Apokalypse-Blindheit‹ herrscht wie vor dem Reaktorunfall, daß wir uns wieder nicht vorstellen können, daß die Falle, in der wir sitzen, eines Tages tödlich wirkt? »»Wir sind nicht mehr Handelnde, sondern nur Mit-Tuende. Das Telos unseres Lebens ist abmontiert; daher leben wir ohne Zukunft; daher ohne Verständnis vom Zukunfts-Ende; daher ›apokalypse-blind‹«

(Anders). Wer sich das Ende nicht vorstellen kann, der unternimmt auch nichts gegen dessen beschleunigte Herbeiführung. Nur so ist es wohl zu erklären, daß jemand den Strompreis gegen das Lebensrecht von Millionen von Menschen aufrechnen will.

Zu den Versuchen, Maschinen zu schützen, Kontrollillusionen aufrechtzuerhalten, Ruhe zu erreichen angesichts einer Katastrophe, gehört auch ein bestimmtes *Umgehen mit der Angst.* Wer Betroffenheit zeigt, disqualifiziert sich selbst; das ausgrenzende Umgehen mit Emotionen hat viele Erscheinungsformen schon in unserem normalen Alltag. Gewiß können auf dem Rücken der Angst auch Diktaturen errichtet und am Funktionieren gehalten werden. Grundsätzlich gilt: Wer die Gefühle von Menschen nicht ernst nimmt, d. h. sein Handeln daran nicht ausrichtet, der nimmt sie als Menschen nicht ernst. Wie in einer Gesellschaft mit Gefühlen umgegangen wird, dies wirft nicht nur ein Licht auf die Beziehungen zwischen den Gesellschaftsmitgliedern, zwischen Staat und Bürger, sondern auch auf die Beziehungen der Menschen zu sich selbst − so, wie diese Beziehungen jeweils realisierbar sind. In Gefühlen äußert sich unsere Betroffenheit. Wer berechtigte Angst diffamiert als Hysterie oder Panik, der spricht Menschen schlicht das Recht ab, betroffen zu sein, der grenzt aus, der sieht in der Sorge um das eigene Leben nur einen weiteren Störfaktor oder zumindest einen weiteren Beleg für die Unvollkommenheit des Menschen, den man, im günstigsten Fall, mit ›Verständnis‹ aus der Welt schafft.

Wenn Betroffenheit ungelegen kommt, dann werden Emotionen regelmäßig negativ etikettiert, und zwar jede Art von Gefühlen, weil sich in allen Gefühlen Betroffenheit zeigt. Die Worte ›emotional‹ oder ›Emotion‹ werden geradezu als Schimpfworte benutzt im Sinne von ›unvernünftig‹, ›uneinsichtig‹, zu ›persönlich‹. Jemand fühlt sich betroffen, obwohl er es nicht sollte; jemand ergreift Partei, obwohl dies als unpassend empfunden wird; jemand engagiert sich für die ›falsche‹ Sache usw. Indem man Gefühle diffamiert, fordert man Menschen zur Neutralisierung ihres Bezuges zur Welt und zu sich selbst, also letztlich zur Selbstverleugnung auf. Wo Betroffenheit war, soll Gleichgültigkeit sein; an die Stelle von Lebensangst soll wieder Entfremdung vom Leben treten. Schlagartig hob sich die (tendenzielle) Entfremdung vom Leben auf, als durch die Katastrophe elementare Bedürfnisse und die Abhängigkeit von einer unversehrten Umwelt bewußt wurden; wir konnten nicht mehr ›neutral‹ bleiben, wir wollten unsere Werte-Hierarchie in Ordnung bringen. Kann die Angst eine positive Kraft werden?

Wer uns Angst ausreden will — längst wissen wir, daß sie berechtigt ist —, muß sich nach seinen Motiven fragen lassen. Brauchen wir Mut, und wozu? Brauchen wir Tapferkeit, und wozu? Oder ist Gleichgültigkeit erforderlich? Ist es in unserem Interesse, tapfer und mutig zu sein? *Es rebellieren nun einige stärker* gegen die permanente Zumutung, sich an die Maschinen anpassen zu müssen. Wir haben begriffen: »an die Stelle der ›Wie-Fragen‹ ist die ›Ob-Frage‹ getreten; die, *ob* die Menschheit weiterbestehen wird oder nicht« (Anders). Die Verweigerung der Anpassung ruft bei einigen anderen aber Aggression oder Überheblichkeit hervor. Die das Recht auf Leben propagieren, werden rasch als ›Romantiker‹ und ›Irrationale‹ etikettiert. In dieser Maßregelung drückt sich mehr aus als der selbstgefällige Zynismus derjenigen, die längst ins Lager der Geräte desertiert sind; es ist zugleich die resignative Abdankung jeglichen Willens zur aktiven, menschengerechten Lebensgestaltung. Im Kampf gegen diejenigen, die der Widerspenstigkeit des Lebens ihre Stimme geben, offenbart sich häufig auch ein grundlegendes Mißverstehen von Rationalität; als ob unsere Vernunft sich im noch so perfekten Kontrollieren, Beherrschen, Unterwerfen der Welt (und der Mitmenschen) erschöpfen würde!

Vernünftig kann etwas doch nur durch das Leben selbst werden, was auch heißt: Vernünftig ist allein und zuerst das Leben. Unvernünftig, ›irrational‹ ist alles Lebensfeindliche. Der Maschinengläubige ist der Anti-Christ. Fragen nach dem Sollen, nach Lebenszielen und Zielen der Umweltgestaltung sind nur sinnvoll und nur begründbar »*innerhalb* eines zuvor schon bejahten Lebens« (Anders).

Das Leben und das Lebendige bedürfen keiner zusätzlichen Legitimation. Aber alles andere muß sich als lebensförderlich eigens legitimieren.

XIX. Anmerkungen und Literaturverzeichnis

Das folgende Quellenverzeichnis enthält die im Text erwähnten Publikationen und Artikel, soweit nicht bereits dort angegeben, sowie weiterführende Literatur von unabhängiger Seite zu den angesprochenen Themen.

[1] Hier sei insbesondere auf die 4teilige Serie in ›Arzt Heute‹ hingewiesen, die in den Nummern 95 bis 98 (3. 6. – 6. 6. 86) erschien.

[2] F. VESTER: Das (faule) Ei des Kolumbus. Ein Energiebilderbuch. Kösel-Verlag, München 1979.

[3] H. J. DANZMANN: Das faule Ei des Dr. Vester. Gesellschaft für Reaktorsicherheit (GRS), Köln 1980.

[4] Ein Ausdruck, der von einigen Kollegen moniert wurde und mit dem ich auch selber nicht ganz glücklich bin, da man sich darüber streiten kann, ob einzelne Partikel wie ein Elektron oder ein Alpha-Teilchen schon als Materie zu bezeichnen sind oder nicht. Die typischen Materieeigenschaften wie Aggregatzustand, Schmelzpunkt, Siedepunkt, Dichte, Zerfallskonstante usw. zeigen sie jedenfalls nicht. Auch bei kompletten Atomen tauchen diese sogenannten ›kolligativen Eigenschaften‹ erst bei einer Ansammlung statistisch großer Teilchenzahlen auf. Man hätte auch ›nichtstofflich‹ oder ›materielos‹ sagen können. Durch die im Text folgende Unterscheidung von bloßer *Strahlung* und Strahlen*quelle* wird jedoch deutlich, was ich hier meine.

[5] Nach M. RUF u. a.: Emission von radioaktiven Abwässern durch Kernkraftwerke und Wiederaufbereitungsanlagen. Wasserwirtschaft *66*, 10 (1976).

[6] Nach R. F. FOSTER und J. J. DAVIS: The accumulation of radioaktive substances in aquatic forms. In: International Atomic Energy Conference, Vol. *13*, Genf (1956).

[7] J. R. RIORDAN: Nuclear Power in Canada – Pollution probe at the University of Toronoto. Toronto 1971.

[8] In der Stellungnahme der Strahlenschutzkommission ›Vergleichbarkeit der natürlichen Strahlenexposition mit der Strahlenexposition durch kerntechnische Anlagen‹ vom 16. 12. 76 für den Bundesminister des Innern steht zwar: »Eine äußere oder innere Bestrahlung aus künstlichen Quellen hat bei gleicher Aquivalentdosis, d. h. bei Berücksichtigung von Strahlenart und -energie, Dosisleistung und gegebenenfalls mikroskopischer Dosisverteilung neben der räumlich gemittelten Energiedosis praktisch die glei-

che Wirkung wie die Bestrahlung aus natürlichen Quellen.« Dies ist nur leider völlig irrelevant, da dieser Fall eben nie vorkommt. Die Schlußfolgerung, es würden ›bei Aufnahme der in Frage kommenden Radionuklide in den Körper keine diesbezüglichen Unterschiede zwischen künstlich radioaktiven Stoffen aus den Ableitungen kerntechnischer Anlagen und den vergleichbaren natürlich radioaktiven Stoffen‹ bestehen, ist zwar wissenschaftlich exakt, aber als Entscheidungshilfe unbrauchbar, da das ›Angebotsspektrum‹ künstlich radioaktiver Stoffe und deren Inkorporierbarkeit grundsätzlich andere sind.

[9] Nach K. Z. MORGAN und M. R. FORD. Nucleonics *6*, 32 (1954). Vgl. auch D. FROST: Praktischer Strahlenschutz. Walter de Gruyter, Berlin 1960.

[10] Zur Erläuterung: *Gamma-Strahlen* sind elektromagnetische Wellen, die ähnlich wie Röntgenstrahlen auch stärkere Materie durchdringen können. *Beta-Strahlen* sind aus dem Atomkern herausgeschleuderte Elektronen, also winzig negativ geladene Teilchen, die je nach ihrer Energie (Geschwindigkeit) schon bald in Materie steckenbleiben. *Alpha-Teilchen* sind herausgeschleuderte positiv geladene Kernbruchstücke, nämlich ein Paket aus zwei Protonen und zwei Neutronen (sozusagen Heliumatome ohne Elektronenhülle), die noch weniger weit in Materie eindringen, dort aber auf ihrem kurzen Weg wegen ihrer Schwere besonders viele Ionen erzeugen. Unter allen ionisierenden Strahlarten sind sie daher bei Inkorporation für einen lebenden Organismus am gefährlichsten. *Neutronen,* ein Viertel so schwer wie Alpha-Teilchen und ohne Ladung, haben die größte Reichweite. Sie kommen zwar in einem Reaktor vor, aber praktisch nicht in einem Fallout (vgl. auch Abb. 1).

[11] Deshalb sagt selbst eine mit großem apparativem Aufwand durchgeführte Ganzkörpermessung über die tatsächlich inkorporierte Radioaktivität nur sehr wenig aus.

[12] Eine ausgezeichnete Einführung in diese Problematik findet sich in dem bisher leider nur in Englisch erschienenen Buch der amerikanischen Strahlenbiologin und Krebsforscherin R. BERTELL: No immediate Danger. Kap.: Nuclear radiation and its biological effects (S. 15 – 63). The Women's Press, London 1985.

[13] H. FRITZ-NIGGLI: Die strahlenbiologischen Grundlagen der Anwendung ionisierender Strahlen auf den Menschen unter Berücksichtigung der Wirkung kleinster Dosen. In: Information über die Röntgenverordnung. Thieme-Verlag, Stuttgart 1974.

[14] Da die natürliche Strahlenbelastung wahrscheinlich Zellvorgänge auslöst, die mit dem Altern zusammenhängen, dürfte dieser Prozeß durch zusätzliche Bestrahlungen beschleunigt werden. Erhält daher ein Mensch während eines Fallouts statt der normalen jährlichen 150 mrem an natürlicher Strahlung im Lauf eines Jahres eine einmalige zusätzliche Dosis von z. B. 1,5 rem, so ist sein Organismus in Bezug auf diese Zellvorgänge sozusagen 10 Jahre älter geworden.

[15] Informationen zu Ernährungsfragen des BUND. Anzufordern bei der Bundesgeschäftsstelle des Bund für Umwelt und Naturschutz Deutschland e. V. (BUND), In der Raste 2, 5300 Bonn 1.

[16] Vgl. hierzu die Originalliteratur in R. GRAEUB: Der Petkau-Effekt und unsere strahlende Zukunft. Zytglogge Verlag, Gümlingen 1985.

[17] F. VESTER: Ballungsgebiete in der Krise (2. Aufl.). dtv, München 1985.

[18] F. VESTER u. A. v. HESLER: Sensitivitätsmodell. Regionale Planungsgemeinschaft Untermain (jetzt: Umlandverband Frankfurt, Am Hauptbahnhof 18, 6000 Frankfurt 1). Frankfurt 1980.

[19] F. VESTER: Krebs − fehlgesteuertes Leben (3. Aufl.). dtv, München 1984.

[20] F. VESTER: Phänomen Streß (6. Aufl.). dtv, München 1985.

[21] F. VESTER: Neuland des Denkens − vom technokratischen zum kybernetischen Zeitalter (3. Aufl.). dtv, München 1985.

[22] Siehe z. B. ›natur‹-Sonderdruck: Die Folgen von Tschernobyl. Ringier-Verlag, Postfach 70 15 29, 8000 München 70. vgl. die Hefte ›natur‹ 6 und 7 (1986); Öko-Test-Magazin Nr. 6, 7, 8 (1986). Öko-Test-Verlag, Schwanthalerstr. 59, 6000 Frankfurt 70; IFEU-Institut (Hrsg.): Die Folgen von Tschernobyl. Bericht Nr. 43 (3. Aufl., Juni 86), Heidelberg 1986; ›bioland‹ Heft 3/86 (Fachzeitschrift für den organisch-biologischen Land- und Gartenbau). Fördergemeinschaft organisch-biologischer Land- und Gartenbau e. V., Barbarossastr. 14, 7336 Uhingen; C. u. R. FISCHER: So essen Sie ungefährdet. Heyne-Verlag, München 1986; R. AIGNER, E. MELZER u. H. SEISSLER: Die Strahlenschutzfibel. Heyne-Verlag, München 1986.

[23] Aus: Bayerisches Staatsministerium für Landesentwicklung und Umweltfragen (Hrsg.): Strahlenschutz − Radioaktivität und Gesundheit. München 1986.

[24] IFEU-Institut (Hrsg.): Die Folgen von Tschernobyl. Bericht Nr. 43 (3. Aufl.), Heidelberg 1986. Ein Transferfaktor von 1 bedeutet, daß die Radioaktivität in der Pflanze auf den gleichen Wert ansteigt wie im Boden. Beträgt er 0,1 so geht nur ein Zehntel in die Pflanze über, neun Zehntel bleiben im Boden. Hat er den Wert 5, so reichert sich die Radioaktivität in der Pflanze auf den fünffachen Wert gegenüber dem Boden an usw.

[25] R. FISCHER: Menschen müssen essen. Abendzeitung München, v. 17. 5. 86.

[26] P. KAFKA, J. KONIG, W. LIMMER: Tschernobyl − Die Informationslüge. Anleitung zum Volkszorn. Schneekluth-Verlag, München 1986.

[27] Zitat aus der Südd. Ztg. v. 28. 5. 86.

[28] Berechnung nach: Allgemeine Berechnungsgrundlage für die Strahlenexposition (Richtlinie zu § 45 der Strahlenschutzverordnung). Gemeinsames Ministerialblatt, Bonn 1979 (Ergänzungen 1980 u. 1982).

[29] Die Werte wurden aus folgenden Berichten entnommen:
Jahre 1960−67: Umweltradioaktivität und Strahlenbelastung 1956 bis 1968, Bericht des Bundesministers für Bildung und Wissenschaft.
Jahre 1978−82: Umweltradioaktivität und Strahlenbelastung, Jahresbericht 1983 des Bundesministers des Innern.
April−Mai 1986: Umweltradioaktivität und Strahlenexposition in Südbayern durch den Tschernobyl-Unfall, GSF-Bericht 16/86.

[30] Werte für 1983 aus: Umweltradioaktivität und Strahlenbelastung, Jahresbericht 1983 des Bundesministers des Innern. Werte vom 11. 5. 86 nach Angaben des Bundesministers des Innern bzw. der GSF, München-Neuherberg (Luft).

[31] Thomas MAURER ist Elektronik-Ingenieur und Inhaber der Firma Maurer Electronics GmbH, München.

[32] Dr. Walter RENZ ist Kernphysiker und Inhaber der Firma INNOVA Gesellschaft für Feinwerktechnik m.b.H., München. Er arbeitet zusammen mit Th. Maurer an der Weiterentwicklung von Strahlenmeßgeräten.

[33] Erschienen in dem Artikel »Umweltschutzamt zieht Radioaktivitätsbilanz. Keine Gesundheitsgefährdung zu befürchten. TÜV wertet Bodenproben ›nuklearspezifisch‹ aus.« Südd. Ztg. v. 11. 7. 86.

[34] Vgl. Südd. Ztg. v. 12./13. 7. 86.

[35] Bericht aus der Südd. Ztg. v. 7./8. 5. 86: Die Folgen − in München hautnah zu spüren.

[36] Interview in der Sendung ›Live aus dem Alabama‹. Bayerisches Fernsehen, 3. Programm, 13. 5. 86.

[37] Verordnung über den Schutz vor Schäden durch ionisierende Strahlen (Strahlenschutzverordnung) v. 13. 10. 76 in der Fassung vom 22. 5. 1981. Carl Heymanns Verlag, Köln 1981.

[38] Vgl. den Artikel: »Grenzwert entsprach der Belastung von 3 rem« in der Südd. Ztg. v. 10./11. 5. 1986.

[39] Leserbrief von Dr. Hansjörg SIEBELS-HORST in der Südd. Ztg. vom 31. 5. 86. Eine solche Anklage ist durchaus berechtigt, geht doch die Beschwichtigungspolitik bis zu unterlassener Hilfeleistung. Nach einer Reuter-Meldung vom 6. 6. 86 hat z. B. das *Amt für öffentliche Ordnung* in Heidelberg einer Elterninitiative die öffentliche Verteilung von unverstrahltem Milchpulver untersagt, weil − so die Begründung − nicht die geringste Notwendigkeit für eine solche Aktion bestehe, »die es nur erneut ermöglicht, neue Ängste zu wecken«!

[40] Vgl. ›tz‹, München, v. 16. 5. 86 und das Interview mit Prof. Dr. TROTT in ›Quick‹ Nr. 23 v. 28. 5. 86 sowie die Leserbriefe dazu in ›Quick‹ Nr. 26 v. 19. 6. 86.

[41] Leserbrief im ›Spiegel‹ Nr. 22 v. 26. 5. 86.

[42] Interview mit Dr. Georg BURGER (GSF) im Sender ›Radio Gong 2000‹. Vgl. ›Radioaktivität − aktuelle Information‹ in der Südd. Ztg. v. 7. 6. 86.

[43] H. KATER: Atomkraftwerksgefahren aus ärztlicher Sicht. Sponholtz Verlag, Hameln 1978.

[44] H. STROHM (Hrsg.): Warum auch geringe Radioaktivität lebensgefährlich ist. Verlag 2001, Frankfurt 1986; vgl. auch das umfassendere Werk von H. STROHM: Friedlich in die Katastrophe — eine Dokumentation über Atomkraftwerke (11. Aufl., Feb. 86). Verlag 2001, Frankfurt 1986.

[45] G. STEPHAN: Die strahlenbiologischen Grundlagen zur Anwendung ionisierender Strahlen auf den Menschen unter Berücksichtigung der Wirkung kleinster Dosen. Thieme Verlag, Stuttgart 1974.

[46] S. ISHIKAWA: Nuclear Power Plants and the Effects on Living Organisms and Human Population. Laboratory of Genetics, Kyoto University, Japan (1977).

[47] Vgl. ICRP-Publication 2. Pergamon Press, Oxford 1959.

[48] C. OBERLING: The Riddle of Cancer, New Haven 1944.

[49] C. v. SONNTAG in einem Interview (›Radikal-Angriff auf das Erbgut‹). ›Spiegel‹ Nr. 22 v. 26. 5. 86.

[50] Prof. Dr. Jens SCHEER, Fachbereich Physik/Elektrotechnik der Universität Bremen. Vgl. auch den Leserbrief an den Spiegel vom 26. 5. 86.

[51] P. WEISH: Das ökologische Gewissen — oder welches? In: KATER, s. Anm. 43 (S. 169).

[52] A. BARTHELMESS: Energiereiche Strahlen und ihre Bedeutung für Mensch und Umwelt. In: W. Engelhardt (Hrsg.): Ökologie im Bau- und Planungswesen. Wiss. Verlagsges., Stuttgart 1983.

[53] K. Z: MORGAN: Ionisierende Strahlen im Bereich niedriger Dosis und die Erzeugung v. Krebs (1978). In: H. STROHM (s. Anm. 44).

[54] ICRP-Publication 71/L: C 4, 1971.

[55] W. JACOBI: Strahlenschutz in der Praxis, Teil I: Grundlagen. Verlag Karl Thiemig, München 1962; vgl. auch W. JACOBI: Beziehung zwischen Strahlendosis und genetischem Risiko. Atomwirtschaft Nr. 6 (1974).

[56] Bericht im ›Spiegel‹ Nr. 29 v. 14. 7. 86.

[57] In diese zum Deutschen Umwelttag 1986 in Würzburg am 5. 6. 86 gegründete Strahlenkommission, der ich ebenfalls angehöre, wurden 40 unabhängige Wissenschaftler und Ärzte gewählt. Sie wird in Zukunft u. a. auch regelmäßig zu den offiziellen Verlautbarungen in Sachen Radioaktivität Stellung nehmen.

[58] BUND (Hrsg.): Nach Tschernobyl. Die Antworten der BUND-Strahlenkommission auf die 21 Fragen der Bundesgesundheitsministerin. Bund für Umwelt und Naturschutz Deutschland e. V., In der Raste 2, 5300 Bonn 1 (Juli 1986).

[59] Ein typischer Kommentar eines empörten Arztes zu einer noch darüberhinaus gehenden Untertreibung wurde in der Südd. Ztg. v. 7. 6. 86 in der Rubrik ›Radioaktivität — aktuelle Information‹ wiedergegeben: »Es ist empörend, daß in einem von der deutschen Ärzteschaft herausgegebenen Informationsblatt für Patienten der Eindruck erweckt wird, man werde nur mit einer niedrigen Strahlendosis von 0,6 mrem belastet.« In dem nur für Mediziner bestimmten Ärzteblatt selbst werde dagegen eine Einschät-

211

zung von 70 mrem abgegeben. Der Arzt kann sich nicht vorstellen, daß »eine derart dreiste Untertreibung das Vertrauen der Patienten in die Ärzte fördert«.

[60] Ch. BACHMANN: Die Krebsmafia. Fischer-Taschenbuch Verlag, Frankfurt 1980.

[61] Erschienen in den Tageszeitungen vom 12. 6. 86.

[62] Offener Brief. ›Die Tageszeitung‹ Berlin v. 24. 6. 86.

[63] Prof. Dr. Jochen BENECKE ist Elementarteilchenphysiker und apl. Professor an der Universität München. 1981/82 erstellte er im Auftrag des Forschungsministeriums für den Deutschen Bundestag eine Risikostudie über den schnellen Brüter in Kalkar.

[64] J. BENECKE: Atom: Tödliche Energie. In: ›natur‹ 6, 1986. Die Wiedergabe erfolgt mit freundlicher Genehmigung des Umweltmagazins ›natur‹.

[65] Le Journal de Dimanche, 18. 5. 86.

[66] R. DETSCH: Im Fall eines Reaktorunglücks: Nur bedingt einsatzbereit. Wie die Schutzmöglichkeiten in einem Landkreis aussehen, für den es keinen speziellen Alarmplan gibt. Südd. Ztg. v. 28./29. 5. 86.

[67] H. G. WOLF: Der Schrott von morgen. dtv, München 1985.

[68] D. DORNER u. a. (Hrsg.): Lohausen. Vom Umgang mit Unbestimmtheit und Komplexität. Verlag Hans Huber, Stuttgart 1983.

[69] Vgl. den Bericht über die Energiepolitische Klausurtagung der Gewerkschaftsspitze mit den Äußerungen von DGB Vorstandsmitglied Michael GEUENICH im ›Handelsblatt‹ v. 21. 7. 86.

[70] WAA und regionale Entwicklung. Studie für die Region Oberpfalz/Nord im Auftrag des Landesverbandes Bayern der GRÜNEN. Bayreuth 1986.

[71] Auf die darauf basierende Kritik eines Gutachtens des Österreichischen Umweltbundesamtes antwortete das Bayerische Umweltministerium, »die österreichischen WAA-Studien gingen zwar von fachkundigen Ansätzen aus, enthielten jedoch ›Fehlinterpretationen‹, die bei verbessertem Informationsstand behoben werden dürften… Das Umweltministerium habe es sich vorbehalten, im weiteren Genehmigungsverfahren niedrigere als die beantragten Werte festzusetzen« (AP-Meldung vom 8. 7. 86).

[72] Vgl. z. B. F. VESTER: Der biokybernetische Ansatz. Neuland des Planens und Wirtschaftens. In: Umweltschutz — Herausforderung oder Belastung für eine zukunftsorientierte Wirtschaftspolitik? Verband Österr. Wirtschaftsakad., Salzburg 1984; s. auch Anm. 18.

[73] Quelle: Deutsche Energiegesellschaft, e. V. (DEG), München (s. Anm. 76).

[74] Das Interview ist Teil der Untersuchung: Nahwärme — wirtschaftliche und umweltfreundliche Energieversorgung in Kommunen, Gewerbe und Industrie des hess. Min. f. Wirtsch. u. Technik, die als Ringbuch des Battelle Instituts herausgegeben wurde. Frankfurt 1985.

[75] Vgl. z. B. F. SPREER: Dezentrale Wärmeversorgung. Bild d. Wissenschaft Nr. 9, 120 (1982) sowie ROTH: Wechselwirkungen zwischen Sied-

lungsstruktur und Wärmeversorgungssystem. Schriftenreihe des Bundesministeriums für Raumordnung, Bauwesen und Städtebau, Bonn 1980.

[76] Deutsche Energie-Gesellschaft e. V. (DEG), Würmtalstr. 25, 8000 München 70.

[77] Vgl. z. B. Öko-Institut (Hg.): Die Energiewende ist möglich — für eine neue Energiepolitik der Kommunen. Öko-Institut, Freiburg 1986. Eine knappe übersichtliche Darstellung ist z. B. die Zusammenfassung der ›Sieben Schritte zur Energiewende‹ des Öko-Institut Freiburg in dem Informationsblatt: ›Strom ohne Atom‹ von Publik-Forum-Aktuell (zu beziehen durch den BUND, In der Raste 2, 5300 Bonn 1.)

[78] J. de ROSNAY: Nous sommes tous des Ukrainiens; H. TAZIEFF: Notre protection doit passer par Matignon et l'armee. Beide: ›Paris Match‹ v. 16. 5. 86.

[79] Nucleaire: Les silences de la France. Titelbericht in ›L'Express‹ v. 23. 5. 86.

[80] Prof. Dr. Dieter ULICH ist Ordinarius für Psychologie an der Universität Augsburg.

[81] D. ULICH: Die Atomfalle und die Widerspenstigkeit des Lebens. Uni Press, Universität Augsburg, *3,* 18 (1986); leicht gekürzte Fassung.

Über den Autor

Frederic Vester, 60, promovierte in Biochemie und habilitierte sich in der Krebsforschung. Er experimentierte schon in den fünfziger Jahren an mehreren amerikanischen Atomforschungszentren, war später 10 Jahre lang Gastdozent an der Schule für Kerntechnik des Kernreaktors Karlsruhe und hat dort die radiobiochemischen Kurse mit aufgebaut. Nach mehreren Jahren Forschungstätigkeit an verschiedenen Universitäten und am Max-Planck-Institut gründete er 1970 die private, unabhängige Studiengruppe für Biologie und Umwelt GmbH in München, einem neuartigen Institutstyp für interdisziplinäre Forschung, Publizistik und Beratung. Hauptarbeitsgebiet: Biokybernetik (Erforschung von Systemzusammenhängen und Entwicklung biokybernetischer Strategien in den verschiedensten Bereichen). Wesentliche Anstöße auf dem Gebiet der Lernbiologie und der Systemkunde. Ausgedehnte Vortrags- und Beratungstätigkeit.

1981 Berufung auf den Lehrstuhl ›Interdependenz von technischem und sozialem Wandel‹ an der Universität der Bundeswehr München und Ernennung zum Professor im Bundesdienst.

Fachbeirat und Kuratoriumsmitglied verschiedener Gesellschaften und Institutionen. 1974 – 1978 Präsident des Bayerischen Volkshochschulverbandes. Gründungspräsident der Deutschen Energiegesellschaft.

Bücher: *Krebs – fehlgesteuertes Leben* (1973/77), *Denken, Lernen, Vergessen* (1975/77), *Phänomen Streß* (1976/78), *Unsere Welt – ein vernetztes System* (1978/83), *Das Ei des Kolumbus* (1979), *Neuland des Denkens* (1980/83), *Sensitivitätsmodell* (1980), *Ballungsgebiete in der Krise* (1976/83), *Der Wert eines Vogels* (1983), *Ein Baum ist mehr als ein Baum* (1985), *Januskopf Landwirtschaft* (1986), sowie das kybernetische Umweltspiel *Ökolopoly* (1983).

Zahlreiche wissenschaftliche Fernsehfilme und Hörfunksendungen sowie Produktion von Schulfilmen.

Internationale Wanderausstellung *Unsere Welt — ein vernetztes System* (1978), Premiere im Deutschen Museum München als Sonderschau zu dessen 75jährigen Jubiläum; seither ständige Wanderung im deutschsprachigen Raum. Ausstellung *Mensch und Natur — gemeinsame Zukunft* im Umweltpavillon des Bayerischen Umweltministeriums auf der Internationalen Gartenbauausstellung '83 in München mit anschließender Wanderung.

Auszeichnungen: Adolf-Grimme-Preis 1974. Deutsche Umweltschutzmedaille 1975. Hirt-Preis 1978. Autorenpreis der Deutschen Umwelthilfe 1979. Emmy- und Karl Kaus-Preis 1982. Philip Morris-Forschungspreis 1984. Umweltpreis für Publizistik der Stadt Essen 1984.

Heyne Report...

Nach Tschernobyl: Kernenergie zwischen Angst und Hoffnung

Tschernobyl ist zum Stichwort geworden, das die Geister scheidet. Viele technische Begriffe und wissenschaftliche Analysen werden in der Diskussion verwendet, ohne daß der besorgte Bürger wirklich weiß, was das alles bedeutet. Der »Atom-Atlas« gibt hier ausführlich und allgemeinverständlich Antwort. Mit vielen Karten und Schaubildern, Tabellen und Übersichten.

Michael Heinrich/
Andreas Schmidt:
Der Atom-Atlas
Mit einem Vorwort
von Frederic Vester
Originalausgabe
10/24 - DM 9,80

Wilhelm Heyne Verlag München